Kurt Menzel

Wildwechsel durch Moor und Heide

Kurt Menzel

Wildwechsel durch Moor und Heide

Vom Jagen in unserer Zeit 4A

2., durchgesehene Auflage

Mit 27 farbigen Abbildungen auf 16 Tafeln

Parey Buchverlag Berlin 1997

Parey Buchverlag im
Blackwell Wissenschafts-Verlag
Kurfürstendamm 57, D-10707 Berlin

Die Deutsche Bibliothek- CIP-Einheitsaufnahme

Menzel, Kurt:
Wildwechsel durch Moor und Heide / Kurt Menzel.
- 2., durchges. Aufl. - Berlin : Parey, 1997
  ISBN 3-8263-8497-0

1. Auflage: © Paul Parey, Hamburg
2. Auflage: © 1997 Blackwell Wissenschafts-Verlag, Berlin · Wien

Einbandgestaltung: Rudolf Hübler, Berlin,
unter Verwendung eines Fotos aus dem Besitz des Verfassers.

Druck und Bindung: Druckerei Carstens, Schneverdingen

Gedruckt auf chlorfrei gebleichtem Papier

Printed in Germany · ISBN 3-8263-8497-0

Vorwort

Nachdem mein erstes Buch ‚Glück muß der Jäger haben' von einem großen Leserkreis so freundlich und durchweg positiv aufgenommen wurde, hat es mich gereizt, erneut zur Feder zu greifen. Ja, ich fühlte mich zu solchem Tun geradezu herausgefordert, ließ doch mancher Rezensent bei der kritischen Besprechung meines Erstlings anklingen, daß man aufgrund meiner vielfältigen und zahlreichen Begegnungen mit Wild und Jägern in absehbarer Zeit wieder mit neuen Erlebnisschilderungen, mit nicht alltäglichen Erfahrungen aus einem großen Hochwildrevier und mit kritischen Anmerkungen zu Jagd und Jägern in heutiger Zeit rechne.

Doch es gab auch Vorbehalte. Ein Berufskollege hielt es in der jetzigen Zeit für unangebracht, über die jagdlichen Möglichkeiten und Erfolge eines Forstbeamten zu schreiben, da doch gerade wieder einmal lautstark den Männern im grünen Rock die „jagdlichen Privilegien und kostenlosen Jagdgründe" geneidet würden. Der jagdliche Blätterwald ist voll von solchen Anwürfen.

Dazu ist aus meiner Sicht zweierlei zu sagen: Erstens gehören die Wildstandsbewirtschaftung und die Jagdausübung zu meinem Beruf, und ich kann nichts dafür, daß mir diese Aufgaben Freude machen. Es gibt sicher noch andere Berufe, bei denen sich die Passion eines Menschen mit dem Broterwerb in wunderbarer Weise verbinden läßt – ich denke da an Piloten, Kapitäne, Berufssportler und andere –, ohne daß diese in ihrem Beruf Glücklichen ständiger Mißgunst ausgesetzt wären. Zweitens jage ich als passionierter Jäger, dem die Jagd zwar nicht alles, aber schon ein gewisser Lebensinhalt ist, nicht nur kostenlos und von Berufswegen, sondern opfere wie andere Zeit und Geld, um auch einmal anderswo und insbesondere im Ausland jagen zu können. Insofern sehe ich keinen Sinn im Verschweigen, in Duckmäuserei und Leisetreten. Wie auch die Jäger insgesamt keine Resonanz in der breiten Öffentlichkeit für ihre Anliegen erwarten können, wenn sie ihre Probleme nur hinter vorgehaltener Hand und in den eigenen Reihen diskutieren.

Es entspricht dem heutigen Zeitgeist, alles Althergebrachte und Bewährte in Frage zu stellen. Manch einer will die bestehenden Zustände verbessern, ohne einen richtigen Ansatz dafür zu besitzen. Also sagten einige Neider, nehmt erst einmal den Förstern die kostenlose Beteiligung an der Verwaltungsjagd weg und verpachtet die Staatsreviere! Kaum einer dieser Reformer hätte dadurch für sich oder andere mehr Jagdgelegenheit geschaffen, aber es wäre wieder einmal etwas verändert worden. Doch lassen wir uns von solchen schrillen Tönen nicht verdrießen, empfinden wir ruhig ein wenig Stolz und Freude darüber, daß es den Hütern des Waldes bisher gelungen ist, dem Wild in den Forsten die Heimstatt und Lebensgrundlage zu erhalten, ohne die anderen vielfältigen Aufgaben des Waldes dabei zu vernachlässigen.

Meine Beweggründe, Forstmann zu werden, waren wie bei vielen meiner Berufskollegen von der jagdlichen Passion mitgetragen, und ich bekenne mich dazu. Ohne Überheblichkeit kann man im übrigen behaupten, daß die meisten der jagdlich herausragenden Forstleute auch an anderen forstlichen Aufgabenbereichen – insbesondere dem Waldbau – überaus interessiert waren und sind. Kein passionierter Forstmann wird vor den neuartigen Waldschäden die Augen verschließen können. Der kranke Wald bereitet nicht nur seinen Besitzern zunehmend Sorge. Mit dem zunächst als Hauptübeltäter genannten „sauren Regen" ist das breite Spektrum der Schadensursachen, wie man inzwischen weiß, überhaupt nicht zu erfassen. Diese Schäden, die von einer leichten Erkrankung bis hin zu einem wirklichen Waldsterben reichen können, sind für die Forstleute aller Besitzkategorien – also vom Privat- bis hin zum Staatswald – eine echte Herausforderung, der es zu begegnen gilt.

Man muß aber schon verdammt bösartig oder töricht sein, wollte man diese mit der Ausweitung der Industrialisierung und Technisierung entstandenen Waldschäden dem heimischen Wild anlasten. Trotzdem haben sich einige Journalisten, Politiker, aber auch Leute vom Fach in dieser Richtung zu profilieren versucht. Sie fordern wegen der auf den Wald zukommenden Belastungen den Totalabschuß des Wildes und werfen Verbiß- und Schälschäden mit den eigentlichen Ursachen des Baumsterbens in einen Topf und lenken so von diesen ab. Man muß das Motto eines Landesjägertages „Waldsterben heißt Wildsterben" schon recht eigenartig interpretieren, wenn man wegen des Waldsterbens auch ein Sterben des Wildes fordert. Doch darauf möchte ich an anderer Stelle noch näher eingehen.

Dann schrieb mir ein älterer Jäger einen freundlichen Brief, in dem es hieß: „Als ich das Buch ‚Glück muß der Jäger haben' sah, wollte ich es zunächst nicht kaufen. Glück oder gar viel Glück bei der Jagd zu wünschen, war schon in meinem Elternhaus verpönt. Mein Vater, mein Großvater und Urgroßvater waren Jäger. Der Aberglaube war so stark, daß, wenn einem beim Aufbruch zur Jagd viel Glück gewünscht wurde, man lieber gleich zu Hause blieb. Ich habe das Buch dann aber doch mit großem Interesse gelesen."

Nun, wenn ich vom Glück eines Jägers spreche, so denke ich dabei nicht nur an den sogenannten Dusel, den man immer braucht, um ein besonders begehrenswertes Stück Wild schießen oder eine große Strecke machen zu können. Ich meine, zum Jagen gehört etwas mehr als nur Dusel. Der Jäger muß Freude darüber empfinden können, daß er jagen und all die Dinge tun darf, die mit dem Waidwerk zusammenhängen, und daß er an der Vielfalt und Schönheit der Natur teilhaben kann. Dies alles zusammen bedeutet ihm Glück, und das braucht der Mensch, weil nur das Glück seinem Leben einen Inhalt gibt. Und weil zum Glücklichsein vor allem die Fähigkeit gehört, das, was man hat, höher einzuschätzen als das, was man vermißt, zähle ich zum Glück eines Jägers nicht so sehr seine Sehnsüchte und Begierden, sondern vielmehr das tägliche Erleben im Revier und die Erkenntnis, daß sein Tun draußen in Wald und Feld einen Sinn hat.

,Werden wir morgen noch jagen?' ist eine Frage, die sich die Waidmänner heute immer wieder stellen. Ich meine, wir werden! Wenn auch unter sich stets verändernden Bedingungen und auf andere Weise, aber wir werden. Und wir werden immer wieder Neues über unsere Wildtiere erfahren, und wir werden bei der Jagdausübung immer wieder interessante, beglückende, aufwühlende Erlebnisse haben, über die zu schreiben und lesen sich lohnt.

Bergen, im Sommer 1997   Kurt Menzel

Inhalt

Vom Rotwild im Celler Land, seine Geschichte ...

Als ich zu Beginn der siebziger Jahre beruflich in die Lüneburger Heide – genauer gesagt in den Landkreis Celle – versetzt wurde, konnte ich nur ahnen, daß mir eines der landschaftlich reizvollsten und jagdlich interessantesten Gebiete zur zweiten Heimat – zur Jagdheimat – werden sollte. In ihr wohnt und lebt die Geschichte. Steinzeitgräber wie die „Siebensteinhäuser" in der Nähe des Dorfes Ostenholz weisen auf eine frühe Besiedlung der Region hin. Und wenn ich den Namen des Heidedichters Hermann Löns erwähne, auf dessen Spuren zu wandeln mir ein gütiges Schicksal beschieden hat, so wird der Jagdbeflissene fühlen, daß Waidwerk und Heide zwei eng miteinander verknüpfte Begriffe sind.

Wenn ich mich nun zuerst dem Rotwild zuwende, so nicht nur, weil es in der Gunst der deutschen Jäger am höchsten steht und der Hirsch als Symbolfigur der deutschen Jagd gilt, sondern weil das Rotwild im Landkreis Celle heimisch ist, solange unsere geschichtlichen Kenntnisse zurückreichen. In der Vergangenheit waren die Wildbestände entsprechend den wechselnden politischen Verhältnissen häufig Schwankungen unterworfen. Als die Jagd bis ins späte Mittelalter ein Vorrecht der Fürsten und des Adels war, gab es überhöhte Wildbestände. Ständige Klagen über unzumutbare Wildschäden waren die Folge. Doch die Heidebauern hielten sich schadlos. Die Jagd steckte in ihrem Blut. Sie wilderten, wo sie nur konnten, und die Wilddieberei galt nicht als Sünde, sondern als ungeschriebenes Recht. „Die Wilddieberei ist immer gang und gäbe gewesen", schreibt 1705 ein Amtsvogt.

Zu Beginn des 16. Jahrhunderts hatte Herzog Julius verkündet: Es sei besser, „daß in meinem Fürstentum mehr vernünftige Menschen als wilde Tiere wohnen", und er sollte bald Recht bekommen. Während der Kriege wurde dem Wild zügellos nachgestellt. In alten Chroniken ist zu lesen, daß nach dem 30jährigen Krieg (1648) und nach dem 7jährigen Krieg (1763) kaum mehr Rotwild vorhanden war. Wohl gab es damals noch Wölfe, die sicher mit dazu beitrugen, daß das Rotwild kurzgehalten wurde. 1872 wurde der letzte Wolf im Becklinger Holz vom Förster Grünewald erlegt.

Auch wenn uns konkrete Abschußzahlen aus der Vergangenheit nicht überliefert wurden, kann man annehmen, daß aufgrund des hohen Aufwandes, der für Jägerhöfe, für Pferde, Hunde, Treiber und schließlich auch für Wildschadenersatz getrieben wurde, zur Zeit der Celler Herzöge ein guter Bestand an Rotwild in unserem Raum vorhanden gewesen sein muß.

Aus dem gesamten Raum Lüneburg/Hannover sind Abschußziffern von 800–1500 Stück Rotwild je Jahr zu Beginn des 18. Jahrhunderts belegt. In einer Chronik des Landkreises Celle aus dem Jahre 1930 heißt es: „Zur Zeit des Celler Jägerhofes (1677–1722) wurden Strecken erzielt, von denen sich heutige Geschlechter keine Vorstellungen mehr machen können." Der Schreiber jener Zeilen konnte aber nicht ahnen, daß es nach Einführung des Reichsjagdgesetzes und noch mehr nach dem letzten Weltkrieg mit dem Rotwild wieder spürbar bergauf gehen würde, nicht nur was die Stärke des Bestandes, sondern auch was die Güte des Wildes angeht.

Es ist eine erfreuliche und häufig zu beobachtende Tatsache, daß sich viele pessimistische Prognosen unserer Vorfahren über die Entwicklung von Wild und Jagd nicht bestätigt haben. Hermann Löns sah für die Zeit, in der wir heute leben, keinen Hirsch und keine Sau mehr durch unsere Wildbahnen ziehen. Und doch haben wir die höchsten Schalenwildbestände in unseren Revieren seit Menschengedenken.

Erst vor wenigen Tagen las ich ein hochinteressantes Buch (H. Heft, Bärenjahre) über die Bären in Kanada und Alaska, und auch darin kommt der Autor zu dem unheilvollen Schluß, daß es im Jahre 2000 keinen Platz auf dieser Erde mehr für diese schönen und liebenswerten Tiere geben werde. Hoffentlich irrt er sich da genauso wie sich Löns irrte. Doch hinsichtlich der Zerstörung unserer Landschaft und des Aussterbens so vieler Pflanzen- und Tierarten hat der Heidedichter leider Recht behalten.

Die Herrscher von Celle-Lüneburg waren alle passionierte Jäger. Um 1650 baute Herzog Christan-Ludwig das Jagdschloß in Weyhausen. 1677 wurde der Jägerhof in Celle errichtet. Zu dieser Zeit gab es Gehege in Weyhausen und Wienhausen. Da die Hofhaltung im Jahre 1705 von Celle nach Hannover verlegt worden war, begannen die Herzöge ab 1760 viele Jagden zu verpachten. 1722 wurde der Jägerhof Celle gänzlich nach Hannover verlegt und damit ein Kapitel Celler Jagdgeschichte geschlossen. Der letzte in Celle regierende Herzog, Georg Wilhelm, war ein wilder Jäger und sehr beliebt bei seinen Untertanen. Nach den Jagden pflegte er in den Hütten oder Gehöften der Bauern einzufallen, mit ihnen zu zechen, zu futtern und derbe Witze zu erzählen.

Wie es heißt, pflegte man am Jägerhof Hannover eine vorbildliche Jägertradition. Man sagte, es ginge von dort die Waidgerechtigkeit in alle Welt hinaus. Ob sie auch wieder in den letzten Winkel unserer Jägerherzen zurückgekehrt ist, mag jeder für sich selbst beantworten...

Zu Anfang des vorigen Jahrhunderts finden wir auch in der Heide den Beginn einer geregelten Forstwirtschaft. Damit war der Interessenkonflikt zwischen Jagd und Wald programmiert. Ein Forstprofessor namens Hundeshagen erklärte 1831, Wildhege und Forstwirtschaft seien unvereinbar und wörtlich: „Im höchsten Widerspruch zur Kultur der Menschheit stehen die im rohen Mittelalter mit Gewalt begründeten Wildbahnen samt der auf Form bedachten Zunft einer wenig gebildeten, im Müßiggang selbstgefällig fortlebenden, edlen Jägerei." Womit bewiesen scheint, daß es mit dem Image, dem Vorstellungsbild der Jägerei schon damals nicht zum Besten bestellt war. Im Gegensatz dazu kann ich nur immer wieder feststellen, daß die Jägerschaft in unserem Raum derzeit einen recht guten Ruf genießt, und gäbe es nicht die vielen Anwürfe von außen, man könnte glauben, wir lebten in einer heilen Welt.

Um 1800 machten sich die Celler Forstleute Gedanken darüber, wie denn der Rotwildbestand der Zahl nach beschaffen sein sollte. Man erfand den Begriff der Wilddichte, sie hieß damals „Normalwildbestand". Es wurde empfohlen, für die Gehege Lüß, Wallerholz und Wietzenbruch einen „Normalbestand" von 2,4 Stück je hundert Hektar zu halten. Solche Zahlen entsprechen genau unseren heutigen Vorstellungen.

Bezogen auf die Rotwildfläche, das sind im Kreis Celle rund einhunderttausend Hektar, beträgt die Rotwilddichte etwa zwei Stück je hundert Hektar. Die Menschendichte wird übrigens mit 107 Personen pro hundert Hektar angegeben, und die der Autos liegt bei 53.

Es ist für uns Jäger des Kreises Celle eine kulturelle Aufgabe ersten Ranges, das Rotwild in unserem Raum zu erhalten. Immer wieder wird jedoch nach einer optimalen Bewirtschaftungsform gesucht, die ökologischen, landeskulturellen wie auch jagdlichen Belangen gerecht wird. Schon im Jahre 1788 schrieb ein sicher sehr jagdbegeisterter Pfarrer namens Köhler: „So viele wilde Tiere, wie der Forst ernähren kann, so viele haben ein Recht auf menschliche Duldung." Der gleiche Grundsatz sollte auch heute noch gelten. Daß gerade ein Seelsorger sich zu einem jagdlichen Thema äußerte, mag manchen verwundern. Hören wir doch heute mehr von Pfarrern, die mit Kriegs- und Kernkraftgegnern in den Wald ziehen und in selbsterrichteten Holzkirchen Gottesdienst abhalten.

Aber vielleicht waren die Pfaffen in der Heide schon immer eine Sorte für sich. Als 1841 in Westenholz ein eklatanter Fall von Wilddieberei bekannt und dabei festgestellt wurde, daß die Osten- und Westenholzer alle wilddieben, stellte sich heraus, daß auch der Pastor Bensen des öfteren zum Wildern mitgegangen war. Da das erlegte Wild gemeinsam verzehrt wurde, fehlte der Herr Pfarrer bei solchen Zusammenkünften nicht. Ansonsten wird er aber als ein guter, redlicher, netter und artiger Mann beschrieben.

Eine entscheidende Wende für die Schalenwildbestände brachte die Zeit der Bauernbefreiung. Ab 1848 konnte jeder auf seinem Grund und Boden jagen und war er noch so klein. Erst die Jagdordnung von 1859 sah die Bildung von Eigenjagdbezirken mit einer Mindestgröße von 300 hannoverschen Morgen vor. Alle übrigen Flächen wurden einem gemeinschaftlichen Jagdbezirk zugeteilt. Diese Jagdordnung galt bis zur Einführung des Reichsjagdgesetzes im Jahre 1934. Während dieser 90 Jahre durfte zu Schaden gehendes Wild auch während der Schonzeit geschossen werden, was zunächst jedoch nicht zu einer bedenklichen Verminderung des Rotwildes führen sollte. Der Grund war der, daß unter den bäuerlichen Eigenjagdbesitzern viele Einsichtige waren, die beim Abschuß von zu Schaden gehendem Rotwild Maß hielten.

Ich muß hier kurz auf die Bauern der Heide eingehen: Die Liebe zum Wald, zum Busch wie man hier sagt, und zum Wild ist den Heidjern angeboren. Einen Hof ohne Wald und ohne die großen Hofeichen drumherum können sie sich nicht vorstellen. „In'n Busch bin ick groot wor'n, in'n Busch will ick ok starben", das ist ein Wort, das man oft hört. So ist nur allzu verständlich, daß das Wild bis zum heutigen Tage in den bäuerlichen Waldungen eine Heimstatt gefunden hat.

Hier will ich noch ein wenig vom Thema abschweifen: Als ich zum ersten Mal den Ausspruch „In'n Busch bin ick groot wor'n . . ." hörte, fielen mir die Worte eines berühmten Forstmannes ein. Es war Wilhelm Pfeil, der es sich 1824 noch leisten konnte, in aller Ausführlichkeit den Genuß zu beschreiben, den die Jagd den Menschen vermitteln könne: „Ich bin im Walde aufgewachsen. Mir klingt das Schreien eines starken Brunfthirsches weit schöner als der Triller eines Dresdner Kastraten. Ich sehe weit lieber ein Rudel Rotwild vertraulich scherzen und die Spießer und Schmaltiere auf den Hinterläufen stehen als die Sprünge und Verdrehungen eines Bajazzo." Wie recht hat der gute Pfeil, und würde es nicht so anmaßend klingen, ich würde sagen, diese Worte könnten auch von mir sein!

Zurück zum Rotwild. In einem Zeitungsbericht aus dem Jahre 1927 ist jedoch zu lesen: „Sehr zu Ungunsten des Rotwildes haben sich die Verhältnisse erst geändert, als auswärtige Jäger in unsere Heide einzogen. Viele von ihnen waren hemmungslose Schießer und machten die Jagd zu einem Geldgeschäft, was zu einem rücksichtslosen Abschuß führte." Vergleiche mit der Gegenwart will ich mir hier verkneifen!

1927 war das Rotwild fast ausgerottet. Um dem Niedergang Einhalt zu gebieten, wurden von einsichtigen Jägern Jagdschutzvereine gegründet. Diese gingen 1934 in einer einheitlichen deutschen Jägerschaft mit Zwangsmitgliedschaft auf. Am 9. August 1934 beendete der Kreisjägermeister Hermann Tewes im großen Saal der „Union" zu Celle mit einem dreifachen Horrido auf den Führer und den Reichsjägermeister Hermann Göring eine

Versammlung von 120 Jägern, bei der diese auf das neue Jagdgesetz einge-stimmt wurden. Es erfolgte die Einteilung des Kreises in Jagdbezirke, die etwa den heutigen Hegeringen entsprachen.

Daß während der Gültigkeitsdauer des Reichsjagdgesetzes die Rotwildbe-stände nach Zahl und Güte einen raschen Aufschwung nahmen, ist allgemein bekannt. Zu einem Niedergang kam es wieder, als nach dem letzten Krieg die Besatzungsmacht willkürlich das Rotwild bejagte und Wilddiebereien an der Tagesordnung waren.

Der Wiederaufbau des Rotwildbestandes begann im Jahre 1952, als die Jagdhoheit in deutsche Hände zurückgegeben wurde. Der allmähliche An-stieg führte schließlich zu dem Höchststand im Jahre 1973, in dem wir eine Wilddichte von 2,6 Stück je 100 ha hatten. Bis zu diesem Jahr ist nie der ge-samte Zuwachs genutzt worden, vielmehr betrug der Abschuß im Durch-schnitt nur 86 % des Zuwachses. So mußte im Interesse der Landeskultur ab Jagdjahr 1973 ein Verminderungsabschuß durchgeführt werden, der den Höchstbestand von 2250 Stück wieder auf einen Bestand von rund 1890 Stück im Jahre 1984 senkte. Diese Verminderung vollzog sich über zehn Jahre kontinuierlich und ohne große Sprünge. Das entsprach der Art der im allgemeinen mehr zu einer bedächtigen und weniger sprunghaften Denk- und Lebensweise neigenden Norddeutschen. Während dieser Dekade be-trug der Abschuß im Durchschnitt 105 % des Zuwachses.

Entscheidend für die vernünftige und so überaus erfolgreiche Rotwild-hege in unserem Kreis ist die Regelung, nach der die Abschußquoten nicht mehr für das einzelne Revier, sondern für die einzelnen Hegeringe (heute teilweise schon Hegegemeinschaften) und damit für den ganzen Rotwildring festgesetzt werden. So ist man von dem in manchen Jagdkreisen noch übli-chen „Hektarsozialismus" abgekommen, wonach unabhängig von dem Wildvorkommen pro 100 ha Jagdfläche eine bestimmte Anzahl von Wild freigegeben wird. Nach unserem System kann das Wild dort am stärksten bejagt werden, wo es am meisten vorkommt und wo eine Verminderung am nötigsten ist.

Der Zustand unseres heutigen Rotwildes ist im wesentlichen durch drei Faktoren gekennzeichnet: Das sind erstens hohe und gleichbleibende Wild-bretgewichte. Seit elf Jahren führe ich in meinem Forstamt eine Statistik über die Wildbretgewichte und kann nach Auswertung von über 1000 Abschüs-sen folgende Durchschnittswerte bekanntgeben, die auch für den ganzen Kreis repräsentativ sein dürften:

Hirsche Klasse I,   12. Kopf und älter   128,3 Kilo
        Klasse II b, 5. Kopf und älter   118,1 Kilo
        Klasse II b, 2. bis 4. Kopf   79,0 Kilo

Schmalspießer	54,2 Kilo
Hirschkälber	37,9 Kilo
Alttiere	65,9 Kilo
Schmaltiere	45,4 Kilo
Wildkälber	34,3 Kilo

Bei den Gewichten beobachten wir eher eine steigende als eine sinkende Tendenz. Wenn man ermittelt hat, daß bei unangemessen hohen Wildbeständen die Durchschnittsgewichte sinken, so können wir in dieser Hinsicht beruhigt sein. Jedenfalls ist beim Rotwild nicht jener biologische Sättigungspunkt erreicht, von dem ab die Umwelt negativ auf den Wildbestand zu wirken beginnt. Warum interessieren uns diese Zahlen? Wenn wir heute bevorzugt als Auslesemerkmal den körperlichen Zustand des Wildes heranziehen, so müssen wir wissen, ob das zur Strecke gebrachte Stück unter oder über den zuvor genannten Durchschnittswerten liegt.

Das zweite Merkmal sind ansprechende, starke Trophäen. In dieser Hinsicht können wir es mit fast jedem Rotwildvorkommen in der Bundesrepublik aufnehmen. Geweihgewichte von acht und neun Kilo sind bei den Spitzenhirschen genausowenig Seltenheit wie 200 bis 210 internationale Punkte. Solche Geweihe haben nichts zu tun mit einem von Außenstehenden oft angeprangerten Trophäenkult, sondern sind Ausdruck eines gesunden Wildbestandes, und deshalb interessiert uns ihre Stärke.

An dritter Stelle wäre zu nennen, daß wir bei unserem Rotwild eine artgemäße Altersklassengliederung und ein von Natur gegebenes Geschlechterverhältnis von 1 : 1 haben. Dies belegen auch die Abschußzahlen. Wohl auf keiner Trophäenschau, vom Bayerischen Wald bis hin nach Schleswig-Holstein, wird man unter den Hirschen so viele alte und reife Geweihträger zu sehen bekommen wie bei uns.

Ein Wort zu Wild und Wald: In Hinblick auf die neuartigen Waldschäden wird heute gefordert, die Jäger müßten den Rot- und Rehwildbestand soweit herunterschießen, bis der Wald wieder natürlich verjüngt oder ein Mischwald mit viel Laubhölzern ohne Zaun begründet werden könne. Das hört sich gut an. Hierzu sei jedoch angemerkt, daß die Forstämter im Landkreis Celle trotz eines beachtlichen Rotwildvorkommens ab 1972 über 14000 Hektar Sturmholzflächen und eine 5500 Hektar große Waldbrandfläche ohne wesentliche Beeinträchtigung durch das Wild wieder aufgeforstet haben.

Und was die Forderung nach mehr Laubholz anbetrifft: Viele unserer armen Sandböden, die früher nur mit Heide bewachsen waren, lassen sich sinnvoller mit keiner anderen Baumart als der anspruchslosen Kiefer aufforsten.

... und sein Verhalten

Bevor der Mensch so rigoros wie in den letzten Jahrhunderten von der offenen Landschaft Besitz ergriff und sie mit seiner Kultur veränderte, war das Rotwild ein Bewohner der Steppe. Seine Nahrungsansprüche wie auch seine ausgeprägte Neigung zur Rudelbildung weisen darauf hin. Mit zunehmender Ausdehnung der besiedelten Gebiete wurde das Rotwild mehr und mehr in die noch verbliebenen geschlossenen Wälder zurückgedrängt. Je unruhiger es zudem in den großen Forsten durch Verkehr, Tourismus, Holzeinschlag und Jagddruck wurde, um so mehr entwickelte sich aus dem einstigen Tag- ein Nachtwild.

So wurden zwangsläufig der Tagesrhythmus und die arteigenen Äsungs- und Ruhephasen gestört. Die Äsungsflächen werden fast nur noch zur Nachtzeit aufgesucht. Die außerordentlichen Veränderungen seiner Lebensbedingungen haben das Rotwild zu bemerkenswerten Abwandlungen seiner ursprünglichen Verhaltensweisen gezwungen, wobei es sich jedoch als recht anpassungsfähig erwiesen hat. Das hat ihm schließlich das Überleben bis in unsere heutige Zeit ermöglicht. Trotzdem erfüllt es mich immer dann mit Zorn, aber auch mit Resignation, wenn ich miterleben muß, in welch starkem Ausmaß diese Veränderungen im Verhalten des Wildes auf den Menschen zurückzuführen sind.

Nun gibt es glücklicherweise auch in unserem dichtbesiedelten Vaterland noch Rotwildreviere, die aufgrund ihrer besonderen Besitzverhältnisse oder ihrer besonderen Zweckbestimmung nicht so nachhaltig Störfaktoren aller Art unterliegen. Ich denke hierbei an einige große Privat- und Staatsreviere abseits der großen Touristenströme, an ausgedehnte Truppenübungsplätze und militärische Erprobungsflächen, die wegen der von ihnen ausgehenden Gefahren größtenteils für den ungehinderten Zugang durch Menschen gesperrt sind. Hier kann das Wild trotz der erforderlichen Wildstandsregulierung noch zu seiner ursprünglichen Lebensweise zurückfinden, und Begegnungen zwischen Mensch und Tier sind zu jeder Tageszeit möglich.

Die Wildtiere bei Tageslicht beobachten, an ihrer Lebensfreude wie auch ihren Notstunden teilhaben zu können, ist mir wesentlich lieber als beispielsweise im Rahmen einer wissenschaftlichen Untersuchung die Tiere nur mit Hilfe von Sendern, die man den Unglücklichen nach einer Narkotisierung um den Hals gehängt hat, zu orten und zu verfolgen. Ich bin sicher, daß ein Birkhahn, der in seinem Gefieder ein technisches Anhängsel wie einen Minisender zu tragen hat, sich anders verhält als ein freier Vogel und daß ein Alttier, das von einem Wildbiologen ein dickes Lederhalsband verpaßt bekommen hat, immer wieder versuchen wird, diesen Fremdkörper loszuwerden.

Viele Hirsche verenden in unseren Revieren, weil sie sich in panischer Angst von einem Draht, einem Tarnnetz oder anderen Requisiten menschlichen Erfindungsgeistes zu befreien suchen, nachdem sie sich darin verfangen haben. Das Rotwild erkennt sehr rasch, ob es während der Jagdzeit verfolgt oder in der Schonzeit nicht bejagt wird. Das spiegelt sich wider in den unterschiedlichen Fluchtdistanzen. Während noch im Januar die Alttiere bei der einfachsten Beunruhigung aufwerfen und die Flucht ergreifen, lassen sie im März ein Auto auf weniger als hundert Meter seelenruhig vorüberfahren, meist ohne das Äsen zu unterbrechen.

Im Winter saß ich einmal auf einer luftigen, an einer schmalen Wiesenzunge postierten Kanzel, von der aus ich Einblick in ein gegenüberliegendes, langgestrecktes Wäldchen hatte. Die lockeren Birken und Kiefern waren von größeren, von Frost und Schnee zusammengedrückten Adlerfarnhorsten durchstellt. An dem äußersten, links von meinem Sitz gelegenen Zipfel des Mischwaldes führte auf gut tausend Meter Entfernung eine feste Straße vorbei. Auf dieser fuhr, kaum daß ich zehn Minuten angesessen hatte, mit dem üblichen Motorengebrumm und Kettengerassel eine Panzerkolonne ins Manöver. Ohne daß auch nur eines der Fahrzeuge anhielt oder den Wald berührte, erschien plötzlich, immer wieder zu der Lärmquelle sichernd, ein Rottier und schließlich ein wohl zehn Kopf starkes Rudel auf den Blößenflächen. Man sah es dem Wild förmlich an, daß es, in der Nähe der Straße niedergetan und aufgeschreckt von dem Lärm der motorisierten Ungetüme, die nachmittägliche Ruhe nur widerwillig unterbrach und in vermeintlich sichere Gefilde zog.

Das hatte für mich den Vorteil, daß ich in aller Ruhe das Rudel mustern konnte. Ein gern abseits stehendes, altes Tier mit einem auffallend dunklen Träger hatte ich mir zum Abschuß herausgepflückt, und auf den Schuß hin zeichnete es deutlich, indem es sich im Kreise drehte. Ich glaubte, es sei im Farnkraut zusammengebrochen, und konzentrierte mich schon wieder auf das Rudel, das nach dem Schuß ganz regelwidrig, aber vorsichtig auf die Kanzel zu zog und bald auf kurze Entfernung die Wiese vor mir überquerte. Schon wollte ich ein recht schwaches Kalb schießen – und ich hätte es sicher getan, wenn es nur frei gewesen wäre –, als mir wieder das Tier mit dem schwarzen Widerrist auffiel. Sollte es wirklich noch im Rudel sein und so ganz ohne Zeichen der ersten Kugel? Was blieb mir anderes übrig, als ihm noch eine Kugel anzutragen! Als ich es – es war nach wenigen Fluchten verendet – von allen Seiten betrachtete, fand ich zunächst nur den aus nächster Nähe abgegebenen Schuß. Doch einige winzige Tröpfchen Schweiß in der

Rudelfährte ließen mich intensiver suchen, und so fand ich schließlich den Sitz der ersten Kugel: Sie war mitten durch die Drossel geschlagen, ohne viel Schaden anzurichten. Das hätte eine böse Nachsuche geben können!

Der uns allen bekannte Waldmeister Behnke hat einmal während eines Vortrages gesagt, es seien drei Faktoren, die das Leben eines Wildtieres bestimmen: Sicherheit – Ernährung – Fortpflanzung. Wobei die Bedeutung und Wichtigkeit der drei hier aufgezeigten Begriffe durch die Reihenfolge der Aufzählung gegeben sei. Also Sicherheit vor Äsung und Brunft. Ich habe mich oft gefragt, ob diese Reihenfolge wohl richtig ist und die Sicherheit bei unseren Wildtieren wirklich an erster Stelle der Bedürfnisse steht. Plausibel wäre es. Daß das Rotwild sich in die geschlossenen Wälder zurückgezogen hat und dort lieber Baumrinde äst, also schält, als auf die Felder zu besserer Äsung zu ziehen, spricht für diese These. Doch spielt meines Erachtens die Ernährung oft die ausschlaggebende Rolle im Verhalten des Wildtieres. Wie anders könnten wir sonst das Wild ankirren, an die Fütterung gewöhnen oder auf einen Wildacker locken? Tatsache ist, daß wir stets dort die größten Wildkonzentrationen beobachten können, wo die beste Äsung zu finden ist.

Das jahreszeitlich bedingte unterschiedliche Angebot an Äsung und Fraß in unseren Revieren bestimmt zumeist den Aufenthaltsort des Wildes. Bestes Beispiel ist die Eichenmast, die Schwarz-, Dam- und Rotwild während der Zeit des Früchtefallens wie magisch in die Eichenbestände zieht, während die Bestände ohne Mast weitgehend gemieden werden.

Doch bleiben wir zunächst nur bei dem Rotwild: Es äst, wiederkaut und schläft wie alle Wiederkäuer in bestimmten Zeitabständen. Zwischen diesen Phasen bewegt es sich zu den Äsungsflächen, sichert, spielt, döst und treibt Körperpflege. Der Tagesablauf eines Wildtieres ist also von Natur aus in ganz bestimmte Abschnitte eingeteilt. Jemand, der das Rotwild nur als Nachttier erlebt, bekommt einen unzureichenden und auch falschen Eindruck von der Lebensweise dieses Wildes. In dem von mir betreuten Revier wird das Wild nicht ständig beunruhigt. Daher wechselt es durchaus nicht beim ersten Büchsenlicht in die Dickungen und verläßt diese auch nicht erst bei völliger Dunkelheit. Hier verweilen die Kahlwildrudel noch lange über den Tagesanbruch hinweg auf den Äsungsflächen. Tritt keine Störung ein, kann es durchaus vorkommen, daß sich das ganze Rudel auf der Freifläche zum Ruhen und Wiederkauen niedertut, um dann im Laufe des Vormittags wieder Äsung aufzunehmen.

Für die Tagesaktivitäten des Wildes müssen auch die Witterungsverhältnisse maßgebend sein. Anders ist es jedenfalls nicht zu erklären, daß an bestimmten Tagen und zu bestimmten Zeiten das gesamte Wild eines Revieres auf den Läufen zu sein scheint, während anderentags wiederum kaum etwas zu sehen ist. Dies wird immer dann besonders deutlich, wenn man aus einem besonderen Anlaß – sei es, daß sich hoher Besuch angesagt, sei es, daß sich ein guter Freund in die Heide verirrt hat – möglichst viel der standorttreuen, bestätigten, tagaktiven Wildtiere vorführen möchte und dann über einige wenige, am Dickungsrand verweilende Stücke nicht hinauskommt. Mir war es schon einmal recht peinlich, als ich einem Rotwildexperten beim Kaffeetisch von dem ungestörten Tagesrhythmus unseres Wildes erzählt hatte und wir dann anschließend ein „rotwildfreies" Gebiet besichtigten.

Bedeckter Himmel scheint die Aktivität des Rotwildes zu steigern. Grelle Sommersonne hat es nicht so gern. Wohl dagegen die milde Abendsonne. Insbesondere aber Sonnenschein nach langen regen- und wolkenreichen Tagen. Dann ist das Wild meist den ganzen Tag über auf den Freiflächen.

Wenn nach trüben Herbst- oder Wintertagen über der Heidmark endlich wieder einmal ein blauer Himmel strahlt, setze ich mich selten im Walde an, um Kahlwild zu schießen. Vielmehr zieht es mich dann wie magisch in die freie, unbestockte Heide hinaus, die jetzt ihr braunes Kleid trägt. Welch gute Gelegenheit, als Fortbewegungsmittel die eigenen Füße zu gebrauchen und die Lungen mit frischer, schadstofffreier Luft zu verwöhnen!

Gestern hatte mich das Rudel zwischen dem Hamberg und dem Berghofwäldchen genarrt. Ich war wie immer gegen den Wind in den entlegenen Revierteil gezogen, jede Deckung und jede Bodenwelle nutzend, um das im Freien weilende Wild möglichst frühzeitig zu entdecken. Richtig, inmitten einer kleinen, mit langhalmigem, vergilbtem Pfeifengras bewachsenen Mulde hatte sich das Rudel niedergetan. Nur ab und zu lugte ein Lauscherpaar aus den hohen Halmen hervor. Etwas abseits der Gesellschaft und auf höherer Position hatte sich ein Spießer niedergelassen und döste vor sich hin. Mich mit den Ellenbogen vorwärtsschiebend, rutschte ich auf dem Bauch auf eine kleine Birkengruppe zu, die mir Schutz vor den Sehern des bald aufstehenden Wildes gewähren sollte. Es dauerte auch nicht lange, da erhoben sich ein Alttier und ein Kalb, und gierig stürzte sich das kräftige Junge auf das pralle Gesäuge. Während sich das Tier allmählich von dem Rudel fortäste, erhoben sich in kurzen Zeitabständen die übrigen Stücke, streckten und schüttelten sich und begannen, sich ihren Pansen zu füllen. Viel Gutes gab es da nicht zu äsen, nur die am Boden kriechende Drahtschmiele, ein paar Birkenzweige und das abgeblühte Heidekraut.

Bei allem Beobachten und Schauen vergaß ich natürlich nicht, daß ich ein Stück erlegen wollte, doch schien mit keins so recht zu passen. Die Tiere führten alle ein Kalb, die Schmaltiere waren gesund und kräftig. Nur ein Schmalspießer hatte recht kurze Spieße, die die Lauscher nicht überragten, und im Wildbret war er auch nur mäßig. Den hätte ich vielleicht schon längst geschossen, würde nicht immer noch aus dem Gras das graue Haupt eines Alttieres herausgeragt haben, das offensichtlich die Ruhepause soweit wie möglich ausdehnen wollte. Sicher war es dasjenige gewesen, welches am längsten auf den Läufen gewesen war, als sich das Rudel niedertat. Das alte Stück hätte ich ganz gerne der Wildbahn entnommen, zumal es auch kein Kalb mehr zu führen schien.

Endlich, das Licht begann merklich abzunehmen, erhob sich die Alte, prüfte den Wind und glättete ihre Decke. Noch stand sie spitz, aber ich ließ sie nicht aus dem Zielfernrohr. Doch was war das? Mit hohen Fluchten kam aus dem Rudel ein kräftiges, dunkelgefärbtes Kalb gesprungen, berührte mit der Nase den Windfang der Mutter, ließ sich deren Lecker über das Köpfchen fahren und hatte dann bei seiner Größe alle Mühe, sich mit weit gespreizten Vorderläufen am Gesäuge der Mutter gütlich zu tun. Natürlich ließ ich augenblicklich die Büchse sinken. Der geringe Spießer war längst mit der Dämmerung in dem Rudel untergetaucht. Viel Wild hatte ich gesehen, doch nicht ein Stück war mir zur Beute geworden. Aber ein verlorener Tag war es dennoch nicht!

Heute wollte ich es besser machen. Wieder hatte sich die Sonne am Vormittag durch den frühwinterlichen Nebel gekämpft und warf ihre flachen, kraftlosen Strahlen auf die braune Heide. Von den Randeichen des Berghofwäldchens her hatte ich nach dem Rudel Ausschau gehalten und sah es bald in der großen, weiten Heidefläche beim Äsen.

Nur noch einige verwilderte Obstbäume und ein paar Mauerreste weisen darauf hin, daß hier einst ein altes Bauerngeschlecht gelebt hat. Bis zu der Zeit vor dem letzten großen Krieg hatte der Bauer auf dem Berghof sein Anwesen und schaute aus erhöhter Warte über den krusen Wacholder-, Fuhren- und Tannenhain hinweg weit in die Heidmark. Dann beanspruchte die Wehrmacht das Gelände für Übungszwecke, und es mußten alle Familien, die auf den Heidehöfen saßen, kurzfristig „zum Schutz der Heimat und für Deutschlands Wehr" das Erbe der Väter verlassen. Immer wieder umfängt mich ein Hauch von Wehmut, wenn ich durch solch uralte, aber jetzt verödete Siedlungsgebiete meine Pürschgänge richte. Ich male mir in meinen Gedanken aus, wie die Vorfahren hier einst den Rehbock, das wilde Schwein und den „Habbock" – so nannten die alten Heidjer den Hirsch – erspäht, erjagt und erbeutet haben. Aber lassen wir das!

Vom Waldrand her war das Wild zu weit draußen. Der Wind wehte von dem schwach bewaldeten Hamberg her mir gerade ins Gesicht. Wenn ich seitlich im Schutz einiger kleinerer Aufforstungen einen weiteren Bogen machte, müßte ich in Schußnähe kommen. Ich merkte mir eine schmale Lärchenanpflanzung, die in die Heidefläche hineinragte und von deren Ende ein

Schuß möglich sein müßte. Als ich endlich durch die winterkahlen Lärchen vorwärtspirschte, wobei es sich auf den abgefallenen Nadeln wie auf einem Teppich lief, schien mein Vorhaben zu klappen. Das Rotwild äste noch fast auf derselben Stelle. Auf den letzten Metern bis zum Dickungsrand muß ich dann jedoch etwas falsch gemacht haben. Eines der aufmerksamen Alttiere hatte eine unbedachte Bewegung erspäht oder ein verdächtiges Geräusch vernommen; kurzum, das Stück sprang in das äsende Rudel, gefolgt von seinem Kalb, und äugte aufmerksam in meine Richtung. Die übrigen Stücke taten es ihm nach, und schon bewegte sich die ganze Gesellschaft nicht hastig, aber stetig von mir fort.

Da war also wieder nichts mit einem Stück Rotwild. Dabei hatte ich als Jagdleiter einen Verminderungsabschuß angeordnet und mußte selbst mit gutem Beispiel vorangehen. Verminderungsabschüsse beim Rotwild werden ja nicht nur in der Heide, sondern bundesweit, sei es im Harz, sei es im Bayerischen Wald, in der Eifel oder im Odenwald von Zeit zu Zeit notwendig und auch praktiziert. Dabei erlebt man bei denen, die ihn durchzuführen haben, recht unterschiedliche Reaktionen. Während die einen den erhöhten Abschuß auf Anordnung fast gewerbsmäßig und ohne innere Anteilnahme vollziehen, gibt es andere, die sich gegen solch hohen Blutzoll beim Rotwild vom Gefühl her sträuben und nur widerwillig mitmachen. Sie würden am liebsten, so formulierte es einmal einer meiner Kollegen, „das Wild mit ins Bett nehmen". Aber es gibt bei solchen Aktionen auch welche, die den Verminderungsabschuß zum Austoben ihrer Leidenschaft benutzen und unter dem Vorwand, etwas wirtschaftlich Notwendiges und von der Behörde Abgesegnetes zu tun, ständig einen Juckreiz im rechten Zeigefinger verspüren.

Als sich das Rudel auf dem flach auslaufenden Hang des Hamberges sehr bald wieder zu beruhigen schien und zu äsen begann, kam mir der Gedanke, es von der anderen Seite der Heidefläche her anzugehen. Dazu mußte ich den Weg zum Berghof eilends zurückgehen, den Wald umschlagen und dann von der Westflanke her gegen Wind die Pirsch wieder aufnehmen. Inzwischen war ein leichter abendlicher Bodennebel aufgezogen und vom Licht her Eile geboten. So geräuschlos wie möglich hastete ich voran und hatte das Mißgeschick, daß ich auf halbem Wege mit einem anderen, geringeren Rudel zusammenstieß. Ich hielt mich gar nicht lange mit Ansprechen und Deckungnehmen auf, sondern pirschte munter darauf los. Das Leittier führte das Rudel in die von mir eingeschlagene Richtung und mußte hinter der Bodenwelle, hinter der es bald verschwand, mit dem starken Rudel am Hamberg zusammentreffen. Hier gab es nur zwei Möglichkeiten: Entweder es beruhigte sich, oder es nahm das gesamte, dort in der Talmulde stehende Wild mit, und dann hätte ich das Nachsehen.

Als ich vorsichtig den Kopf über einen mit Heidekraut bewachsenen Hügel hob, sah ich zu meiner Freude das Kahlwild vor mir. Aber es war in heller Aufregung. Es mögen mehr als einhundert Meter gewesen sein, die mich von dem nächsten stehenden Stück trennten. Ganz offensichtlich befand sich das zweite, vor mir abgesprungene Rudel am Ende des ersten Verbandes und war im Begriff, den Rest des Tages gemeinsam in diesem zu verbringen. Kaum hatte ich für mein Gewehr eine passende Auflage gefunden, da mußte ich auch schon das einzige frei- und breitstehende Stück schießen, sonst wäre die ganze Gesellschaft wieder entflohen. Was dann schließlich mit gutem Blattschuß auf der Strecke lag, war ein schwaches Schmaltier, um das es nicht schade war.

Rotwild lebt als ehemaliges Steppenwild gern gesellig. Je freier und offener ein von ihm bewohnter Lebensraum ist, um so größer werden die zu allen Jahreszeiten zu beobachtenden Rudel sein. Wer in Schottland gejagt hat, wird dies bestätigen können. Unser Revier besteht etwa zu einem Drittel aus geschlossenem Hochwald und zu einem Drittel aus aufgelockertem, naturnahem Schutzwald, überwiegend aus Birke. Der Rest ist offene Heide- und Moorlandschaft mit einzelnen Grasflächen.

Der große Rudelverband bietet dem einzelnen Tier optimalen Schutz und größtmögliche Sicherheit. Je höher die Mitgliederzahl des Rudels ist, um so mehr erfahrene Alttiere befinden sich in ihm und um so mehr Lichter, Lauscher und Windfänge wachen über die Sicherheit aller. Mag auch ein Teil des Rudels äsen oder sich niedergetan haben, den sich nähernden Feind entdeckt ein Stück immer und alarmiert die übrigen. Tritt solch eine Störung auf, drängen sich in der Regel die einzelnen Stücke sehr eng zusammen, so daß der Schuß auf ein bestimmtes, beispielsweise auf ein schwaches Kalb, kaum möglich ist. Allenfalls das Leittier bewegt sich aufmerksam sichernd einige Schritte von dem „großen Haufen" fort, um dem Grund der Störung auf die Spur zu kommen. Einmal in Bewegung gesetzt, kann solch ein Rudel weite Strecken zurücklegen, ehe es wieder zur Ruhe kommt. Vier bis fünf Kilometer sind da keine Ausnahme. Nicht selten kommt es zu Doppelzählungen und zu einer Überschätzung des Bestandes, wenn mehrere Jäger unabhängig voneinander solch ein Rudel beobachten.

Große, insbesondere vom Herbst bis zum Frühjahr auftretende Rudel müssen nicht Ausdruck eines überhöhten Wildbestandes sein. Sie zeigen vielmehr das arteigene Verhalten dieser Wildart. Daher ist es so unendlich schwer, eine vom Gesetzgeber geforderte geringe Wilddichte über ein ganzes Vorkommen hinweg einigermaßen gleichmäßig einzuhalten. Auch bei uns schwankt die Wilddichte von Revierteil zu Revierteil ganz erheblich. Entscheidend ist das Äsungsangebot. Es wird leider häufig übersehen, daß durch die Großrudelbildung ganze Revierteile praktisch rotwildfrei werden. Das ist besonders für den geschlossenen Wirtschaftswaldteil von Vorteil, denn je weniger sich das Wild darin aufhält, um so weniger Schaden kann es dort anrichten.

Trotz großer Rudel gibt es immer wieder einzelne Tiere, die mit ihren Kälbern oder als Dreigespann – Alttier, Kalb, Schmaltier oder Schmalspießer – jede größere Vergesellschaftung vermeiden und eigenständig ihre Fährte ziehen. Dieses Verhalten ist sicher individuell verschieden geprägt. Ich vermute aber, daß viele solcher Tiere recht früh ihr Muttertier verloren haben, keinen Anschluß an ein anderes Rudel fanden und nunmehr allein beginnen, wieder einen Familienverband aufzubauen.

Die Mitglieder von Großrudeln sind sicher nicht alle miteinander verwandt. Dafür kommen zuviel gleichaltrige Stücke in ihm vor. Nach den Veröffentlichungen von Meynhardt wissen wir, daß eine Schwarzwildrotte aus Kindern und Kindeskindern der Leitbache besteht. Ähnlich dürfte es auch beim Rotwild bei kleineren Rudeln sein, wo die im Rudel lebenden Alttiere Töchter des Leittieres sind. Großrudel jedoch haben nur einen geringen Zusammenhalt. Sie können sich von Tag zu Tag in ihrer Zusammensetzung ändern. Ich habe es wiederholt erlebt, daß bei einer Störung ein Teil des Rudels in diese und der Rest in jene Richtung auseinanderlief.

Kälber, die früh in der Jagdzeit – also von August bis November – ihr Alttier verlieren, werden sicher nie in einem Rudel bleiben können. Sie werden unerbittlich ausgestoßen. Daher ist der Schuß auf ein führendes Alttier immer verwerflich. Diese einzelnen kümmernden Kälber muß man erst einmal im Winter gesehen haben, um das Ausmaß solcher Tragödie zu begreifen. Fehlabschüsse werden immer vorkommen. Aber Alttiere können auch auf andere Weise zu Tode kommen, ich denke nicht zuletzt durch den Straßenverkehr. Gegen Ende der Jagdzeit habe ich jedoch wiederholt verwaiste Kälber am Rande größerer Winterrudel beobachtet. Offensichtlich sind diese Kälber dann schon so stark, daß sie sich etwas abseits und ganz am Ende der Rangordnung behaupten können. Im offenen Gelände ist es natürlich leichter, verwaiste Kälber – so sie den Winter überstanden haben – im nachfolgenden Jahr als Schmaltiere oder Spießer der Wildbahn zu entnehmen, da sie durchweg durch ihre Vertrautheit und ihre Standorttreue auffallen.

Im allgemeinen trifft es wohl zu, daß beim Rotwild Hirsche und Kahlwild getrennt leben. Dennoch gibt es bei uns in der Heide Geweihte, die das ganze Jahr über in enger Tuchfühlung mit dem Kahlwild, ja teilweise fest im Kahlwildrudel leben. Erst kürzlich sah ich einen prächtigen Kronenhirsch inmitten eines zwölfköpfigen Kahlwildrudels, und das Anfang Juni.

Hirschrudel sind recht lose Gruppierungen. Während im Kahlwildrudel die Alttiere auf den Schutz ihrer Kälber und Schmaltiere bedacht sind – sie führen ja das Jungwild –, herrschen bei den Geweihten Zweckmäßigkeit und Eigennutz vor. Jeder Hirsch ist sich selbst der nächste und verläßt sofort das Rudel, wenn es seiner Sicherheit dient.

An einem schönen Augustabend habe ich einmal ein stärkeres Feisthirschrudel vorgehabt, das bei bestem Licht auf einem mit Klee bestandenen Wildacker zog. Die Mär von dem Feisthirsch, der als „Nachtgespenst" nur in völliger Dunkelheit die Äsungsflächen aufsucht, ist durch solches Verhalten in einem ungestörten Revier leicht widerlegt. Jedes Wild wird wieder zum Tagwild, wenn man ihm die nötige Ruhe läßt. Das Rudel begann nach anfänglichem, vorsichtigem Sichern recht unbekümmert, sich den Waidsack vollzuschlagen. Nur ein einzelner, vermutlich recht alter Hirsch verweilte stocksteif und unbeweglich in guter Deckung am Rande des Gehölzes. Wie lange er dies noch getan hätte, vermag ich nicht zu sagen, denn ich ließ nach kurzer Zeit von einem mich begleitenden Jagdgast einen Abschußhirsch strecken, worauf das ganze Rudel flüchtete. Das an einigen markanten Geweihen leicht wiederzuerkennende Hirschrudel habe ich später wiedergesehen. Der Alte war nicht mehr dabei.

Doch auch im Winter vertrauen sich viele und nicht nur junge Hirsche der Führung eines erfahrenen Leittieres an. Das bescherte mir vor zwei Jahren einen bemerkenswerten Hirsch: Der August des Jahres 1984 war in der Heide warm und ausgesprochen niederschlagsarm. Da für den Beginn der Brunft die Witterung stets eine wesentliche Rolle spielt und anhaltende Wärme nun einmal die Hirsche nicht in Stimmung bringt, wollte in diesem Jahr die Sache nicht so recht in Gang kommen. Mancher Waidgeselle wurde schon richtig ungeduldig, als wäre die schlechteste Brunft aller Zeiten zu erwarten. Doch dann setzte sie um den 10. September mit aller Heftigkeit ein.

Frühmorgens, kaum daß es Tag geworden war, hatte ein Jagdgast unter meiner Führung einen recht braven Abschußhirsch erbeutet. Es hatte auf Anhieb geklappt, und so sehr sich jeder Jagdführer über ein rasches und glückliches Ende einer Pürsch nur freuen kann, so ist manch Abschußnehmer von einem einzigen Ausflug ins Revier noch nicht restlos genossen gemacht und manchmal auch ein wenig traurig, daß nun schon alles vorbei sein soll. Extra vierzehn Tage Urlaub genommen, mit Frau und Hund angereist, das Hotel gebucht und dann nach einem Tag kein Grund mehr zum Bleiben, das ist schon hart!

Was blieb mir da anderes übrig, ich nahm den Herrn mit dem grünen Bruch am Hut auch noch zum Abendansitz mit ins Revier. Nun konnten wir frei von allen Beutegelüsten das Schreien der Hirsche genießen und hatten auf der Kolker Wiese, einer schwer zugänglichen, versumpften Brache, recht guten Anblick. Da: Ein mächtiger, fahlgelber Wildkörper am Rande des Brunftplatzes erweckte unsere Aufmerksamkeit. Ein alter Hirsch stand für einige Augenblicke regungslos im hüfthohen Gras. Rechts trug er eine lange, in einer Dreierkrone endende Stange, der jedoch die Mittelsprosse fehlte. Die linke Stange war nur halb so lang, endenlos und lief in einem Gebilde aus, das einer Hummerschere glich. Weiß Gott, das wäre ein Hirsch für mich gewesen, und ich hätte ihn gern geschossen! Aber erstens war er zu weit, und zweitens war an ein Heranpürschen nicht zu denken, denn ich hatte ja den Fremden neben mir sitzen, den ich unmöglich allein lassen konnte.

So sahen wir denn wie der Alte, ohne auch nur einen einzigen Schrei von sich zu geben und den starken Platzhirsch eines Blickes zu würdigen, sich bedächtig, aber zielstrebig dem nahegelegenen Erlenwäldchen näherte und darin schließlich verschwand.

Bei einem Gespräch mit dem zuständigen Revierbeamten erfuhr ich, daß dieser Hirsch kein Unbekannter war. Er hatte sogar einige Abwürfe von ihm und wußte von seinem Schicksal: Ein schwerer Lastwagen hatte vor Jahren den Hirsch angefahren, und seitdem schob er ein abnormes Geweih. Die linke Stange war bisher noch viel kürzer gewesen, eigentlich nur ein Stumpf. Natürlich hatte der Förster versucht, den heimlichen Hirsch zu erlegen, aber stets ohne Erfolg. „Ich hab halt nicht so einen Dusel wie Sie", sagte er mir zum Abschied, „doch Ihnen wird er bestimmt noch einmal über den Weg laufen!"

Nun ging mir während der folgenden Wochen dieser Hirsch nicht mehr aus dem Sinn. Wann immer ich es einrichten konnte, führte mich der Weg zu der Kolker Wiese und den angrenzenden Forstorten, dem Diepmoor und dem Heiersfeld. Bald kannte ich dort jeden Hirsch, egal ob jung oder alt. Nur der alte, fahlgelbe, der mit der Hummerschere, der ließ sich nicht blicken. Eines Morgens, es war noch kaum Licht, glaubte ich auf weite Entfernung einen Hirsch mit zwei unterschiedlich langen Stangen auf dem Heiersfeld zu sehen, aber vielleicht war es nur Einbildung. Ein ganz Heimlicher mußte er sein, von Verletzung und Schmerz gezeichnet, der jedem Zweikampf auswich.

So gingen die Tage dahin. Die Brunft nahm ihr Ende, andere Aufgaben wurden wieder wichtiger. Und in mir reifte die Erkenntnis, daß, auch ohne einen Brunfthirsch geschossen zu haben, das Leben lebenswert sein kann.

Wie schnell stand Weihnachten vor der Tür. Hat man erst einmal die Fünfzig überschritten, scheinen ja die Jahre nur so dahinzufliegen. Drei Tage vor Heiligabend mußte ich mal wieder frische Luft schnuppern, der vorfestlichen Hektik entfliehen. Schon richtig kalt war es geworden, und ein wenig hatte es auch geschneit. Vielleicht würde es gelingen, noch ein Stück Kahlwild zu erlegen. Und richtig, kaum hatte ich den begrünten Feuerschutzstreifen am Westrand des Diepmoores erreicht, da sah ich auch schon ein starkes Rudel Kahlwild. Was sollte ich schießen, das schwache Kalb inmitten des Rudels oder vielleicht den geringen Spießer dort am Rande der Fläche?

Noch musterten meine Blicke ein jedes Stück, da durchfuhr mich ein Schreck: Erst einmal und dann immer wieder ragte aus der Masse der Wildkörper ein Geweih hervor, das – ich brauchte gar nicht ein zweites Mal hinzuschauen – nur meinem heimlichen, viel gesuchten und schon aufgegebenen Hirsch gehören konnte. Ihn zu erlegen, würde nicht leicht sein. Stets standen ein oder zwei Stück Kahlwild vor ihm. Man kennt das ja. Jäh sank meine Zuversicht auf den Nullpunkt, als ohne ersichtlichen Grund das Leittier aufwarf und sogleich nach Westen und nach einer abrupten Kehrtwendung nach Osten hin sich in Bewegung zu setzen begann. Mit ihm das ganze Rudel. Der Wind mußte geküselt haben!

Wäre auch der Hirsch mit dem Kahlwild flüchtig geworden, ich hätte ihn abschreiben können. Er blieb jedoch stehen wie ein Feldherr, der den Vorbeimarsch seiner Truppen mit wachsamen Augen verfolgt. Unbeweglich ließ er das ganze Volk der aufgeregten Weiber und der ahnungslosen Jugend an sich vorbeiziehen. Just in dem Augenblick, als auch er sich anschickte, dem Rudel als letzter zu folgen, hatte ich ihn frei. Hochblatt getroffen, ließ ihn meine Kugel aus dem alten Drilling (7 × 65 R) auf der Stelle zusammenbrechen. Im Wildpret sah der Alte nun gar nicht mehr gut aus, die Knochen ragten aus der Decke hervor. Vielleicht war das mit ein Grund für ihn, sich dem Kahlwild anzuschließen. Ein schöneres Weihnachtsgeschenk hätte mir jedenfalls Diana – oder wer auch immer für die huldvollen Gaben an die wackeren Waidmänner zuständig sein mag – nicht machen können.

Üblicherweise beginnt in den Revieren der südlichen Lüneburger Heide die Brunft – oder sagen wir besser: das Schreien der Hirsche – meist schon Anfang September, mitunter auch schon Ende August, um sich dann allmählich nach Norden auszudehnen. Wir erleben also hier in der Ebene einen früheren Brunftbeginn als in den Mittelgebirgen, beispielsweise dem Harz. Dieser frühe Beginn hat sicher mit dem guten Ernährungszustand unseres Rotwildes zu tun. Kommt ein Hirsch in guter körperlicher Verfassung durch den Winter, wird er früher sein Geweih abwerfen und somit auch eher mit dem Schieben und Fegen fertig sein als ein körperlich geringer.

Abwerfen, Schieben und Fegen des Geweihes sind die Zeitabschnitte im Jahresrhythmus des Hirsches, die wesentlich dafür sind, wann er in Brunftstimmung kommt. All diese Vorgänge werden bekanntlich hormonell gesteuert. Erst wenn der Hirsch sein Geweih gefegt hat, und er tut dies um so eher, je früher er abgeworfen und demzufolge ein neues Geweih zu bilden begonnen und fertig geschoben hat, regt sich in ihm der Paarungstrieb, ausgelöst durch die Aktivität der Keimdrüsen zur Produktion von Geschlechtshormonen.

Immer sind es die Hirsche, die durch ihr Schreien die hohe Zeit des Rotwildes einleiten und schon im Feisthirschrudel ihre Stimmbänder erproben. In dieser Anfangsphase der Brunft wird man vergeblich nach einem brunftigen Tier Ausschau halten. Es ist ein Irrtum anzunehmen, daß das Kahlwild den Beginn der Brunft bestimme, vielmehr sind es die Hirsche, die zuerst in Brunftstimmung geraten. Nur durch das ungewöhnlich späte Brunftigwerden eines Tieres im November oder Dezember können Hirsche auch dann noch zum Schreien angeregt werden. Eine Scherzfrage am Rande: Was ist ein Röhrenembargo? Antwort: Ein Brunftverbot für Hirsche!

Bekanntlich wird der Monat Februar auch „Hornung" genannt, weil die alten Hirsche in diesem Monat ihr Geweih abzuwerfen beginnen. In der Regel sind aber die im Februar gefundenen Stangen die Ausnahme. Etwas ganz Ungewöhnliches erlebte ich jedoch im letzten Jahr: Am 19. Januar erhielt ich den Anruf eines Nachbarpächters, er habe in den Morgenstunden einen Mönch geschossen, und wenn ich Lust hätte, sollte ich mir das „Geweih" einmal ansehen. Als ich am selben Tag den „Plattkopf" in Augenschein nahm, glaubte ich erst, meinen Augen nicht trauen zu können. Was dort vor mir lag, war ein Hirsch, der Mitte Januar seine Stangen abgeworfen hatte und jetzt wieder dabei war, sein neues Geweih zu schieben. Die Rosen und die Andeutung der Augsprossen waren unter der Basthaut schon deutlich zu erkennen, in der Mitte der Wachstumszone leuchtete noch schweißig rot ein Stückchen der Abbruchstelle des alten Geweihs hervor. Was diesen etwa zwölfjährigen Hirsch veranlaßt haben mochte, so früh sein Geweih abzuwerfen, ist rätselhaft. Das Wildbretgewicht war völlig normal, und auch sonst waren keine Verletzungen festzustellen. Vielleicht eine Hormonstörung?

Auch zum Thema Fegen hatte ich einmal ein eindrucksvolles Erlebnis: Anfang August saß ich am „Fuchswäldchen" auf der Kanzel und beobachtete ein auf die Äsungsfläche ziehendes Kahlwildrudel. Es dauerte nicht lange, da gesellte sich ein etwa drei- bis vierjähriger Achter hinzu, dessen Geweih noch völlig im Bast war. Er äste einige Happen von dem Weißklee, zog an den mit niedrigen Erlenbüschen bestandenen Waldrand und begann aus heiterem Himmel sein Geweih zu fegen. Das tat er mit solcher Inbrunst und Hingabe, daß er gar nicht merkte, wie das Kahlwild sich langsam fortäste. Nach etwa zehn bis fünfzehn Minuten hielt er inne, und siehe da, das Geweih war völlig blank. Daß der Hirsch die Basthaut aufnahm und äste, konnte ich nicht feststellen. Es wird dies ja gelegentlich behauptet. Ich wunderte mich jedoch darüber, daß die Stangen nicht schneeweiß, sondern nach dem Fegen schon leicht bräunlich gefärbt erschienen.

Abwurfstangen sind nach meiner Erfahrung ein gutes und recht zuverlässiges Mittel zur Alters- und Reifebestimmung eines Hirsches. Nach einer Formzahl lassen sich bei regelmäßig gewachsenen Stangen das ungefähre Alter und aus einer Serie von Abwurfstangen der Kulminationspunkt der Geweihentwicklung bestimmen. Ich will hier nicht näher auf die Formzahl eingehen, die sich aus der Gegenüberstellung des Durchmessers von Abwurfsiegel zu dem der Rosen ergibt, aber ich kann nur jedem Rotwildjäger empfehlen, sich sehr bewußt um die Abwurfstangen zu kümmern. Sie können auch bei besonderen Anlässen zu Rate gezogen werden. Ein Beispiel mag das erläutern:

Auf dem Höhepunkt der Hirschbrunft rief mich ein lieber Jagdfreund, der Landwirt und Eigenjagdbesitzer H.-H. Averbeck aus Hassel, an. Er habe einen Erntehirsch gestreckt, und ob ich mir den ansehen wolle. Natürlich wollte ich. Da lag ein Sechzehnender mit schätzungsweise knapp sieben Kilo Geweihgewicht auf der Strecke, und es war ein alter, ein sehr alter Hirsch, so wie er da lag. In den Äser hatte noch keiner geschaut. Nun war der Erleger über seinen ersten wirklichen Ia-Hirsch im eigenen Revier hocherfreut, doch merkte ich ihm an, daß es da an der Sache noch einen kleinen Wermutstropfen gab, und schließlich räumte er nach dem zweiten Glas Korn ein: Es gebe in seinem Revier noch einen stärkeren Hirsch, ähnlich dem hier gestreckten, mit etwas anderer Krone und längeren Enden und wohl einem Kilogramm mehr Geweihgewicht. Von ihm habe er einige Abwurfstangen, die auf ein hohes Alter schließen lassen. Eigentlich hätte er jenen lieber geschossen, aber über diesen hier freue er sich natürlich auch. Ich konnte den guten Mann zwar verstehen, hatte aber so meine Zweifel, ob auf solch relativ kleiner Fläche zwei derart starke Hirsche beheimatet wären.

So bat ich ihn, doch einmal die Abwurfstangen seines „Traumhirsches" herbeizuholen. Als diese neben dem Geweih des „Ersatzhirsches" lagen, gab es für mich keinen Zweifel, daß es sich hier um ein und denselben Geweihten handelte. Stellung der Aug- und Mittelsprossen stimmten überein, nur die Krone war etwas anders und geringer ausgefallen, was bei Hirschen immer vorkommen kann. Ein Blick auf den Unterkiefer überzeugte schließlich auch den Erleger, und so wurde die Freude über das Waidmannsheil doch recht vollkommen.

Wo eine angemessene Wilddichte eine natürliche Altersklassenstruktur bei den Hirschen zuläßt, erreichen zwangsläufig manche von ihnen ein gesegnetes Alter, das heißt, sie können den Höhepunkt ihrer Geweihentwicklung überschreiten und auch noch mit ihren stark zurückgesetzten Geweihen den Erlegern große Jägerfreuden bereiten. Das Erlegen eines alten Hirsches ist für jeden Jäger ein besonderes Erlebnis. Nicht selten greift er zur Feder, um die Einmaligkeit des Geschehens und seine Empfindungen festzuhalten.

Die jagdliche Unterhaltungsliteratur, vom Aufsatz in der Jagdzeitschrift bis hin zum Buch, stellt im deutschen Sprachraum etwas Besonderes dar. Ohne Zweifel sind Wortwahl und Ausdrucksform die ganz persönliche Note des Schreibenden. Doch haben wir Jäger uns an eine ganz bestimmte Darstellungsweise von Jagd- und Naturerlebnissen gewöhnt, daß wir aufhorchen und entweder empört oder belustigt reagieren, wenn wir Jagdgeschichten aus der Feder nichtjagender Journalisten oder anderer Außenstehender lesen. Einen solchen Artikel, der sicher sehr deutlich den Unterschied erkennen läßt, möchte ich auszugsweise wiedergeben; er ist sehr amüsant und wird den fachkundigen Leser schmunzeln lassen.

„Waidmann Müller traut seinen Augen nicht: Aus dem mannshohen Gehölz ragt ein mächtiges Geweih. Beidseitiger Kronenhirsch, ungerader Vierzehnender, registriert er mit kundigem Auge. Ein jähes Zittern durcheilt seinen Jägerleib. So ein strammer Bursche ist ihm im Revier noch nicht vors Glas gekommen, mit dem er nun den Hirsch präzise ‚anspricht‘: Starker Widerrist, leichter Hängebauch (beim Hirsch!) – kein Zweifel, dieser etwa zwölfjährige Hirsch ist nach den Jagdrichtlinien zum Abschuß frei.

Dasselbe denkt wohl auch der Hirsch: Er verzieht sich in die Deckung. Daß dieser heimliche, bisher im Revier noch nicht gesichtete Althirsch ein durchtriebener, listiger Schwerenöter ist, erkennt man bereits daran, daß er einige seiner Artgenossen zur eigenen Sicherheit vorschickt.

Oben auf dem Hochsitz hat Müller sich inzwischen gesammelt und wartet kühl bis ans Herz hinan auf seine Chance: Nur einmal im Leben ist es einem Waidmann vergönnt, ein derartiges Prachtexemplar zu erlegen. Die weitaus meisten warten jedoch ein Jägerleben lang vergeblich.

Wie muß sich einer, der bisher vorwiegend Böcke schoß, beim Anblick eines ‚Lebenshirsches‘ fühlen? Waidmann Müllers Adleraugen tasten Ast für Ast der nahen Kiefernschonung ab. Urplötzlich schaukelt das mächtige Geweih wieder aus der Deckung. Der kapitale Hirsch tritt aus. Müller, blaß und zu allem entschlossen, gleicht einer Stahlfeder. Eiskalt setzt er den Drilling an und zielt mit jener begnadeten Ruhe, wie sie Mutter Natur nur den besten ihrer Grünröcke zuteil werden läßt. Ein Riesenknall verzehrt des Waldes Stille. Aufbäumt sich der mächtige Vierzehnender, bricht im Schuß zusammen. Dann wieder Schweigen im Walde.

Müller, aus der Killerstarre erwacht, eilt mit fliegenden Knochen an den Ort des Geschehens. Klarer Fall: Der Hirsch ist tot – hochgenauer Tiefblattschuß!

Die Kunde vom Abschuß des kapitalen Hirsches verbreitet sich wie ein Lauffeuer. Immer mehr Grünröcke eilen herbei und werden des Staunens nicht müde. Müllers Lebenshirsch stirbt viele Tode. Erst wird er totgeschossen, dann fünfzigkehlig totgetrunken.

Und wenn ein alter Hirsch mit lautem Knall in die ewigen Jagdgründe eingeht, regt sich die Rotwild-Weiblichkeit nicht auf. Bald kommt bestimmt ein junger, starker Hirsch, wie bei den Menschen!" Soweit das Zitat.

Mitjäger

Wer sich über die Jagd ausläßt, muß zwangsläufig den jagenden Menschen mit in seine Betrachtungen einbeziehen. In jüngster Zeit sind viele kluge Abhandlungen über das Selbstverständnis des Jägers veröffentlicht worden, über die Aufgaben des Jägers in heutiger Zeit, über die sittliche Berechtigung des Jagens, zur geistigen Haltung des Jägers, seiner Einstellung zum Tierschutz und zum Töten und vieles mehr. Immer wird bei der Standortbestimmung der Jagd der Jäger selbst in den Mittelpunkt der Betrachtungen gerückt. Doch ich frage mich oft, gibt es ihn eigentlich, den Jäger, den uniformen, nach einheitlichen Kriterien handelnden und auf der gleichen Bezugsebene denkenden Menschen, der Jäger genannt wird? Ich glaube es nicht.

Jäger kommen nicht nur aus den unterschiedlichsten gesellschaftlichen Schichten und Berufen. Ihre Möglichkeiten zu jagen, ihre Motivationen, ihre Bindungen zu Natur und Tierwelt und ihre Opferbereitschaft für die gemeinsame Sache sind so unterschiedlich, daß ich mir den Jäger unserer Tage nicht vorstellen kann. Gewiß, mindestens drei Eigenschaften sollten allen gemein sein, die sich der Jagd verschrieben haben:

Der aus einer viele Millionen Jahre umfassenden Jägervergangenheit erhaltene Urtrieb, das Wild zu verfolgen und zu erlegen; das Vergnügen an der eigentümlichen Spannung der Jagd und darüber hinaus die Fähigkeit, die Vielfalt der Natur zu erleben und zu genießen.

Aber es macht schon einen großen Unterschied, ob ich als Pächter eines Revieres einen Wildbestand eigenverantwortlich bewirtschafte oder nur als Gast gelegentlich die Waffe führe. Wenn große Teile der Nordseeküste zu Naturschutzgebieten erklärt und dort die Jagdausübungsmöglichkeiten eingeschränkt werden, trifft das den Wattjäger weitaus schwerer als den Pächter eines rheinhessischen Niederwildrevieres. Ohne Zweifel werden heute an den verantwortlichen Revierinhaber in der vom Waldsterben bedrohten Gebirgsregion ganz andere Forderungen gestellt als an den, der sich in der Nähe einer Großstadt der Bejagung von Raubwild und Raubzeug verschrieben hat. Jemand, der sich darauf beschränkt, die Jagd nur noch gegen Entgelt im Ausland auszuüben, wird gegenüber der Entwicklung des Jagdwesens im eigenen Land eine wesentlich differenziertere Einstellung haben als einer, der von seinen Vätern eine Eigenjagd geerbt hat. Solche Beispiele ließen sich beliebig fortsetzen. Kurzum, nicht nur aufgrund der regionalen und standörtlichen Vielfalt unseres Landes, sondern auch aus vielen anderen Gründen fällt es so unendlich schwer, den Jäger unserer Tage zu charakterisieren.

Als Jagdleiter eines großen Revieres und als Funktionär auf Kreisebene hat man viel mit den Angehörigen der grünen Zunft zu tun. Was den Umgang mit dieser besonderen Sorte von Menschen so interessant macht, sind deren voneinander stark abweichende menschliche Eigenheiten und Wesenszüge, ihre differenzierte Einstellung zur Jagd wie auch die unterschiedlichsten jagdlichen Erfahrungen. Mit „besonderer Sorte Mensch" meine ich natürlich nicht eine elitäre gesellschaftliche Gruppe, sondern schlicht und einfach die Zugehörigkeit zu einer Gemeinschaft mit spezifischen Interessen, eben der Jagd.

Wenn ich im nachfolgenden einige mir im Umgang mit Jagdgästen im Gedächtnis haftengebliebene Erlebnisse schildere, so sind Übereinstimmungen mit der Wirklichkeit und lebenden Personen beabsichtigt. Vielleicht wird sich der eine oder andere wiedererkennen, auch wenn keine vollen Namen genannt oder der Ort der Handlung umschrieben werden. Sollte er es trotzdem übelnehmen, ich werd' es verkraften.

Vor einiger Zeit kam ein hoher, ausländischer Gast auf Grund einer Einladung von höherer Stelle in unser Amt und begehrte einen Rehbock zu schießen. Einen der Klasse eins, versteht sich. Ich hatte ihn einem Beamten zugeteilt, der im Umgang mit Menschen nicht ungeschickt ist, und ihn immer wieder ermahnt, den Herrn nicht allein auf einen Hochsitz zu setzen, sondern stets an seiner Seite zu bleiben. Ein passabler Bock war bald gefunden, und so konnte das Unterfangen starten. Der auserwählte Hochsitz war malerisch in eine hohe Birke eingebunden und der Einstand des Bockes ein recht romantisches Plätzchen mit blühendem Ginster und reicher Äsung.

Nun wollte es der Zufall, daß ich gerade an dem Tag und zu der Stunde an diesem Hochsitz vorbei eine Revierfahrt unternahm, als der Gast sich zum ersten Mal anschickte, sein Waidmannsheil zu versuchen. Durch vielfältige Geschäfte abgelenkt, hatte ich ihn vergessen, und erst wenige Meter vor der Birke fiel mir alles wieder ein. Doch nun war es zu spät, ein Umkehren nicht

Wasser und Moor – Vielfalt tierischen und pflanzlichen Lebens

Rastende Kraniche

Auf der Lüneburger Heide

Balzende Birkhähne

mehr möglich und ein Anhalten auch nicht, denn gut einhundert Meter vom Sitz entfernt stand der Rehbock und äste friedlich einige der gelben Ginsterblüten. Ich äugte nur kurz zu dem Sitz herauf und sah mit hochrotem Kopf den Jagdgast – allein auf der Kanzelbank sitzen. Jetzt schoß mir meinerseits das Blut in den Schädel, weniger über meine Ungeschicklichkeit als aus Zorn darüber, daß der pflichtvergessene Oberförster den Gast nun doch alleine hatte ansitzen lassen. Am Abend bei einem Telefongespräch klärte sich dann jedoch alles auf: Gerade zu der Zeit, als ich an dem Sitz vorbeifuhr, war der Förster nach Hause geeilt, um neue Patronen zu holen, da der Gast nur sechs davon mitgenommen und diese alle ohne Erfolg auf den Bock verschossen hatte. Als der Beamte schließlich mit Nachschub wieder auf dem Sitz ankam – er schoß zufällig dasselbe Kaliber –, war der Bock immer noch da. Auch jetzt ging der erste – oder besser gesagt: der siebte – Schuß wieder daneben, aber die achte Kugel riß dann den Bock von den Läufen. Daß der Bock diese Knallerei aushielt, ist ungewöhnlich, aber verbrieft.

Bei demselben Beamten hatte sich kürzlich ein junger Offizier eingefunden, der seinen ersten Hirsch schießen sollte. Keinen Erntehirsch, der ihn aus der Fassung hätte bringen können, sondern nur einen geringen Abschußhirsch. Nun ist es nichts Ungewöhnliches, wenn jemand mit der linken Hand schreibt und folglich auch links schießt. So sah der führende Beamte zunächst keinen Grund zu besonderer Vorsicht, als der Kandidat bei Probeanschlägen links in Anschlag ging, da auch das Gewehr entsprechend geschäftet war. Stutzig wurde er jedoch erst, als der Gast den zweiten Hirsch vorbeischoß und ihm allmählich doch der etwas „linkische" Umgang mit der Waffe seines Schutzbefohlenen auffiel. Eigentlich, so ging es dem Jagdführer durch den Kopf, sollte einer sicherer mit der Waffe umgehen können, der sich berufen fühlt, im Kriegsfalle sein Vaterland mit solchem Gerät zu verteidigen, sofern er nicht gerade einer Sanitätseinheit zugeordnet wird. So kam es dann zwangsläufig zu der Frage, wie lange denn schon der Herr Leutnant Linksschütze sei und diese Waffe führe. Und seine Antwort: Als junger Staatsdiener habe er, wie andere auch, „das Gelübde der ewigen Armut abgelegt" und sich noch keine eigene Waffe leisten können. Hocherfreut über das gezogene Los zum Abschuß eines Hirsches habe er einen Freund gebeten, ihm dessen Büchse zu leihen. Leider sei der Freund Linksschütze, und so habe er geglaubt, mit dem ihm völlig fremden Anschlag sein Glück versuchen zu müssen. Hätte er nur zu dem führenden Beamten vorher ein Wort gesagt, dieser hätte ihm gern sein Gewehr überlassen, und vor allem wäre er so zu seinem ersten Hirsch gekommen, denn schließlich waren die laut Vorschrift begrenzten Pirschtage verstrichen und ein drittes Mal kein passender Hirsch vor die Büchse gezogen.

Es kann manchmal schon anstrengend sein, unerfahrene Jagdgäste zu führen. Aber es ist immer noch erträglicher, mit einem gutwilligen und fügsamen Anfänger als mit einem blasierten Schießer seine Zeit in Gottes freier Natur zu verbringen. Oder sollte ich dem Jungjäger, den sie im Schießkurs „Mucki" nannten, weil er bei den Büchsenschüssen immer so fürchterlich muckte, böse sein, weil unser erster gemeinsamer Pürschgang auf den Brunfthirsch nicht zum Erfolg geführt hatte? Dabei ging es nämlich wie folgt zu: In einem leicht hügeligen, aber äußerst ruhigen Revierteil waren an einem sonnigen und warmen Spätsommertag die Brunfthirsche schon recht früh zugange. Das Kahlwild drängte in die Heide, und so blieb auch den Geweihten nichts anderes übrig, als ihm bei bestem Tageslicht zu folgen. Mir war es gelungen, mit Mucki im Schlepptau ein stärkeres Rudel mit einem guten Zwölfer zu umgehen. Kaum waren wir im Schutz einiger buschiger Birken der Sichtweite der stets sichernden Alttiere entrückt, als wir nur einige hundert Meter vor uns eine gute Stimme vernahmen. Noch einige hastige Gänge nach vorn, und dann lagen wir niedergekauert im Heidekraut und warteten auf diesen Hirsch. Bald nach dem Kahlwild erschien er auch, immer wieder das Rudel umkreisend, mal näher, mal weiter am Waldrand. Es war ein prachtvoller, alter ungerader Kronenhirsch, also so recht einer, der ruhigen Herzens dem Gast zum Abschuß angeboten werden konnte, es sei denn, man hätte ihn selbst schießen wollen. Ich deutete meinem Begleiter an, er möge sich zum Schießen fertig machen, es sei zwar recht weit, aber bei guter Auflage sei im Liegen ein sicherer Schuß durchaus möglich. Doch davon wollte der Gast nichts wissen. Er habe noch nie im Liegen geschossen, und außerdem sei der Hirsch viel zu weit. Ein ehrliches und offenes Wort zur rechten Zeit ist sicher besser als ein schlechter Schuß, und so versprach ich dann, näher an das Rudel heranzupirschen. Das konnte auch gelingen, denn wenn das Rotwild erst in einer kleinen Senke vor uns war, mußte man auf allen vieren durch das deckungslose Heidekraut an eine alte, dicke Birke kommen, von der aus der Schuß gelingen könnte. Gesagt, getan, ich robbte auf Ellbogen und Knien durch das zähe und stechende Heidekraut und wußte den Begleiter dicht hinter mir. Es war eine echte Schinderei, denn immer wieder verhedderte sich das Glas oder das Gewehr im Gesträuch, und der Schweiß rann in Bächen unter dem Hut hervor. Immer wieder einen Blick nach vorn werfend, konnte ich mich davon überzeugen, daß das Wild ruhig seinen Wechsel hielt.

Als ich wieder einmal nur knapp über das Heidekraut hinweg und das Gesicht ganz unter der Hutkrempe verborgen zu dem Rotwild hinüberguckte, sah ich zu meiner Verwunderung immer länger werdende Hälse bei den Alttieren. Bald erfaßte eine große Unruhe das Rudel, und schließlich sprang es ab. Wie war das möglich? Ich drehte mich um und war einem Herzinfarkt nahe: Da stand doch tatsächlich – ich sage *stand* – mein Hirschjäger, sah mich mit offenen, glänzenden Augen an, aus denen die Freude über den gehabten Anblick zu lesen war, und zuckte mit den Achseln. Während ich alter Esel schwitzend auf allen vieren dem Rotwild näher zu kommen versucht hatte, war er, nur leicht gebeugt und den Hut in den Nacken geschoben, hinter mir hergelaufen und wunderte sich nun, daß alles vorbei war. So mußte ich am anderen Morgen die Taktik auf diesen alten Hirsch ändern, und stehend freihändig schoß mein bequemer Genießer auf nur geringe Entfernung den starken ungeraden Zehnender.

Wer sich bei den Landesforstverwaltungen um einen Hirschabschuß bemüht, kommt entweder auf eine lange Warteliste, oder er wird durch Losentscheid berücksichtigt. Oder er hat sich um das Allgemeinwohl so verdient gemacht, daß er sich einer persönlichen Einladung des zuständigen Ministers erfreuen kann. An sich ist es schade, daß auf solche Weise einem Jäger die Möglichkeit eingeräumt wird, einen starken Trophäenträger, zum Beispiel einen Erntehirsch, zu schießen, obwohl er nie zuvor mit dieser Wildart in Berührung kam. Eigentlich sollte der Abschuß eines wirklich alten Schauflers, Keilers, Widders oder Hirsches am Ende einer langen Reihe von Jägerjahren stehen, wenn sich der, der ihn begehrt, durch den Abschuß von weiblichem Wild und geringen Stücken heraufgearbeitet, die Biologie der betreffenden Wildart studiert und sich, wenn man so will, um das Wild verdient gemacht hat. Viel zu leicht fällt manchem der Abschuß eines starken Stückes unverdient in den Schoß und ist sich der Schwierigkeit seiner Situation bewußt.

Da hatte vor Jahren ein älterer Herr die Einladung zum kostenpflichtigen Abschuß eines Hirsches der Klasse I erhalten und stand eines Tages in meinem Büro, um mit mir Einzelheiten des weiteren Vorgehens abzusprechen. Da es Sonnabend war und den Beamten entweder schon ein Jagdgast zugeteilt oder sie ein führungsfreies Wochenende in Anspruch nahmen, riet ich dem Mann, mit mir vorliebzunehmen und es gleich am ersten Abend zu versuchen. So erfuhr ich, daß er noch nie in seinem Leben ein Stück Rotwild geschossen hatte, die Einladung auf den Erntehirsch aber nicht ausschlagen wollte. Um es kurz zu machen, die erste Pürsch führte zum Erfolg, und ein ungerader Vierzehnender, der jeden alten Rotwildjäger beglückt hätte, lag abends auf der Strecke. Eine Einladung zu einem gemeinsamen Abendbrot schlug ich aus, nicht weil ich das mit meiner Eigenschaft als Beamter nicht hätte vereinbaren können, sondern weil ich einfach keine Lust hatte, mir immer wieder anzuhören, wie teuer doch der Abschuß eines alten Hirsches sei.

Ganz ohne Verbeugung vor unserem Brauchtum wollte ich den „Hirschgerechten" nun doch nicht ziehen lassen und bat ihn also, im Kreise einiger meiner Mitarbeiter den Hirsch am kommenden Vormittag auf meinem Hofe ein wenig totzutrinken.

Als letzter unseres kleinen Kreises erschien der glückliche Schütze und harrte der Dinge, die nun kommen sollten. Da er nicht einmal eine Flasche „Gabiko" – ganz billigen Korn – mitgebracht hatte, sah ich mich veranlaßt, auf die Vorräte meines Kellers zurückzugreifen. Nach dem Motto „Wes Hirsch ich schieß', des Schnaps ich trink'", schien sich der Mensch in eine erfolgversprechende Rolle als Gastjäger einspielen zu wollen. Das hätte mich jedoch nicht gestört, denn Forsthäuser sind bekanntlich „gutgehende Gasthäuser, die nichts einbringen", aber als Rotwildjäger war ich doch zutiefst enttäuscht, als sich folgende Episode anbahnte:

Aus heiterem Himmel und ohne jede Vorbereitung frug plötzlich der Älteste aus unserer Runde, der Vater Haese, was denn der Hirsch für Grandeln hätte. Nun muß ich vorausschicken, daß der Vierzehnender ein paar hervorragende und ungewöhnlich dunkelgefärbte Grandeln hervorgebracht hatte. Wenn ich jemals aus Spaß dem glücklichen Erleger eines Hirsches am erlegten Stück zugeraunt hatte: „Das Geweih gehört dem Schützen, die Grandeln dem Führer", so wäre ich bei diesem Hirsch froh gewesen, wenn es wirklich bei uns so Brauch wäre. Zwar hatte ich die schönen Grandeln erst in der Wildkammer herausgelöst und achtlos beiseitegelegt, doch auf den Einwand des betagten Wildhüters hin fanden sie erst wieder die ihnen gebührende Beachtung. Alle waren sich der Einmaligkeit dieser schönen Schmuckstücke bewußt, allein der Erleger konnte nichts damit anfangen. Von Grandeln hatte er nie etwas gehört. Fast hatte ich den Eindruck, er fühlte sich auf den Arm genommen, als wir ihm klarzumachen versuchten, daß mit dem Wert der Grandeln und dem schönen Geschenk an seine Frau fast schon die Hälfte der Jagdbetriebskosten gedeckt wären. Nur unwillig steckte er schließlich die dunkelgefärbten Zähne in die Rocktasche, und ich bin sicher, daß er sich ihrer entledigte, sobald er das Forstamtsgehöft verlassen hatte.

Mit der Waffe sicher umzugehen und nicht nur auf die richtigen Patronen und die Sicherung, sondern auch auf Laufverschmutzungen und eine gute Auflage zu achten, wird allen Jungjägern im Jägerkurs immer wieder eingehämmert. In der rauhen Praxis gehen solche klugen Ratschläge häufig unter wie ein Blatt im Wind.

Mit meinem Freund Friedrich war ich ausgezogen, einen guten IIb-Hirsch zu erlegen. Nun muß man wissen, daß F. ein äußerst gewissenhafter Beamter ist, eine Befehlsnatur mit großem Verantwortungs- und Ehrbegriff, mit Prinzipientreue und Ehrgeiz, dem Fehler im Gebrauch mit der Waffe niemals unterlaufen sollten.

36

An dem fraglichen Abend hatten wir guten Anblick. Ein Rudel Rotwild war vor uns in die offene Feldflur gezogen, und der das Kahlwild beherrschende Geweihte war ein ungerader Kronenzwölfer, der so recht in die Kategorie der abschußnotwendigen Hirsche paßte. Als wir kaum näher an das Wild herankamen, gab ich meinem Begleiter auf, er solle sich eine gute Position suchen und zum Schuß fertig machen. Natürlich war es recht weit für einen sicheren Schuß, aber einem „Waffenträger" durchaus zumutbar. In der weiten Grasfläche gab es keine gute Auflage, aber wie der Zufall es manchmal will, ragte vor uns ein Stück Eisen aus den kurzen herbstfahlen Halmen hervor. Ich glaube, es war eine alte Pflugschar.

„Friedrich", flüsterte ich, „die letzten Meter gehören dir und auch der Hirsch, also schieß, sobald er breitsteht!" F. tat, wie ihm befohlen. Als er endlich die Pflugschar erreicht hatte und auf dieser seine Waffe einrichtete, glaubte ich meinen Augen nicht zu trauen: Gerade die äußerste Spitze seiner Büchse legte er auf die harte Unterlage, und heraus war der erste Schuß. Die Kugel mußte hoch über den Hirsch hinweggepfiffen sein, denn mit dem gleichen Anschlag erfolgten kurz darauf Schuß Nummer zwei und drei. Solchermaßen beunruhigt, setzte sich das Rudel in Richtung seines Tageseinstandes in Bewegung. Es wechselte genau dort in den alten Kiefernbestand ein, von wo aus es vor knapp einer Stunde die Freifläche betreten hatte.

Daß F. an diesem Abend doch noch den zuvor dreimal gefehlten Zwölfender schoß, mag weniger seinen besonderen jagdlichen Fähigkeiten als vielmehr einem unwahrscheinlichen Dusel zuzuschreiben sein: Recht wortkarg und betrübt befanden wir uns auf dem Weg zu dem in guter Deckung abgestellten Wagen, als wider Erwarten das ganze Rudel, nun etwas näher zu uns hin, aus dem Bestand drängte. Flach auf den blanken Sand geworfen, ließen wir Stück um Stück an uns vorbeiziehen. Als schließlich auch der alte Platzhirsch dem Rudel folgte – er hatte aufreizend lange an einer Anflugkiefer sein Geweih poliert –, versank er nach einem guten Blattschuß in welkem Straußgras und borstiger Heide.

Friedrich nimmt im Leben alles sehr genau. Nichts bleibt dem Zufall überlassen. Als es mir gelungen war, ihm in Österreich eine Jagdmöglichkeit auf einen Gamsbock zu vermitteln, bereitete er sich gewissenhaft und voller Spannung auf den ersten Ausflug in die Tiroler Berge vor. Seine größte Sorge war, ob er wohl als nicht mehr ganz junger Flachländer diese Herausforderung körperlich bestehen würde. Ich sah da eigentlich keine Schwierigkeiten. Als wir endlich in dem weltabgeschiedenen Dörflein mit dem Jäger Alois beim Tiroler Roten saßen, schwanden Friedrichs Ängste und Sorgen anfangs sichtlich dahin. Sein seelischer Zustand änderte sich jedoch in dem Augenblick bedenklich, als ein weiterer Gast aus Deutschland eintraf, der ebenfalls mit Alois auf Gamspürsch gehen wollte. Dieser nicht gerade unbescheiden auftretende Handwerksmeister aus dem Badischen prahlte nun, was das Zeug hielt. Sicher mehr um der mitgereisten Freundin als den übrigen Anwesenden zu imponieren. Meinem F. jedoch ging es unter die Haut, was der schneidige Draufgänger da von sich gab: Er habe schon mehrere Gams geschossen, und immer sei es eine wahnsinnig anstrengende Sache gewesen, mit schweißtreibendem Aufstieg und lebensgefährlichen Kletterpartien in Felsen; dazu ließe einem der Alois kaum Zeit zum Verschnaufen, und extrem weit schießen müsse man auch.

Alois hatte zum Schluß der gemütlichen Runde verkündet, daß er mit beiden Jagdgästen gleichzeitig am nächsten Morgen pürschen wolle. Für meinen Freund F. folgte eine mehr oder weniger schlaflose Nacht. Wie sollte er neben diesem Haudegen bestehen, wie beim Aufstieg mithalten können? Endlich nahte die Stunde der Wahrheit. Ein herrlich sonnenklarer, aber kalter Jagdtag nahm seinen Anfang. F., in der Mitte der beiden bergerfahrenen Jäger postiert, hielt sich wacker. Zu seiner größten Verwunderung mußte er jedoch bald feststellen, daß der großmäulige Badenser immer öfter nach Luft rang, sich den Schweiß von der Stirn wischte und den Abstand zu dem führenden Jäger immer größer werden ließ. Als man schließlich an ein kleines Rudel junger Böcke auf Schußentfernung herangekommen war, schnaufte der Dritte im Bunde so fürchterlich, daß Alois den F. zuerst schießen ließ. Der machte seine Sache gut und ließ dem Gamsbock keine Chance. Der andere bekam seinen Bock auch noch, aber erst, nachdem er ihn mit dem ersten Schuß auf der Keule, mit dem zweiten weidewund getroffen und der Alois nach kurzer Nachsuche den Fangschuß angetragen hatte. So ist für den F. die erste Gamsjagd zu einem unvergeßlichen Erlebnis geworden, und ein wenig skeptischer hört er jetzt auch zu, wenn Jäger in froher Runde von ihren Erlebnissen erzählen.

Wer heute in fremden Revieren jagt, muß dafür bezahlen. Das war zwar schon immer so, aber sicher waren früher die Preise nicht so hoch und handelt es sich hier um einen rasch wachsenden Geschäftsbereich.

Kürzlich unterhielt ich mich in unserem Golfclub mit einer niederländischen Dame über den Urlaub des vergangenen Jahres. Ich erzählte ihr, daß ich in Österreich gewesen und in einem Revier der Bundesforste einen alten Gamsbock geschossen hätte. Auf ihre Frage, ob ich dafür etwa habe bezahlen müssen, bejahte ich wahrheitsgemäß. Da verfinsterte sich ihre Miene merklich, und sie sagte, sie verstehe durchaus, daß hierzulande altes, krankes und gegebenenfalls auch überzähliges Wild geschossen werden müssen. Sie habe aber kein Verständnis dafür, daß Jäger ins Ausland führen, um dort Wild totzuschießen, und dafür auch noch bezahlten.

Dann war sie an der Reihe, von ihrem Ferienerlebnis zu berichten. Sie schwärmte von einem herrlichen Golfurlaub in Spanien und Portugal. Nun konnte ich es mir nicht verkneifen, sie zu fragen, was denn die „Greenfees" in beiden Ländern kosteten. Für Nichtgolfer: Greenfees sind die Gebühren, die Spieler entrichten müssen, wenn sie auf einem fremden Platz spielen wollen. Da mußte sie kleinlaut zugeben, daß diese auf der Iberischen Halbinsel nicht gerade gering seien. Noch ehe wir einen einzigen Ball geschlagen hatten, stand es schon eins zu null für mich.

Auch wenn die Abschußgebühren in den einzelnen Bundesländern unterschiedlich hoch sind und entweder nach Punkten oder dem Gewicht der Trophäe berechnet werden, bezahlen muß der erfolgreiche Abschußnehmer. Das führt oft zu komischen Situationen. Da kam einst ein sicher nicht mittelloser Geschäftsmann nach dem Abkochen des stattlichen Geweihs in unser Büro und frug nach den Formalitäten des Bezahlens. Seine Ehehälfte hatte er vorsorglich im Auto gelassen, damit sie nicht den genauen Preis seines Vergnügens erführe. „Die fällt sonst vom Glauben ab", waren seine wiederholt vorgebrachten Beteuerungen. Am liebsten hätte er sogleich bezahlt und die Rechnung an sich genommen. Als der Büroleiter mehr im Scherz zu ihm sagte, er könne durchaus seinen Obulus sofort entrichten und, wenn er wolle, auch zwei getrennte Schecks ausstellen, da ging ein zufriedenes Lachen über sein Gesicht. Er stellte zwei Schecks von zwei verschiedenen Konten aus und kam sich sehr überlegen vor.

Ein anderer Hirschgast war auf einen geringen Achter zu Schuß gekommen. Wir standen im Hof des Forstamtes zusammen, er, seine Frau und einige Beamte. Er hatte es sich nicht nehmen lassen, das Geweih selbst abzukochen, und sparte so die dafür üblichen Kosten. Mir war klar, daß das junge Ehepaar das Geld, das für den Hirsch vorgesehen war, auch für andere Dinge hätte gut gebrauchen können. Für dieses einmalige Erlebnis hatten sie gemeinsam gespart und bestimmt manch Opfer gebracht. Nun war der Hirsch geringer als erwartet ausgefallen und daher auch nicht so teuer. Da sagte der überglückliche Schütze dann im Überschwang seiner Freude zu seiner Frau, „nun können wir noch ein paar Tage mehr Urlaub hier in der Heide machen, nach Lüneburg fahren, und so bekommst du auch den Mantel, den du schon so lange haben wolltest." Sprach's, nahm seine Frau in den Arm und gab ihr einen Kuß.

Es kann nicht das Geweihgewicht alleine sein, das den Erlebniswert einer erfolgreichen Jagd auf den Brunfthirsch bestimmt. Der Trophäenkult und alles, was man darunter verstehen mag, sind in jüngster Zeit viel geschmäht worden. Er wird meines Erachtens dort zu Recht angeprangert, wo er in auffälliger und unseren Vorstellungen von einer geordneten Jagd widersprechenden Weise in Erscheinung tritt. Wenn also beispielsweise dem Forst- und Jagdpersonal einer großen Verwaltung aufgegeben wird, jeden lebenden Hirsch ab einer bestimmten Punktzahl zu melden und den Abschuß nur einem bestimmten Personenkreis vorzubehalten, dann ist da schon „der Wurm drin".

Aber die Gegner der Jagd benutzen den Begriff „Trophäenkult" häufig, um damit Vorwürfe gegen die Jagd allgemein zu schüren. Leider greifen einige aus unseren Reihen nur allzu gern solche Fäden auf und stoßen in das- selbe Horn, nur um den Jagdgegnern keine Angriffsflächen mehr zu bieten und diese zu beschwichtigen. Wenn in diesem Zusammenhang ein angese- hener Professor in einer unserer führenden Jagdzeitschriften fordert, er wün- sche sich eines Tages „eine Jagdausstellung ohne Knochenschau", so kann man darüber doch nur den Kopf schütteln.

Den Wert der Trophäe hat 1971 mein Kollege D. Stahl einmal sehr tref- fend und knapp beschrieben: „Die Faszination, die von einer starken Tro- phäe ausgeht, ihr Wert als Weiser für die Qualität des betreffenden Wildbe- standes, als Beweis erfolgreicher Hege und vor allem als Gegenstand der Erinnerung seien unbestritten." – Daran ist auch heute nichts zu rütteln. Warum sollen wir plötzlich die starke Trophäe verdammen, die wir ja gar nicht im wörtlichen Sinne als Siegeszeichen betrachten, – nur weil sich einige Leute darüber aufregen, daß die Waidmänner damit einmal im Jahr einen Saal füllen und ihr Jägerheim schmücken. Aber es ist ja schon so weit, daß sich kaum noch jemand traut, ein Foto neben dem erlegten Stück zuzulassen (auch ganz ohne Siegerpose mit Waffe, Glas und Hund) und seinen Namen auf dem Anhänger des auszustellenden Geweihes anzugeben. Doch da findet sich meist ein Schelm aus dem Bekanntenkreis des zurückhaltenden Erlegers, der den Namen dann doch mit Bleistift auf das Stückchen Pappe kritzelt.

Einen übertriebenen Trophäenkult abzubauen, kann jedoch nur im Sinne aller vernünftigen Jäger sein. Trotzdem erlebt man es gelegentlich, daß ein Jagdgast glaubt, es sei mit seiner Stellung und seinem Ansehen nur vereinbar, wenn das Geweih eine bestimmte Endenzahl oder Gewichtsgrenze über- steigt.

Kam da vor einigen Jahren ein Angehöriger einer anderen Verwaltung zu uns, der einen Erntehirsch freibekommen hatte, um ihm das Ausscheiden aus dem aktiven Dienst schmackhaft zu machen. Er wolle keinen Hirsch un- ter sechs Kilogramm und keinen unter zwölf Enden schießen, gab der freundliche Herr mir gleich zu Beginn unserer Unterhaltung zu verstehen, und entsprechend wollte und sollte er behandelt werden.

In diesem Jahr waren wegen der besonderen Äsungs- und Witterungsver- hältnisse die Hirschgeweihe nicht besonders schwer. Wie ich aus Gesprächen mit den Revierbeamten und aus eigenen Beobachtungen erfahren konnte, gab es zwar einige alte Hirsche im Revier, aber die hatten alle so um die fünf bis sechs Kilo auf dem Haupt und waren zudem meist noch nicht einmal gerade Zwölfer. So schieden sie alle als Beuteobjekt für unseren anspruchsvollen Gast aus. Erfreulicherweise gab es zur gleichen Zeit jedoch einen Gast, der auch einen Erntehirsch frei hatte, aber dessen Wunsch war es, einen möglichst alten Hirsch zu strecken, ganz gleich, wie schwer sein Geweih sein möge; und dem Manne konnte geholfen werden.

Schließlich hatten wir in einem recht einfach zu bejagenden Revierteil, dem Ziegenberg, einen geraden Vierzehnender bestätigt, der den strengen Anforderungen des verdienten Staatsdieners gerecht werden konnte: Das Geweihgewicht schätzten der zuständige Revierleiter und ich übereinstimmend auf sechs bis sieben Kilo, und einen schönen, ebenmäßigen und endenreichen Kopfschmuck trug der uns bis dahin unbekannte Hirsch auch. Über das Alter des Geweihten waren wir uns nicht so ganz einig; daß er nicht uralt, ja sicher nicht zwölf Jahre alt sein würde, darüber gab es jedoch keinen Zweifel.

Beim zweiten Anlauf schon führte die Pürsch zum Erfolg. Ohne große Dramatik, aber mit einem ordentlichen Schuß war, wie es in der Verwaltungssprache richtig heißen müßte, der Abschuß getätigt. Als der Hirsch auf dem Hof der Försterei brauchtumsgerecht zur Strecke gelegt wurde, herrschte bei allen Beteiligten, insbesondere aber bei dem Erleger, eitel Sonnenschein. Welch prachtvolles, endenreiches und schweres Geweih er doch erbeutet hatte! Doch Stolz und Freude währten nur einen Tag. Als das Geweih nämlich abgekocht werden sollte und bei dieser Gelegenheit der Unterkiefer erstmals so richtig begutachtet wurde, da erwies sich der Hirsch als viel zu jung. Leichtfertig hatten wir ihn schon nicht schießen lassen, aber er war halt doch noch um zwei Jahre jünger, als man es vermuten konnte. Die anfängliche Freude unseres Gastes wich sehr eindringlich und schmerzvoll der Erkenntnis, daß Trophäengewicht und Endenzahl allein nicht den Inhalt einer Hirschjagd ausmachen.

Bislang habe ich immer nur von Jagdgästen gesprochen, ohne mit einem Wort zu erwähnen, daß auch Jagdherren, Jagdleiter und -führer ihre ganz persönlichen Eigenheiten und besonderen Marotten besitzen können. Wenn ich zum Beispiel mit einem mir bislang unbekannten Freizeitjäger auf Pürsch gehe, sind es vier Dinge, die mich „auf die Palme" bringen können:

Erstens finde ich es schlimm, wenn Menschen, die sich Jäger nennen, nicht pürschen können und mit ihren Füßen in Gottes freier Natur so auftreten, als ob sie einen Erdweg verdichten wollten. Zweitens verstehe ich nicht, warum manche Zeitgenossen heute noch mit weiten und harten Gummistiefeln auf Jagd gehen, so daß auf Schritt und Tritt die Schäfte klappern.

Drittens könnte ich aus der Haut fahren, wenn jemand in jeder Tasche ein paar lose Patronen aufbewahrt und es dann beim Gang durchs Revier fröhlich klingelt.

Und viertens mag ich nicht diese hochmoderne glatte Oberbekleidung an einem Begleiter, die bei jeder Bewegung und bei jeder Berührung mit einem Ast rauscht und knistert. Durch diese bösen Vier ist schon manches Stück Wild vergrämt worden.

Als noch junger Jäger erhielt ich einmal anläßlich einer Drückjagd auf Rot- und Schwarzwild einen recht deftigen Anschiß durch den Jagdherrn. Während des ersten Treibens kam ich auf eine flüchtige Rotte Sauen zweimal zu Schuß, ohne daß ein Schwarzkittel eine Kugel angenommen hätte. Doch die Fehlschüsse an sich waren es nicht, die den alten, weißhaarigen Mann so zornig machten, sondern die Tatsache, daß ich gewagt hatte, ein zweites Mal auf ein Stück Schalenwild zu schießen, ohne mich vorher über den Sitz der ersten Kugel informiert zu haben. Im Prinzip hatte er mit seiner Einstellung ja gar nicht so unrecht, aber in der rauhen Praxis sieht es doch anders aus. Die übrigen Gäste hörten betreten seinen Belehrungen zu, und fortan fielen nur noch Einzelschüsse. Das Ergebnis der Jagd war entsprechend: Am Schluß lag nur ein einziger Frischling auf der Strecke. Den hatte ich im letzten Treiben auf Schrotschußentfernung mit dem Flintenlaufgeschoß sauber und mit dem ersten Schuß getroffen.

Mit zu den unangenehmsten Aufgaben eines Jagdleiters gehört es, bei einer Gesellschaftsjagd darüber zu befinden, wer als Erleger eines Stückes zu gelten hat. Zwar gilt allgemein, daß derjenige als Erleger anzusehen ist, der den ersten „wirksamen" Schuß auf das Wild abgegeben hat. Schwierig wird es jedoch, wenn zu gleicher Zeit und aus zwei verschiedenen Büchsen ein Stück beschossen wurde und nun jeder Schütze der Meinung ist, daß nur er getroffen haben könne. Manch unerfreuliche Szene habe ich da schon erlebt. Um so objektiver und sachlicher sollte der Jagdleiter entscheiden, wenn in solch einem Falle sein Rat gefragt ist. Ein Negativbeispiel auf diesem Gebiet hat mich nachhaltig beeinflußt:

Es war eine Staatsjagd im Hunsrück, an der ich als junger Referendar teilnehmen durfte. Sauen gab es zu jener Zeit dort noch reichlich. Leicht verschneit bot der Hochwald ein prächtiges Bild und versetzte die Jagdteilnehmer in eine fröhliche Stimmung.

Der alte Oberförster mit dem nicht alltäglichem Namen Wilhelm Busch stellte die Gäste an. Auch für den Forstreferendar gab es manch guten Stand. Bei einem der vormittäglichen Treiben war mein Nachbarschütze ein Prinz. Kein Märchenprinz, sondern ein gestandenes Mannsbild von uraltem Adel. Zwischen uns beiden kam, kaum daß das Treiben angeblasen war, eine Rotte

Sauen, Bache mit vier Frischlingen. Rasch ging ich in Anschlag, mochte des hohen Gastes wegen jedoch nicht den ersten Schuß abgeben. Doch als die Schwarzkittel schon den breiten Waldweg überquert hatten und einer nach dem anderen den Graben überfiel, ließ ich die erste Kugel fliegen. Zu meiner großen Freude sah ich den Frischling auf dem Grabenaushub zusammenbrechen. Ein Blick zum Nachbarn: der stand weiter im Anschlag. Noch ehe die Rotte im hohen Holz verschwand, erwischte ich einen zweiten Frischling, und laut klagend fiel er um. Da endlich löste sich auch Durchlaucht.

Als wir nach dem Abblasen zusammenstanden, erzählte er mir von seinem Mißgeschick: Er habe Schwierigkeiten mit der Sicherung an seiner Doppelbüchse gehabt und sei den ersten und einzigen Schuß erst losgeworden, nachdem die Sauen für ihn nicht mehr sichtbar waren. Also hatte ich zweifelsohne – auch die Ein- und Ausschüsse ließen einen anderen Schluß nicht zu – beide Frischlinge allein und ohne fremde Hilfe geschossen. Bald erschien der damalige Leiter der Landesforstverwaltung höchstpersönlich am Ort des Geschehens. Die erste Frage lautete, wie immer in solchen Fällen: „Wer hat geschossen?" Der Prinz zeigte auf mich, fügte dann aber völlig überflüssigerweise, aber wahrheitsgemäß und kleinlaut an, auch er habe einmal geschossen. Daraufhin ließ sich der Herr Oberlandforstmeister zwei Brüche geben, und ohne auch nur mit einem Wort die näheren Umstände zu erkunden, händigte er dem adeligen Herrn und mir je einen Bruch aus und wünschte Waidmannsheil. Damit war die Sache erledigt.

Diese Art von ausgleichender Gerechtigkeit wurmte mich noch den ganzen langen Tag. Als sich Durchlaucht nach dem Schüsseltreiben verabschiedete, klopfte der feine Herr mir leutselig auf die Schulter und sprach: „Übrigens die beiden Sauen, die können Sie sich getrost ins Schußbuch eintragen, ich habe nicht eine davon geschossen!" – „Ja um Himmels willen, warum haben Sie denn das dem Chef nicht heut' vormittag gesagt?" konnte ich da nur fragen und bekam zur Antwort: „Weil ich so gern einmal eine Sauleber nach Hause bringen wollte!" Die hätte er wahrlich auch anders haben können!

Es mag fünf Jahre her sein, da war ich von meinem Freund Ulrich v. Asseln in sein landschaftlich wunderhübsch in der Rhön gelegenes Revier auf einen Rehbock eingeladen. Wir trafen uns dort in der Dorfkneipe zu einem stärkenden Mahl. Aus altem Bauerngeschlecht stammend, ist der Ulli deftigem Essen und Trinken nicht abgeneigt, und entsprechend stattlich ist seine Statur. Diesen Hang zum guten Essen hat er, wie könnte es anders sein, seinen Söhnen vererbt. Nichts charakterisiert das mehr als der Ausspruch seines Jüngsten: Nach einem Festmahl von der Dame des Hauses gefragt, ob er denn auch satt sei, gab zur Antwort: „Ein Asseln kennt das Gefühl des Sattseins nicht, ein Asseln hat entweder Hunger oder ihm ist schlecht!"

43

Als die Frage aufkam, wo sich jeder am kommenden Abend ansetzen sollte, schien mir weniger der Jagdherr als vielmehr der Jagdhüter Karl das große Wort zu führen. Ich hatte ohnehin den Eindruck, daß der einheimische Jäger von meinem Besuch nicht gerade erbaut war, und den Grund dazu sollte ich bald erfahren: Es hatte sich im Laufe der Jahre so eingebürgert, daß der Jagdaufseher all die Böcke schießen durfte, die nach dem Abschußplan noch frei waren und die der Jagdherr nicht bekommen hatte. Denn er kam nur höchst selten in das abgelegene Revier. Trotzdem darf man nicht glauben, daß der Ulrich ein Mann ist, der sich so leicht ein X für ein U vormachen läßt.

Der erste Ansitz inmitten grüner Felder und Wiesen brachte mir zunächst den Anblick mehrerer Hasen und einer wildernden Katze. Bei der abendlichen Lagebesprechung konnte ich dann auch noch berichten, daß ich zwei Stück Rehwild gesehen hatte, ein Spießböckchen und ein Schmalreh. Ein älterer Bock war mir nicht gekommen. Der Karl schien sehr zufrieden, und so ganz beiläufig erfuhr ich, daß der Pächter in den letzten Jahren nur noch Knopfböcke geschossen hätte.

Auf der Fahrt ins Revier war mir ein recht malerischer Winkel aufgefallen, in dem man so recht einen guten Rehbock hätte erwarten können. An einem kleinen Feldgehölz mit dichtem Hasel- und Eichenunterstand schlängelte sich eine schmale Wiese hangaufwärts, die wiederum von mehreren Feldern umgeben war. Mir war auch nicht entgangen, daß am Rand der alten Eichen ein, wenn auch recht baufälliger, Hochsitz stand. Als ich den Jagdhüter auf diese Ansitzmöglichkeit aufmerksam machte, winkte er entschieden ab. Es sei unmöglich, so sagte er, auf diesen Sitz am Morgen zu gelangen, ohne das in der Wiese stehende Rehwild zu vergrämen. Zudem sei auch der Hochsitz morsch und wackelig. Das reizte mich nun um so mehr. Da auch der Jagdherr nichts dagegen einzuwenden hatte, sah mich der nächste Morgen frohen Muts dem geheimnisvollen Wäldchen zustreben.

Kaum hatte ich im Halbdunkel der weichenden Nacht die Hälfte der Leiter erklommen, da knackte es verdächtig im Gebälk der Kanzel. Doch mit List und Tücke arbeitete ich mich schließlich, so leise es ging, bis zur Sitzbank vor und konnte dann in aller Ruhe Umschau halten. Im leichten Morgendunst sah ich mindestens vier Stück Rehwild vor mir, von denen eines wegen seines starken Gebäudes ein Rehbock hätte sein können. Und tatsächlich, mein Herz hüpfte vor Freude, hatte ich alsbald einen verdammt guten Sechser vor mir. Der sicherte immer wieder zum Hochsitz hin, als wüßte er aus Erfahrung, daß von dort nichts Gutes zu erwarten war. Nun war mir auch mit einem Schlag klar, weshalb der Karl, das Schlitzohr, das wacklige Bauwerk für meinen schwergewichtigen Freund nicht ordentlich repariert hatte. Zu gern wohl hätte er nach dessen Abreise selbst den Bock geschossen.

Gerade daß das Büchsenlicht es zuließ, nahm ich auf den breitstehenden Bock Maß und ließ das kleine, 5,6 Millimeter starke Geschoß aus dem Lauf fliegen. Mit ungetümen Fluchten eilte der offensichtlich Getroffene dem nahen Eichenwäldchen zu, wo ich kurz darauf ein Stück Wild zusammenbrechen hörte. Ein Rascheln im Dürrlaub, das nur vom Schlegeln der Hinterläufe des verendeten Bockes herrühren konnte, gab mir endgültig die Gewißheit, daß der Bock mein war. Hocherfreut nahm der gute Freund die Kunde von meinem Waidmannsheil entgegen; nur der ungetreue Karl zeigte unverhohlen seinen Groll. Es wäre sicher undankbar, würde ich sagen, daß mir dem hinterhältigen Jagdaufseher ein Schnippchen geschlagen zu haben am meisten Freude an dieser Jagdeinladung gemacht hätte, denn immerhin ist der Bock aus der schönen Rhön einer meiner besten.

Ein paar Jahre später kam der Ulrich mich besuchen. Was kann man mit einem streßgeplagten Manager Besseres tun als mit ihm ins Revier zu fahren? Einen geringen Hirsch oder ein Stück Kahlwild wollten wir schießen. Wie der Zufall es wollte, stand schon ein Rudel Rotwild rechts und links des von knorrigen Birken umsäumten Weges, kaum daß wir meinen Pürschbezirk erreicht hatten. Links verhofften einige Stücke Kahlwild in der leicht verschneiten braunen Winterheide, rechts äugten drei geringe Hirsche unschlüssig zu uns herüber. Sie hätten es sicher gern gesehen, wenn wir, ohne sie weiter zu beachten, vorbeigefahren wären, doch ich hielt an, sprang aus dem Wagen, griff den Drilling und versuchte, die Hirsche anzusprechen.

Das Kahlwild hatte sich längst in Bewegung gesetzt; kein Wunder, daß sie mit auslaufender Jagdzeit nicht mehr so vertraut waren, wo es doch an allen Ecken und Enden krachte. Die jungen Hirsche hätten sich jeder Verfolgung leicht entziehen können, wenn sie nur in die andere Richtung abgesprungen wären. Aber dem angeborenen Rudeltrieb folgend, versuchten sie auf Biegen und Brechen den unseren Blicken schon entschwundenen Tieren zu folgen. Ehe sie den breiten Forstweg überfielen, preschten sie mit aufgerissenen Lichtern an uns vorbei. „Der letzte ist ein ganz schwacher Sechser", raunte ich meinem Freunde zu, „schieß!"

Glücklicherweise gibt es unter den Jagdgästen die unterschiedlichsten Temperamente. Der eine läßt die Kugel schon fliegen, kaum daß er dazu überhaupt aufgefordert wurde, fragt gar nicht danach, ob er ein oder zwei Stücke schießen soll. Das sind meist die überpassionierten, aber auch treffsicheren Schützen, die man braucht, wenn es schnell gehen soll. Andere sind da weniger beweglich, nehmen sich ihre Zeit, bis sie alles gerichtet haben, und sind mit sich und der Welt unzufrieden, wenn der Schuß dann auch noch daneben geht. Den Ulli würde ich nicht in die erste Kategorie einordnen.

Als die gewisse Zeitspanne verstrichen war, die man aus Höflichkeit dem Gast gegenüber einräumt, ging ich schnell in Anschlag und schoß. Zu überhastet und vielleicht aus einer gewissen Überheblichkeit dem jagdlich unerfahrenen Freund gegenüber hatte ich glatt vorbeigeschossen. Schon waren die Hirsche auf der anderen Seite des Weges und durch den Knall nicht langsamer geworden, als Ulli Maß nahm und den hellstangigen Sechser beschoß.

Im Knall riß es den Hirsch von den Läufen, und regungslos blieb er liegen. Innerlich zollte ich dem Freund höchsten Respekt, nahm alles zurück, was ich je Geringschätziges über ihn gedacht, und schämte mich ein wenig über meine eigene miserable Leistung. Doch das alles währte nur einige Sekunden, da sprang der Hirsch auf und eilte wie gesund mit langen Fluchten seinen Gefährten nach. Was war geschehen? Nach den Spuren im Schnee ließ sich alles furchtbar einfach nachvollziehen: Der Hirsch war gerade in dem Moment, als der Schuß fiel, auf einer vereisten Pfütze ausgerutscht und der Länge nach hingefallen, hatte durch den Fall für den Bruchteil einer Minute die Kontrolle über sich verloren, bis er sich wieder aufrappelte und entfloh. Also war es doch kein Meisterschuß!

Einem Rotwildjäger der alten Schule würde es im Traum nicht einfallen, kurz vor oder während der Brunft Kahlwild zu schießen. In heutiger Zeit sind wiederholt Forderungen laut geworden, man solle die Gäste, die auf einen Hirsch jagen, dazu anhalten, aus einem Brunftrudel neben dem Hirsch noch möglichst ein oder zwei Kälber zu schießen. Nur so ließe sich der Wildbestand in den stark beunruhigten Revieren regulieren.

Für mich persönlich käme dieses einer Entweihung der ganz besonderen Stimmung und Poesie gleich, die nun einmal über einem erfolgreichen Abschuß einer Jagd auf den Brunfthirsch liegt. Nüchternere, weniger empfindsame Menschen mögen anders darüber denken.

Führte ich einmal einen älteren Jäger, der noch nie die Gelegenheit hatte, in deutschen Landen einen Hirsch zu schießen, nach allen Regeln der Kunst auf einen alten, unbeständigen Kronenzwölfer. Endlich, nach mehreren vergeblichen Versuchen, hatte es an einem leicht nebelverhangenen Morgen geklappt. Der schreiende Hirsch erhielt auf achtzig Gänge die Kugel, und man hörte ihn deutlich in dem angrenzenden Kiefernstangenholz zusammenbrechen. Freude auf seiten des Schützen, Erleichterung beim Führenden. Raucher hätten sich jetzt gewiß eine Zigarette angezündet, aber auch ohne Glimmstengel bat ich den Begleiter, noch eine kurze Zeit lang still an Ort und Stelle zu verharren, derweil sich seine Nerven beruhigen und der Hirsch ungestört verenden konnte.

Kaum gesagt, erschien auf der Fläche ein Fuchs, und so als habe er den Knall nicht vernommen, begann er vor uns zu mausen. „Kann ich den auch schießen?" zischte es da neben mir. Vielleicht habe ich lange mit der Antwort gezögert, weil ich sie innerlich erst verarbeiten mußte, doch dann kam es mir locker von den Lippen: „Wenn Sie meinen, bitte sehr!" Und raus war der Schuß.

„Waidmannsheil zum Fuchs, Herr X., kann ich da nur sagen, ach ja, und einen Hirsch haben Sie ja auch geschossen, auch dazu Waidmannsheil, Sie sind vielleicht einer!" Und Stolz leuchtete aus seinen Augen!

Wohl dem, der auf der Jagd noch keinen Fehler gemacht hat. Mit der Schilderung einer eigenen Fehlleistung möchte ich eigentlich die ‚Jägerschelte‘ beenden, denn es gibt bei den Waidmännern sicher nicht mehr ‚schwarze Schafe‘ als anderswo. Nett finde ich allerdings den Hinweis auf die vielen Schafe mit dem weißen Pelz, auf dem mal mehr, mal weniger schwarze Flecken zu sehen sind. Es wäre schlimm um unsere Jagd bestellt, wenn viele der Waidgesellen im Revier ihre Waidgerechtigkeit abstreiften wie die Schlange ihre Haut. Es sind doch immer mehr die kleinen menschlichen Schwächen, die uns auf Schritt und Tritt begegnen.

Also, das mit meiner kleinen Sünde war: Ich hatte bei Schnee im Dezember ein um einen kleinen Heidehügel äsendes Rudel Kahlwild angepirscht und, nachdem ich die Gesellschaft eingehend gemustert hatte, ein abseits stehendes, aber nicht gerade schwaches Kalb geschossen. Das Rudel sprang aber nicht geschlossen ab, sondern einige Stücke standen noch unschlüssig umeinander und verhofften. Da entdeckte ich inmitten der sichernden Stücke ein auffallend schwaches Kalb, zögerte nicht lange und schoß. Als ich zu dem verendeten Stück kam, lag vor mir – ein Rehbock. Abgeworfen hatte er schon und ein kurzes Bastgehörn geschoben. Er mußte im hohen Heidekraut geträumt und sich von meinem ersten Schuß so erschrocken haben, daß er in das Rotwildrudel hineinflüchtete und dort verhoffte. Das war sein Pech, denn schließlich hatte er während der Schonzeit Anspruch auf bessere Behandlung.

Liebenswertes Damwild

Vielen Jägern ist das Damwild in der Bundesrepublik nur aus Gehegen und Wildparks bekannt. Weil es dort recht vertraut ist und dem Menschen sogar aus der Hand äst, erfährt es gelegentlich eine gewisse Geringschätzung. Mit

Vorurteilen ist ja mancher schnell bei der Hand. Da spricht dann einer von „Damzicken", wenn er das ach so schlaue Kahlwild meint, und kann sich unter der Damhirschbrunft gar nichts vorstellen, weil sein Freund unlängst in ein Gatterrevier gefahren war und dort einen Schaufler „auf Bestellung" – kaum daß das Gattertor hinter ihm geschlossen wurde – totgeschossen hatte. Wer jedoch das Damwild einmal ordentlich in freier Wildbahn bejagte, der wird sehr schnell zu spüren bekommen haben, welch hohe Anforderungen an das jagdliche Können diese Jagd stellt. In der Tat ist das Damwild ein anmutiges, liebenswertes und angenehmes Wild. Das Geweih des alten Schauflers stellt eine beachtliche Trophäe dar. Selbst ein geringer Abschußhirsch ist wegen der relativen Seltenheit dieser Wildart in Deutschland stets eine begehrte Beute, wie ich nur immer wieder feststellen kann.

In der Heide wird das Damwild zumeist als Nebenwild zum Rotwild gehalten und bewirtschaftet. Daher erleben wir in jedem Jahr im Herbst eine „zweite Brunft", die zwar längst nicht an Heftigkeit, Lautstärke und Dramatik an die der Rothirsche heranreicht, die aber auch ihre Reize hat.

Im vergangenen Herbst gelangen mir Anfang Oktober einige recht eindrucksvolle Fotos: Auf einem begrünten Feuerschutzstreifen hatte sich ein recht starkes Rudel Rotwild eingefunden, das von einem ganz alten Kronenhirsch begleitet wurde. Die Brunft war sichtlich am Abklingen, der Hirsch stark abgekommen und müde. Doch ab und an trieb er noch ein Stück oder deutete solches Verhalten an. Da trat an der gleichen Stelle der Äsungsfläche ein Rudel Damwild aus und mischte sich unter das Rotwild, wie ich es schon oft gesehen habe. Ein geringer Schaufler vom dritten oder vierten Kopf, noch feist und voller Kraft, folgte den rotweiß- und schwarzgefärbten Tieren. Sie schienen von der Liebe Glut noch nicht erfaßt zu sein, doch der junge Damhirsch bewindete und verfolgte sie in ganz eindeutiger Weise. Und so entstand das bemerkenswerte und vielleicht einmalige Bild, daß auf engstem Raum ein Rothirsch und ein Damhirsch das ihnen artgerecht zustehende Kahlwild trieben, ohne auch nur im geringsten voneinander Notiz zu nehmen.

Das Zusammenleben mit anderen Schalenwildarten bereitet dem Damwild keine Probleme, wie es auch andere Wildarten, etwa das Rehwild, nicht sonderlich behindert. Wichtig für ein reibungsloses Zusammenleben verschiedener Wildarten ist jedoch, daß sich diese schon eine geraume Zeitlang kennen und aneinander gewöhnt sind. Dann ist es nichts Ungewöhnliches, wenn auf einer Wildweide im Sommer neben einer in den Fraß vertieften Rotte Sauen friedlich die Rehe äsen oder auf dem Wildacker sich Rotwild und Damwild vergesellschaften und ein Rudel ins andere übergeht.

Sicher hat es schon jeder Jäger erlebt, daß besonders im Frühjahr die Rehe

Rotwild als Tagwild

Je offener der Lebensraum, desto größer die Rudel

Viel haben sie nicht auf, die Rehböcke der Heide

häufig schrecken. Dieses Schrecken ist der Ausdruck eines Unbehagens über eine nicht eindeutig erkannte Störung. Auch im Frühjahr wird mitunter eine ziehende Rotte Schwarzwild der Auslöser für die Schimpfkanonade einer alten Ricke sein. Es wäre jedoch ein Trugschluß, daraus zu folgern, daß das Rehwild grundsätzlich bei der Annäherung von Sauen schreckt, wie man es gelegentlich hören kann. Das Rehwild kommt nämlich auch mit den Schwarzkitteln recht gut aus, abgesehen natürlich von der Tatsache, daß kurz nach der Setzzeit die kleinen Kitze leicht von einer in breiter Front der Nahrungssuche nachgehenden Rotte gefunden und aufgefressen werden. Von kranken Rehen habe ich wiederholt die Reste gefunden, die die Sauen nach ihrem Mahl zurückließen.

Als ich einmal so um die Pfingstzeit in einer Wiese, die kurz vor dem Mähen stand, drei stärkere Sauen beobachtete – es waren sicher Bachen, die ihre Frischlinge ausführten –, fiel mir ab und zu ein Lauscherpaar auf, das über die schwarzen, borstigen Leiber herausragte. Näher herangepirscht, erkannte ich einen Rehbock, der in unmittelbarer Nähe der Bachen äste und nur hin und wieder einmal aufwarf. Er mochte zwei- oder dreijährig sein und zeigte keinerlei Furcht.

Da die einzelnen Wildarten – auch Dam- und Rotwild – voneinander abweichende Ansprüche an Äsung und Lebensraum haben und sich auch in ihrer Tagaktivität voneinander unterscheiden, ist eine Artenvielfalt immer dort erstrebenswert, wo die Standortverhältnisse es zulassen. Das hatten schon die alten Heidebauern erkannt: Daß man auf ihrem Gebiet mit stark wechselnden Bodenverhältnissen – Sand, Lehm und Moor – zwar keinen hohen Wildbestand halten, dafür aber auf fast alle Wildarten, die in Deutschland vorkommen, jagen konnte.

Damwild ist wesentlich mehr auf weiche Äsung angewiesen, insbesondere auf gute Gräser, als das Rotwild. Für seine Ansiedlung kommen daher nur Waldgebiete in Frage, die eine ausreichende Bodenvegetation aufweisen. Findet das Damwild Wiesen- und Waldgräser in ausreichender Menge, sind Schäden im Wald ausgeschlossen, wie ich immer wieder feststellen kann. Die moorigen und feuchten Bereiche in unserem Revier meidet das Damwild. Daher ist es nicht artgerecht, auf solchen Standorten Damwildgehege einzurichten, wie man es in jüngster Zeit leider beobachten kann.

Eine ganz besonders unangenehme Eigenart des Damwildes ist es, mancherlei Abfälle, insbesondere Plastik- und Düngertüten, Schnüre, Reste von Tarnnetzen, Folien und ähnliches aufzunehmen. Sicher nicht aus Hunger, sondern aus einer arteigenen Veranlagung heraus. Es geht den Tieren also nicht etwa um den Inhalt, der in Plastiktüten ist oder war, sondern um diese Gegenstände an sich. Aus den unverdaulichen Teilen bilden sich in der Regel im Pansen unter Einwirkung der Verdauungssäfte harte, steinerne Klumpen. Wenn diese schließlich den Magenausgang verstopfen, ist es um das Stück geschehen. Es wirkt jedoch mitunter komisch, wenn auf der Trophäenschau neben einem grundfalsch geschossenen, jungen Hirsch quasi zur Entschuldigung solch unverdaulicher Plastikklumpen hängt, den der Erleger im Pansen des erlegten Schauflers gefunden hat. So als habe er mit Röntgenaugen die arme Kreatur vor dem Schuß durchleuchtet, präsentiert er nun den Grund für den „unumgänglichen" Abschuß des Zukunftshirsches.

Von allen in der Heide vorkommenden Schalenwildarten ist das Damwild das am deutlichsten ausgeprägte Tagwild. Noch vor Reh- und Rotwild steht es abends auf den Äsungsflächen, und auch an den Fütterungen ist es der erste Besucher. Lebhaft und immer in Bewegung, ist es mal hier, mal dort anzutreffen, aber stets dort, wo die beste Äsung wächst. Die weiblichen Stücke scheinen aber einen, bezogen auf das ganze Jahr, wesentlich kleineren Aktionsradius zu besitzen als die Hirsche. Ich glaube, daß ein Tier in seinem Leben nicht über ein Gebiet von fünfzig bis hundert Hektar hinauskommt.

Die Schaufler wandern jedoch viel. Da sie – im Gegensatz zu den Rothirschen – mit Ausnahme der Brunftzeit wesentlich deutlicher getrennt vom Kahlwild leben, legen sie auch vor und nach der Brunft große Strecken zurück. Im Norden des Reviers, im Forstort Nordbostel, sah ich einmal einen alten Schaufler an mir vorüberziehen, der offensichtlich im Nachbarrevier, wo es klassische Brunftplätze gibt, gebrunftet hatte und nun auf dem Wege in sein angestammtes Einstandsgebiet war. Seine breiten Schaufeln bildeten ein imposantes Geweih, das als Besonderheit an einer Schaufel einen flächig ausgebildeten Dorn aufwies, vergleichbar der Vorschaufel bei einem Elch. Diesen alten Haudegen mit den Kampfnarben auf dem breiten Träger hätte ich gern geschossen, wenn ich ihn nur freigehabt hätte. Dieser Umstand wurde mir um so schmerzlicher bewußt, als mir tags darauf im Süden nahe der Ortschaft Ostenholz ein Kraftfahrzeugunfall mit einem Damhirsch gemeldet wurde und ich zweifellos den in Nordbostel gesehenen Schaufler erkannte. Er hatte in der Zwischenzeit eine Entfernung von acht Kilometer Luftlinie zurückgelegt.

Diese Lebhaftigkeit des Damwildes, die man ihm gar nicht zutraut, wenn man es in den Gehegen eingepfercht sieht, führt dazu, daß es bei den Straßenunfällen am meisten beteiligt ist. Während in unserer Gegend beim Rotwild die Straßenopfer sechs bis acht Prozent der Gesamtrotwildstrecke ausmachen, von der Schwarzwildstrecke zwölf Prozent auf das Konto des Verkehrs gehen, entfallen zwanzig Prozent und mehr der Damwildstrecke auf Unfälle mit Kraftfahrzeugen. Das sind beachtliche Zahlen, über die nachzudenken sich lohnt.

Um noch einmal auf die Schaufler zurückzukommen: Auf ihr Alter sind sie in freier Wildbahn schwer anzusprechen. Über das Geweih geht es gar nicht. All die Merkmale, die wir vom Rothirsch her kennen, Gesichtsausdruck, Widerrist, Wamme, Altersbrille, taugen beim Damhirsch nichts. Einzig verläßliches Alterszeichen ist meines Erachtens die Stärke des Trägers. Dünner Träger weist auf einen jungen, ein starker, breiter Träger auf einen alten Schaufler hin. Die Figur ist auch deshalb oft trügerisch, weil die Damhirsche in der Feiste ganz anders aussehen als nach der Brunft, in der sie bis zwanzig Kilo verlieren können. Selbst zwei- und dreijährige Hirsche lassen sich nur schwer ansprechen, da geringveranlagte Vierjährige den körperlichen und geweihmäßigen Entwicklungsstand eines normal veranlagten Zweijährigen haben können. So fallen dann bei der Trophäenschau und der Besprechung der Geweihe oft harte und belehrende Worte, doch bleibt vieles davon „postmortale Klugscheißerei"!

Bei der Bewirtschaftung und Hege des Damwildes kommt es entscheidend auf den richtigen Ausleseabschuß beim Kahlwild an. Maßgebend für die Auswahl ist die Körperstärke. Während bei den Trophäenschauen alles gebannt auf die Hirschgeweihe starrt, macht sich niemand die Mühe, die Strecke des weiblichen Wildes und der Kälber zu analysieren, das heißt auf Alter, Stückzahl und Gewichte hin zu untersuchen. Ich habe aus den Streckenergebnissen für unseren Raum die Durchschnittsgewichte beim Damwild errechnet und möchte sie dem interessierten Leser nicht vorenthalten:

Altersklasse	Durchschnittsgewicht Kilo
Hirsche, 5jährig und älter	54,2
Hirsche, 2- bis 4jährig	46,1
Spießer	34,7
Hirschkälber	20,0
Alttiere	33,5
Schmaltiere	28,8
Wildkälber	18,6
Gesamte Strecke	33,4

Aufgrund der geringeren Standortgüte sind die Werte geringer als die Schleswig-Holsteins. Trotzdem erreichen Spitzenschaufler Geweihgewichte bis vier Kilo.

Beim Vergleich der Durchschnittsgewichte konnte ich eine von dem verstorbenen Jagdwissenschaftler D. Müller-Using schon im Jahre 1949 bekanntgegebene Regel bestätigen. Danach soll das Durchschnittsgewicht der Alttiere gleich dem Durchschnittsgewicht der gesamten Strecke sein. In unserem Falle beträgt das Gewicht der Alttiere 33,5 Kilo, das der Gesamtstrecke im Durchschnitt 33,4 Kilo, also eine feine Übereinstimmung!

Wenn man sich mit den Gewichten erlegten Damwildes befaßt, wird man feststellen, daß diese bei einzelnen Stücken weit von der Norm abweichen können. Das schwerste Alttier, das bei uns zur Strecke kam, wog, so erinnere ich mich, fünfzig Kilo. Unterschiedliche Setztermine führen zu stark voneinander abweichenden Körpergewichten, die im ganzen Leben nicht mehr ausgeglichen werden können. Das unterstreicht einmal mehr die Notwendigkeit, den Abschuß nach der Körperstärke zu betreiben.

Auch wenn in einem Revier alte Schaufler nur zufällig und in geringer Zahl zur Strecke kommen, so muß das doch nicht heißen, daß keine vorhanden wären. Sie haben nun einmal eine heimliche Lebensweise.

Auch daß sie in der Brunft nicht auf Freiflächen, sondern in den Beständen Brunftkuhlen schlagen und dort auf brunftiges weibliches Wild warten, macht sie nicht gerade überschaubarer. Bei uns sind es insbesondere junge Birken-Eichen-Kiefernmischbestände mit lockerem Unterwuchs, die einen Einblick in das Geschehen sehr erschweren. Man hört die Schaufler, aber man sieht sie nicht.

Ich erinnere mich in diesem Zusammenhang an eine besondere Begebenheit: Wir hatten Anfang November die traditionelle Hubertusjagd in Form einer „Ansitzjagd mit Anrühren" abgehalten. Die Damhirschbrunft neigte sich dem Ende zu. Während der Brunft waren nur wenig Schaufler zur Strecke gekommen und das Abschußsoll noch nicht erfüllt.

Nun konnte und wollte ich bei solch einer Gesellschaftsjagd keine Schaufler zum Abschuß freigeben, doch es geschah folgendes: Fast jedem der Jagdteilnehmer kam auf seinem, zumeist im Bestandesinneren gelegenen Ansitzplatz ein Damhirsch zu Gesicht, dem einenein reifer, alter Schaufler, dem anderen ein prächtiger Zukunftshirsch, und zwei Jäger schließlich hätten je einen zweifellos richtigen Abschußhirsch strecken können, hätten sie ihn nur freigehabt.

Spießer sollen in unserem Hegering in der Regel nicht geschossen werden. Die Höhe der Spieße ist nach unserer Auffassung kein ausreichender Weiser für gute oder schlechte Veranlagung. Gerade Spießer mit kurzen, aber keulenartigen Verdickungen über den Rosen lassen stärkere Schaufeln erwarten als lange auf dünnen Rosenstöckchen. Das kann man am lebenden Stück jedoch oft nicht sehen. Besser ist es dann schon, sich an dem Wildbretgewicht zu orientieren, und so können wir in unserem Raum Damspießer mit einem Gewicht von weniger als 35 Kilogramm als körperlich schwach bezeichnen und zum Abschuß vorsehen.

Da nach neueren Hegekonzepten stark in die Jugendklasse eingegriffen werden muß, lassen sich die geringen Abschußhirsche leichter in der Klasse der Zwei- bis Dreijährigen finden, wobei alle „Stangler", also Hirsche ohne

Anzeichen einer Schaufelbildung, vorrangig geschossen werden sollten. Auf diese Weise kommen die Erleger auch schon in den Besitz von „Trophäen". Wenn jedoch trotz starken Eingriffs in die Jugendklasse noch mehr als zulässig in die Klasse der vier- bis siebenjährigen Hirsche eingegriffen wird, dann allerdings liegt es nicht an der besonderen Lebensweise der alten Schaufler, wenn davon nur wenige zur Strecke kommen, sondern an der Art der Bejagung, die keine reifen Hirsche mehr heranwachsen läßt. Vergleichbares könnte man auch bei den anderen Schalenwildarten sagen.

Eine Besonderheit im Brunftverhalten des Damwildes möchte ich noch beschreiben, die nicht der üblichen Lehrmeinung entspricht. Nach letzterer schlägt der brunftige Schaufler auf seinem seit Jahren bekannten und zumeist im Walde gelegenen Brunftplatz seine Brunftkuhle und wartet dort, sich seiner Nebenbuhler erwehrend, auf das paarungswillige Kahlwild. Nach vielen Beobachtungen im Revier bin ich heute der Meinung, daß sich das so nicht verallgemeinern läßt. Wiederholt kann man hier auf Freiflächen Kahlwildrudel beobachten, bei denen dem Rotwild gleich ein Schaufler steht, das brunftige Stück treibt und sich so verhält, als habe er es seinem großen Bruder abgeguckt. Ich habe es auch schon erlebt, daß sich des Nachts mehrere ältere Schaufler dem Rudel auf der Äsungsfläche zugesellten, um dann bei dem ersten Morgengrauen allein und heimlich dem Tageseinstand zuzuwechseln. Was nur beweist, daß sich bei unseren Wildtieren nichts in starre Regeln pressen läßt.

Meinen ersten Schaufler schoß ich 1975 in einem Revier auf den Ausläufern des Teutoburger Waldes. Es gab dort damals viel Damwild, und unter Forstleuten erzählte man sich folgende lustige Geschichte: Es hatte sich der Forstinspektionsbeamte zur Besichtigung der in der Nachkriegszeit aufgeforsteten Bestände in der Revierförsterei X. eingefunden. Da die dichten Zweige der Randkiefern einen Einblick in das Innere der Dickung nicht zuließen, beugte sich der gestrenge Herr herunter und schaute dicht über dem Boden in den Bestand. „Die Kiefern sind ja auffallend dicht gepflanzt und dazu in einem sehr unregelmäßigen Verband", gab er schließlich von sich, worauf der Revierbeamte antwortete: „Das, was Sie da sehen, Herr Landforstmeister, sind nicht die Stämmchen unserer Kiefern, das sind die Läufe von Damwild!"

Der Revierjäger hatte es sich mit der Führung recht einfach gemacht und auf einem Wildacker einen Wagen mit Rübenblatt abkippen lassen, bevor ich im Revier eintraf. So brauchte ich auch nur einen Ansitz, um meinen Hirsch zu bekommen. Der Schuß war ziemlich weit, und die einzige Schwierigkeit lag in der stark aufkommenden Dämmerung, so daß mir als unvergeßliches Bild die weiß aufleuchtende Bauchdecke des nach dem Schuß zusammengebrochen Hirsches im Gedächtnis haften geblieben ist. Der mittelalte geringe Schaufler hatte übrigens auf der linken Seite eine verkürzte, oberhalb der Mittelsprosse stark nach innen gebogene Schaufel, was bei Damhirschen recht selten vorkommt.

Den Schaufler an der Kirrung zu schießen, hatte ich keine Bedenken. Ich habe sie auch heute nicht, weil ich nichts Unrechtes darin erblicken kann. Den Schuß an der Fütterung lehne ich allerdings entschieden ab, weil Fütterung und Kirrung zwei ganz verschiedene Dinge sind. Eine Fütterung wird zu dem Zweck angelegt, dem Wild über die Notzeit zu helfen. Hier soll und kann es sich auf die helfende Hand des Menschen verlassen und muß vor jeder Bejagung sicher sein. Eine Kirrung ist im Gegensatz dazu jedoch dafür da, das Wild anzulocken. Und folglich auch zu schießen. Oder können mir die Herren sagen, die das ablehnen und die Waidgerechtigkeit, die jagdliche Ethik und Moral ins Spiel bringen, was es für einen Unterschied macht, ob ich ein Stück an der Kirrung schieße oder auf einem gut gepflegten Wildacker, an der Salzlecke, an der Suhle, in der Nähe eines brunftigen Stückes, am Luder und so weiter. Der Mensch bedient sich seit uralten Zeiten gewisser Tricks, um das Wild zu überlisten, und so gehört das Ankirren zu den einfachsten, naturhaften Gebräuchen menschlicher Jagdtechnik.

Warum soll an einer Kirrung die Versuchung zu unwaidmännischem Handeln größer sein als auf einer Wiese? Warum sollen Jäger, die nicht von Jugend auf in jagdlicher Tradition und zur Waidgerechtigkeit erzogen wurden, nur an der Kirrung Unheil anrichten? Es bleibt doch dem Verantwortungsbewußtsein eines jeden überlassen, ob er das angekirrte Stück schießen oder laufen lassen will. Wenn auf der Drückjagd von einzelnen trotz eingehender Ermahnung undiszipliniert und auf weiteste Entfernungen auf Schalenwild geschossen wird, kann man doch die Drückjagd nicht insgesamt verdammen, sondern folgerichtig die unliebsamen Zeitgenossen nicht mehr einladen oder auf solche Stände bringen, auf denen sie sich Gedanken über den Flug der Eichelhäher machen können.

Füttern ist zunächst ein jagdtechnischer Vorgang. Eine Futterstelle muß schon äußerlich als eine feste Einrichtung zu erkennen sein. Mit der Fütterung übernimmt der Jäger aber gegenüber den Wildtieren eine Verpflichtung, der er sich weder aus ökologischen noch wildbiologischen Überlegungen heraus entziehen darf. Wir können nicht mehr alles den Selbsterhaltungs- und -reinigungskräften der Natur überlassen, wo kaum noch etwas an unserer Umwelt natürlich ist. Wenn wir uns einmal zu der Erkenntnis durchgerungen haben, daß wir füttern müssen, dann ist es eine sekundäre Frage, wie, wo, was und wie oft wir das tun sollten. Darauf werde ich später noch zurückkommen.

Fütterung und Kirrung in einen Topf zu werfen, heißt Äpfel mit Birnen zu vergleichen. Und so will ich auch begründen, weshalb ich das Schießen an der Kirrung bejahe und an der Fütterung ablehne. Man kann nach dem allgemeinen Sprachgebrauch das Wort ‚jagen' umschreiben wie man will, es ist in jedem Falle etwas mehr als nur technisches Töten von Wildtieren. Die Freude, das Glück ist ein wesentlicher Bestandteil des Jagens und bedeutet mehr als eine einfache, nur von der Vernunft gelenkte Verfolgung des Wildes. Schon der alte Aristoteles lehrte, daß Glück immer nur in einem Tun, in einer Energie und in einer Anstrengung besteht. Und nun frage ich, was hätte der Abschuß von dem in einer Reihe an der Futterraufe stehenden Tier mit Jagd und dem mit ihr einhergehenden Glück zu tun? Nichts. Der Abschuß von Wildtieren an der Fütterung steht nach meiner Überzeugung auf der gleichen Stufe wie das Töten von zahmem ‚Damvieh' in Damtierfarmen. Hierzu bedarf es keiner Jäger, sondern geschickter Schlächter, und seien die Methoden des Tötens noch so verfeinert.

Kannst du's nicht, so fange Mücken …

Von Nachsuchen mit dem roten Hund

„Wütig an der Rotfährt' hängen, schweißdurstvolle Hunde schnallen, / waidwundes Wild bedrängen – solches will mir nicht gefallen. / Wild sollst du wie Blumen pflücken, bricht der Schuß, schon sei es dein! / Kannst du's nicht, so fange Mücken, doch das Waidwerk lasse sein!"

Was der gute W. Riegler da einst so trefflich reimte, mag ja auch zu der Gesellschaft unserer Tage passen, die alles Gewaltsame und Rohe ablehnt. Dem passionierten Schweißhundführer jedoch müssen solche Worte wie bitterer Hohn klingen, ist er es doch, der gezwungenermaßen an der Rotfährte hängt. Vielen der mir bekannten Rüdemänner ist die ordentliche Nachsuche der Höhepunkt jägerischen Erlebens. Sie sehen in der Arbeit mit dem Hund auf der Wundfährte noch einen Rest ursprünglichen Jagens.

Interessante und erfolgreiche Nachsuchen bleiben dem Jäger jedenfalls länger im Gedächtnis als manch mühelos erzielter Jagderfolg. Von einigen bemerkenswerten Nachsuchen möchte ich erzählen:

Es war im August. Die Feisthirsche standen noch in ihren Rudeln zusammen. Es ist dies eine gute Zeit, um unter den geringen Geweihträgern die schwächsten und abschußnotwendigsten auszuwählen. Wann sonst hat man solch gute Vergleichsmöglichkeiten? Doch sind bekanntlich die Sommernächte kurz, und es ist nicht jedermanns Sache, jeden Sonnenaufgang in Gottes freier Natur zu erleben. Insbesondere dann nicht, wenn man eine junge Frau hat.

An einem vollkommen nebelfreien, etwas windigen Sommermorgen galt mein Pürschgang den Hirschen. Durch den dunklen Hochwald tastete ich mich, jedes Geräusch nach Möglichkeit vermeidend, zu einer Wildwiese vor, die vom Rotwild gern angenommen wird. So eine Weide muß natürlich gepflegt werden, wenn sie für das Wild attraktiv sein soll: Immer wieder muß einmal das Gras-Klee-Gemisch neu eingesät werden, zudem darf die Düngung und die Mahd nicht versäumt werden.

Schemenhaft erkannte ich bei noch mäßiger Beleuchtung mehrere Wildkörper. Es konnte sich nur um Feisthirsche handeln. Sie standen nicht weit von der am Rand der Wiese plazierten Kanzel entfernt, so daß ich auf ein Erklimmen des Hochsitzes verzichten mußte. Dafür richtete ich mich auf der Erde hinter einer tiefbeasteten Randeiche ein. Schon wurde es im Osten heller. Eine Amsel schreckte verstört aus dem Schlaf auf, und ab und zu unterbrachen die Hirsche ihr emsiges Äsen, warfen kurz auf, sicherten, um dann weiter ihren Pansen zu füllen. Mit dem Ansprechen klappte es nun schon besser, und ich erkannte etwas abseits des Rudels einen älteren Zwölfer, im Rudel selbst einige junge Kronenhirsche, aber auch zwei geringe Sechser, von denen einer mindestens vom dritten Kopf war, so daß er ohne weiteres der Kugel hätte verfallen können.

Doch ich schaute weiter durch das Spektiv, dessen Gebrauch bei dem fahlen Morgenlicht nicht gerade problemlos ist, auf das ich aber beim Ansprechen von Trophäenträgern nicht mehr verzichte.

Da bemerkte ich mit einem Male einen weiteren Hirsch, dem fortan meine ganze Aufmerksamkeit gehörte und der mich die anderen vergessen ließ: Inmitten der Junghirsche äste ein – so schien es mir zunächst – Einstangenhirsch mit einer mächtigen Augsprosse und einem armlangen Spieß. Doch mit der Zeit erkannte ich, daß zu dem auf der rechten Schädelhälfte getragenen Spieß eine recht kurze Augsprosse gehörte, während die lange, bizarre nach oben gerichtete Augsprosse dem linken Rosenstock entsprang. Und hier zeigte sich anstelle einer Stange nur ein merkwürdiges, über die hintere Schädelhälfte wucherndes Gebilde aus verfegter Hornmasse mit zwei kleinen, verkrümmten Endchen. Solch einen Hirsch schießt man nicht alle Tage, und ich wollte ihn gern haben. Als ich mich zum Schuß entschlossen hatte, ging es so, wie man es sich auf der Jagd nicht gern wünscht: Entweder stand der Hirsch nicht breit, oder er war in Bewegung. Traf beides nicht zu, dann war er von einem Rudelmitglied, das gerade an ihm vorbei äste, gedeckt, kurzum, es war zum Verzweifeln. Und dann war es mit einem Male taghell, der jüngste der feisten Herren zog ohne Umschweife in das angrenzende Erlengehölz ein, und wie auf ein geheimes Kommando folgten ihm die anderen Hirsche, nur hier und da noch einmal einen Happen des wohlschmeckenden Klees erhaschend. Mein Abnormer hatte sich ebenfalls in Bewegung gesetzt, und so blieb mir nichts anderes übrig, wollte ich meine letzte Chance wahren, als auf den ziehenden Hirsch zu schießen.

Vielleicht hielt ich deshalb etwas zu weit vor. Doch ich hatte Glück, im Schuß warf es den mittelalten Hirsch zusammen, und leblos blieb er im hohen Klee liegen. Das schwere $9,3 \times 64$ Geschoß hatte wieder ganze Arbeit geleistet!

Wenn man nicht mehr zwanzig und damit nicht mehr so beutegierig ist, läßt man sich mit dem Aufsuchen und Versorgen des gestreckten Hirsches etwas mehr Zeit als früher. Als ich nach geraumer Zeit zu dem längst Verendetgeglaubten trat, war ich zunächst überrascht, daß er eben noch nicht tot war, sondern ab und zu sein Haupt zu heben versuchte und auch mit den Läufen gelegentlich schlug. Doch dann sah ich auf dem Trägeransatz einige Tröpfchen Schweiß über die Decke perlen, war mir eines guten Schusses auf die Wirbelsäule sicher, wollte weder weiter Wildbret zerstören noch den Hirsch in seinem Todeskampf stören, verzichtete also auf einen Fangschuß, sondern machte mich wohlgelaunt und frohen Mutes auf die Suche nach meinem Wagen, der recht weit von der Wildwiese entfernt abgestellt war.

Als ich zurückkam, durchfuhr mich ein heftiger Schreck: Der Hirsch war weg! Einfach weg. Ich hätte mein dummes Gesicht nicht sehen mögen. Erst glaubte ich, es habe ihn in der Zwischenzeit jemand gestohlen, doch dann wurde mir mehr und mehr zur Gewißheit, daß ich eine Rieseneselei begangen hatte. Wie konnte ich auch einen gekrellten Hirsch, und der hier war sicher gekrellt, seinem Schicksal überlassen. Ungläubig und zutiefst enttäuscht stand ich vor der Stelle, wo der Hirsch gelegen hatte. Deutlich waren Schweißtropfen und die Zeichen, als er mit dem Haupt und den Läufen um sich geschlagen hatte, zu erkennen. Wie ein Anfänger hatte ich mich benommen!

Nun gab es kein langes Zaudern und Überlegen mehr, der rote Hund, der Nachsuchenspezialist mußte her. F. v. Bothmer, der sonst gern bei solcher Gelegenheit aushalf, sogleich nach meiner Heimkehr zu Rate gezogen, sagte ohne Umschweife, daß sein Hund für solch schwierige Nachsuche, die es ohne Zweifel geben würde, gerade nicht päßlich sei. Ich sollte den Oberförster Schulze aus dem staatlichen Forstam Lüß rufen, denn dessen Hannoverscher Schweißhund stünde gerade in der Blüte seiner Leistungskraft, und wenn überhaupt, so böte nur dieses Gespann die Gewähr, den Hirsch zur Strecke zu bringen. (Und dabei hätte ich den Hirsch nur näher anschauen und abfangen müssen!)

Schulze war dank der modernen Ausrüstung einiger Forstverwaltungen über Funk in einem entlegenen Teil seines Dienstbezirkes zu erreichen. Für die nachfolgenden Stunden von weiteren Dienstgeschäften entbunden, standen wir schon bald am Anschuß. Der Schweiß am Rande des Wundbettes, dort, wo der Träger gelegen hatte, bestätigte noch einmal, was wir bereits vermuteten, der Hirsch war gekrellt, einwandfrei gekrellt, nicht die Wirbelsäule selbst war getroffen, sondern einer der Halswirbeldornfortsätze. Solche Nachsuchen, das räumte der erfahrene Schweißhundführer ein, führen nicht immer zum Erfolg.

Ruhig zog der Hund in das Erlengehölz, und dann ging es auf einem bekannten Rotwildwechsel am Rand einer Freifläche entlang in ein ungepflegtes, durch den Orkan im Jahre 1973 stark aufgelichtetes Kiefernstangenholz. Schweiß fanden wir nur noch ganz selten, aber der Hund war auf der richtigen Fährte. Als wir gerade wieder einmal solch ein altes Windwurfnest passierten, wurde der Rüde heftiger am Riemen und windete mit hoher Nase in Richtung einiger ineinandergeschobener, vertrockneter Kiefern. Kaum traten wir etwas unschlüssig umher, da erhob sich vor uns – nein, nicht der Hirsch – eine in ihrem Tiefschlaf gestörte einzelne Ricke, verhoffte nach wenigen Fluchten für ein paar Augenblicke, um dann mit wippendem Spiegel und laut schimpfend den Störenfrieden zu entfliehen. Die Ricke mußte es gewesen sein, die der Hund in die Nase bekommen hatte! Also ging es auf dem bekannten Wechsel weiter. Mein Hoffnungspegel sank mit jedem Meter, den wir uns vom Anschuß weg entfernten, und auch der Hund schien zunehmend lustloser. Schließlich kreuzten wir eine breite Sandbahn. Zweifelsfrei war hier ein Rudel Hirsche über den Weg gezogen, doch ob der Kranke dabei war, konnten wir nicht feststellen. Kein Tröpfchen Schweiß war dort zu finden.

Nun ist der Forstoberinspektor Schulze dafür bekannt, daß er so schnell nicht aufgibt; folglich ging es mit langen Schritten auf der vermeintlichen Wundfährte weiter. Ich kann nicht behaupten, daß der Schweißhund gerade freudig suchte, aber es war inzwischen auch mächtig warm geworden, und die Sonne brannte auf Mensch und Tier herab. Endlich ging es, nachdem wir eine große Grasfläche überquert hatten, wieder in den kühleren und erfolgversprechenderen Wald. Nach etwa vier bis fünf Kilometern machten wir vor uns ein Rudel Kahlwild hoch. Ein Hirsch befand sich nicht darunter. Bis sich das Rudel in Bewegung setzte und aus dem Gesichtsfeld des Hundes verschwand, war Gelegenheit geboten, etwas zu verschnaufen. Dann wurde plötzlich neben dem Kahlwild ein einzelner Hirsch hoch, der die gleiche Fluchtrichtung wie das Kahlwild einnahm. Sollte es der beschossene sein? Schulze konnte das Geweih ganz kurz ansprechen, danach konnte es sich nicht um den Gesuchten handeln.

Das mußte geklärt werden. Wir folgten diesem Hirsch so lange, bis wir auf einem Waldweg einwandfrei sein Trittsiegel fanden. Auch hier kein Schweiß. Nun war es für den erfahrenen Hund ein Leichtes, die Fährte dieses Hirsches bis zu seinem Lager zurückzuarbeiten, aus dem er vor uns hoch geworden war. Doch auch hier keinerlei Hinweis auf den Krellschuß. Demnach mußte es sich um einen gesunden Hirsch handeln. Wir brachen hier die Nachsuche vorläufig ab und wollten den Hund noch einmal dort ansetzen, wo der letzte Schweißtropfen zu finden war. In gedrückter Stimmung ging es in der heißen Augustsonne den langen Weg zurück. Sehr bald hatten wir die Stelle mit dem letzten Schweiß gefunden, und siehe da, hier war der Rüde wieder lebhafter und zog begierig den Wechsel entlang. Als er nach wenigen Minuten an den Windwurfhorst kam, aus dem die Ricke abgesprungen war, zeigte er wiederum deutlich an, daß er hier wieder einen ganz besonderen Duft in seine Nase bekommen hatte. Er zog nur einige Schritte auf das verlassene Bett der Ricke zu, da wurde unweit davon der kranke Hirsch hoch. Das war unglaublich, und auch der Schweißhundführer war so überrascht, daß ihm der Hund den Schweißriemen aus der Hand riß und nun mit langer Leine dem vor uns wegpolternden Hirsch in das Stangenholz folgte. Besorgt sahen wir uns an, denn wie leicht konnte sich der Hund mit dem schleppenden Riemen in diesem dichten Bestand verheddern.

Endlich erklang Hetzlaut und bald darauf Standlaut. Schnell eilte der junge Beamte seinem treuen Gefährten zu Hilfe, und wie glücklich und erlöst war ich, als kurz darauf der Fangschuß fiel.

Alles war wie angesprochen: Der hohe Schuß über dem Trägeransatz hatte nur einen Wirbelfortsatz getroffen und eine vorübergehende Lähmung des Hirsches bewirkt. Fraglich, ob der Hirsch an dieser Verletzung verendet wäre, sicher nur dann, wenn sich Maden in der Wunde festgesetzt hätten. Das Geweih war ja keine Überraschung mehr für mich, das hatte ich schon aus nächster Nähe bestaunt. Wie konnte es zu der doppelten Mißbildung kommen? Die Gabelbildung auf der rechten Seite war rasch geklärt: Das Sprunggelenk des linken Hinterlaufs war geschwollen und steif, und das vermutlich infolge eines Zusammenpralls mit einem Auto. Doch die Wucherung auf der linken Seite hatte wohl mit einer zusätzlichen Bastverletzung zu tun. Jedenfalls ist das bizarre Geweih mir lieb und wertvoll, denn ich habe eine besondere Schwäche für abnorme und regelwidrige Trophäen.

Dieser Hang zu ausgefallenen Geweihen führte schließlich dazu, daß bei der Deutschen Jagd- und Fischereiausstellung ‚Wildtier und Umwelt' im Mai 1986 in Nürnberg eine Sonderschau abnormer Hirsche präsentiert wurde. Hier konnte ich neben meinen eigenen abnormen Geweihen noch eine Reihe solcher in unserem Landkreis in den letzten Jahren erbeuteten Trophäen zeigen.

Daß vor dem Hirsch in so unmittelbarer Nähe ein Reh aufstehen würde, damit hatte natürlich niemand gerechnet, und es ist sicher ein seltener Zufall, der dieser Nachsuche einen besonderen Stempel aufdrückte. Nur so ist es zu erklären, daß der bei vielen Nachsuchen erprobte Hund von der richtigen Fährte abkam. Vielleicht hatte auch sein Führer ihn beim Anblick der Ricke etwas zu abrupt in die falsche Richtung gelenkt. Das Verhalten des kranken Hirsches bestätigt jedoch eine alte Nachsuchenerfahrung, daß sich nämlich gekrellte Stücke sehr lange drücken, ehe sie vor dem nachsuchenden Hund hochwerden. Mag sein, daß das mit den starken Schmerzen, die eine solche Wildpretverletzung hervorruft, zusammenhängt.

Im Verlauf dieser Nachsuche erwähnte ich den Tiefschlaf einer Ricke. Das ist ein sonderbares Phänomen, über das ich kurz berichten möchte. In Lehrbüchern wird man vergeblich danach suchen:

Wer viel durch Feld und Wald streift, wird gelegentlich das besondere Erlebnis haben, ein Stück Wild im Tiefschlag anzutreffen und zu überraschen. Nach unserem heutigen Wissensstand gibt es während der Ruheperiode der Wildtiere eine ganz bestimmte, nur wenige Minuten dauernde Phase, in der die Sinnesorgane praktisch ganz ausgeschaltet sind. Dadurch ist das Wild nicht in der Lage, seine Umwelt wahrzunehmen, und kann leicht von einem Feind überrascht werden. Diese Zeit, in der das einzelne Stück stark gefährdet ist, dauert höchstens zwanzig Minuten. In einem Rudelverband lebt das einzelne Stück weniger gefährlich, denn nicht alle Tiere befinden sich gleichzeitig im Tiefschlag, sondern wechseln sich in Wachsamkeit, Dösen und Schlafen ab.

Soweit ich mich erinnern kann, hatte ich bisher mindestens drei Begegnungen mit tiefschlafendem Wild. Die erste trug sich wie folgt zu: Das dritte, nachmittägliche Treiben anläßlich einer winterlichen Drückjagd näherte sich dem Ende. Da verließ kurz vor den Treibern ein kleines Rudel Rotwild hochflüchtig über eine Schneise das beunruhigte Stangenholz. Ich konnte gerade noch einen Schuß loswerden, das Treiben abblasen und nach wenigen Minuten den Anschuß untersuchen. Durch lichten Kiefernwald folgte ich der Fluchtfährte, da glaubte ich plötzlich das von mir beschossene Kalb schon verendet vor mir zu sehen. Doch das, was da unweit der Wundfährte lag, war kein Kalb, sondern ein Stück Rehwild. Ich wunderte mich schon, wie dies Stück wohl hier zu Tode gekommen sein mochte, griff nach einem Hinterlauf, da wurde die alte Ricke putzmunter und suchte, nicht ohne anhaltend zu schrecken, das Weite. Das Reh muß so tief geschlafen haben, daß es nicht einmal den Schuß und das vorbeipolternde Kalb gehört hatte.

Ein anderes Mal betätigte ich mich als Treiber bei einer kleinen Riegeljagd. Nicht gerade leise patschte ich durch ein feuchtes Erlenwäldchen, übersprang einen nur wenig Wasser führenden Graben, da gewahrte ich hinter der Grabenböschung einen wie verendet im Grase liegenden Rehbock. Auch hier wollte ich gerade nach ihm greifen, da trat nur kurz ein Ausdruck des Erschreckens und Entsetzens in seine Lichter, und „ab ging die Post".

Bei der letzten Begegnung mit einem tiefschlafenden Damtier gelang mir sogar eine Fotoserie. Bei einem Reviergang so gegen vier, fünf Uhr nachmittags im Monat März stieß ich auf ein Rudel Damkahlwild. Es gab sich der Ruhe hin, einige Stücke standen sichernd umher, andere hatten sich niedergetan und saßen dösend und wiederkäuend im Gras. Ein Alttier, das dunkle Haupt über der hellen Bauchdecke ruhend, lag da wie tot, und mein erster Gedanke bei seinem Anblick war wirklich, es sei verendet. Es rührte sich nicht. Als ich mich dem Rudel näherte, warfen einige Stücke auf, und bald entfernte sich das ganze Kahlwild, ohne daß das im Tiefschlag befindliche Stück aufgeweckt oder gar mitgenommen wurde. Ich pürschte rasch auf das schlafende Tier zu und machte so auf vierzig, fünfzig Schritt die erste Aufnahme. Durch das metallische „Klick" der Kamera wurde es nun doch wach, blieb aber zunächst noch recht benommen sitzen. Dann machte es nach Damwildart einige ungelenke Fluchten, um noch einmal am Waldrand zu verhoffen und zu sehen, welcher Störenfried es wohl in seinem tiefen Schlaf überrascht hatte.

Das übrige Rudel war längst unser beider Blicke entschwunden, doch nehme ich an, daß das abspringende Tier bald wieder daran Anschluß gefunden hat.

Eine der längsten und interessantesten Nachsuchen machte ich mit meinem Bayerischen Gebirgsschweißhund Alfi vom Lesachtal. Ich führe diesen Hund nun schon im fünften Jahr nur für den „Hausgebrauch". Der Rüde hat weder eine langanhaltende und intensive Ausbildung genossen noch jemals eine Prüfung abgelegt. Auch bin ich nicht Mitglied in einem Hundeverein. Das hindert uns beide jedoch nicht daran, erfolgreich krankes Wild nachzusuchen. Für mich zählt nur, ob ein Hund aus guter Veranlagung heraus eine Schweißfährte sicher halten, zum Stück führen und es erfolgreich hetzen kann. Das ist seine eigentliche Aufgabe. Ob er gut „bei Fuß" geht, zehn Minuten lang nach einem Schuß ruhig auf einer Stelle verharrt oder am erlegten

Stück jedem Fremden in die Waden beißt, das sind weniger Anlagen, die der Hund mitbringt, als vielmehr Dressurleistungen des Führers, die bei einer Prüfung zu bewerten sind. Im übrigen empfinde ich es immer wesentlich angenehmer, wenn sich ein Schweißhund am gefundenen Stück nicht zähnefletschend auf den Schützen oder gar den Hundeführer stürzt, sondern sich mit diesem gemeinsam über den geglückten Abschluß der Nachsuche freut.

Ganz kurz möchte ich in diesem Zusammenhang auf den Disput eingehen, der immer dann entsteht, wenn sich die Vertretungen zweier Hunderassen zu nahe und gegenseitig ins Gehege kommen. Zweifellos ist der Hannoversche Schweißhund der unübertroffene Nachsuchenspezialist im Hochwildrevier, insbesondere wenn es um Hirsch und Sau geht. Genauso richtig ist es, daß der leichtere, aus „Hannoveraner" und Gebirgsbracke hervorgegangene Bayerische Gebirgsschweißhund („BGS") in steilem, felsigem Gelände weit wendiger, schneller und sicherer ist. Zudem ist dort auch sein Einsatz auf Rehwild nötig, was für den Hannoverschen verpönt ist. Beide Interessenverbände, der Verein Hirschmann für den „Hannoverschen" und der Klub für Bayerische Gebirgsschweißhunde, waren darin übereingekommen, sich nicht gegenseitig durch die Gründung von örtlichen Vereinen Konkurrenz zu machen und die Grenzen des Einflußbereiches der jeweiligen Rasse zu respektieren. Im Klartext: Die „Hannoveraner" sollten sich auf Nord- und Mitteldeutschland, die „Bayern" auf den Freistaat beschränken. Ähnlich wie CDU und CSU es halten.

Als nun im Jahre 1984 im Landkreis Celle sich eine Arbeitsgruppe für den „BGS" etablierte, mit dem Ziel, auch im Norden Prüfungsmöglichkeiten für diese Rasse zu schaffen, da ging ein Raunen und Grollen durch die Reihen der „Hirschmänner". Angestammtes Terrain schien in Gefahr. Zu Recht, wie ich meine. Wir brauchen in unseren geschlossenen Hochwildgebieten intakte und jederzeit einsatzbereite Schweißhundstationen. Im Kreise Celle ist auf Initiative des Kreisjägermeisters F. v. Bothmer vor Jahren eine solche Station gegründet worden, und wir haben immer hervorragende Hannoversche Schweißhunde gehabt. Die Namen der Führer v. Bothmer, Kompa und Schulze sind weit über die Kreisgrenzen hinaus bekanntgeworden. Es wäre daher sicher schädlich, würden sich hier wie anderswo die Schweißhunderassen Konkurrenz machen, und das möglicherweise zu Lasten des Wildes.

Mein Bruder Diethelm, der in der Eifel ein Forstrevier leitet, war mit Frau und Kindern zu Besuch gekommen. Um dem häuslichen Trubel ein wenig zu entfliehen, waren wir Männer ins Revier gefahren. Es war ein strahlender Wintervormittag. Eine leichte Schneedecke verzauberte die weiten Fluren, selbst Bäume und Sträucher verbargen sich unter der weißen Pracht. Für das Jägerauge konnten die sich auf der Fahrt aneinanderreihenden Bilder nicht vollkommener sein, traf es doch auf der Waldwiese gleich hinter den letzten Häusern den mausenden Fuchs, am Rand der verschneiten Kieferndickung das sich in den goldenen Strahlen sonnende Reh und im Kiefernaltholz das kleine, heidelbeerblätteräsende Rotwildrudel.

In einem größeren Fichtenkomplex im Forstort Narjesbergen, das von mehreren, parallel verlaufenden Brandschutzstreifen durchzogen wird, sahen wir auf einer dieser Gassen zwei Hirsche. Noch ehe sie in den tiefbeasteten Fichten verschwanden, war einer als Kronenzehner und der andere als ungerader Achter anzusprechen, der unbedenklich hätte geschossen werden können.

Da der Drilling griffbereit auf dem Rücksitz des Wagens lag, heckte ich sogleich einen Schlachtplan aus: Mein Bruder sollte zur nächsten Schneise laufen und sich dort vorstellen; derweil würde ich mich zum Einwechsel der Hirsche begeben und von dort aus versuchen, die beiden dem Schützen zuzudrücken.

Das Vorhaben gelang, und Diethelm kam auf den letzten der zwei Hirsche zu Schuß. Der Achter zeichnete mit einer hohen Flucht. Beide überfielen die Schneise, verließen aber nach etwa einhundert Metern das Fichtenstangenholz und überquerten den Weg, auf welchem unser Wagen stand, in Richtung der Narjesberger Teiche. Dies ist eine wüste Gegend, denn dort stoßen zwei flachgründige, mit breiten Schilfgürteln umgebene Fischteiche aneinander, und die übrigen Flächen sind naß und sumpfig. Da war guter Rat teuer.

Weder hatte ich meinen Hund noch Gummistiefel dabei, um eine Nachsuche aufnehmen zu können. Doch glaubten wir beide, daß der Hirsch nicht weit sein könne. In der Fluchtfährte lag allerdings Schweiß, der eher auf eine Wildbretverletzung als einen Kammerschuß schließen ließ. Zudem wurde der Schweiß auf den wenigen Metern, die wir der Fährte in den Bruchwald folgten, immer spärlicher. Sollte es sich doch um einen hohen Vorderlaufschuß handeln?

Am Nachmittag hatte ich andere dringende Dienstgeschäfte zu erledigen, und so bat ich den zuständigen Revierleiter, die Nachsuche durchzuführen. Der Beamte führte damals mit recht gutem Erfolg einen starken Deutsch-Drahthaar-Rüden auf Schweiß, und so war ich ganz zuversichtlich, daß er den Hirsch bald finden würde. Doch daraus wurde nichts. Zwar hielt der Hund noch eine ganze Zeit lang die Wundfährte, doch als er nach etwa einem Kilometer Riemenarbeit an einen kleinen Fichtenhorst kam, in den der kranke Hirsch gewechselt war, stieß er dort mit einer Rotte Sauen zusammen und war nicht mehr dazu zu bewegen, die Fährte weiter zu arbeiten.

Das waren keine guten Nachrichten, die ich abends per Telefon erhielt. Wir verabredeten uns für den kommenden Morgen. Zum Glück hatte es in der folgenden Nacht nicht geschneit. Aber da der Schnee schon einige Tage lag, standen überall frische und alte Fährten, so daß ein Ausgehen der Wundfährte völlig unmöglich war, zudem auch kaum noch Schweiß zu finden war.

Wir setzten meinen Hund dort an, wo der DD aufgegeben hatte. Alfi hob erst einmal kräftig das Hinterbein, wie es Nachsuchenhunde immer tun, wenn sie auf die Spur eines Artgenossen stoßen. Er hatte einige Mühe, aus dem Labyrinth von Schwarzwild- und Rotwildfährten die kranke Fährte herauszufinden, doch als wir endlich den Fichtenhorst hinter uns gelassen hatten, kamen wir in ein weniger sumpfiges, mit älteren Eichen und Birken bestocktes Gebiet. Hier stand für kurze Zeit nur eine Rotwildfährte im Schnee, und ein winziger Schweißtropfen verriet uns, daß wir richtig waren. Immer wieder kreuzten andere Fährten unseren Wechsel, und der Hund mußte oft im Bogen suchen, bis er wieder die richtige Fährte hatte.

Dann nahm er plötzlich die Nase hoch, wurde unruhig und windete interessiert in Richtung des vor uns liegenden Bestandes. Schon glaubte ich, der Hirsch müsse vor uns sein, als ich zu meinem großen Schrecken eine Bache mit drei, vier Frischlingen vor uns im Gebräch sah. Emsig gruben sie nach den nahrhaften Wurzeln des Farnkrautes. Das konnte ja heiter werden! Schon hatten sie uns entdeckt und suchten das Weite.

Ich wartete noch eine kurze Zeit, und dann ging es weiter. So sehr den Alfi auch die frische Schwarzwildwitterung erregte, so brav folgte er doch dem kranken Hirsch. Endlich kamen wir an eine kleine Wiese, die ‚Fürstenwiese'; weiß Gott, aus welchem Grund sie diesen ehrwürdigen Namen erhalten hat. Es muß durchaus kein fürstlicher Anlaß gewesen sein. Im Nachbarforstamt gibt es eine ‚Musikanten-Dickung', da hat noch niemand Musik gemacht. Als aber einmal ein hoher Beamter vom Ministerium dort einen Hirsch geschossen hatte und die Waldarbeiter sich unter dem hochtrabenden Titel ‚Ministerialdirigent' nur etwas Musisches vorstellen konnten, gaben sie dem Erlegungsort den klangvollen Namen ‚Musikanten-Dickung'.

Durch die Fürstenwiese schlängelt sich ein tiefer Graben. Auch diesen hatte der Hirsch überfallen. Jedoch war er bei dem Versuch, den Graben zu überspringen, mit dem Oberkörper fest auf der jenseitigen Grabenkante aufgeschlagen, wie die Spuren im Schnee bewiesen. Also doch schwerkrank! Nach der Wiese nun kamen wir in ein Kiefernstangenholz. Hier mußte in der Nacht Rotwild gestanden haben. Wie sollte der Hund da wieder durchfinden? Kaum waren wir über einige vom Wind geworfene, kreuz und quer im Bestand liegende Stämme geklettert, da fühlte ich am Benehmen des Hundes, daß der Hirsch nicht mehr weit sein konnte. Als es dann vor uns krachte, schnallte ich den Hund. Angespanntes Warten. Da endlich, Hetzlaut! Die Jagd ging in den Ahldener Sunder, in das wildromantischste, unzu-

Die ersten Schritte in eine fremde Welt – Rotkalb

und Frischlinge

Karg ist die Äsung für das Rehwild im Frühjahr

Meister Reineke in der Abendsonne

gänglichste Fleckchen Erde, das wir im Forstamt haben. Seit dem Orkan 1973 läßt dort der liebe Gott den Wald über umgestürzten, vermodernden Baumstämmen und zwischen in den Himmel ragenden Wurzeltellern wachsen. Keine Maschine könnte in dieses geheimnisvolle Reich vordringen, so wenig trägt dort der Boden. Wäre ich ein Keiler, nie würde ich diese Zufluchtstätte verlassen und uralt werden im Ahldener Sunder.

Der Name Ahlden weckt Erinnerungen an die Geschichte: In dem kleinen Dörfchen gibt es ein kleines Schloß. In ihm vertrauerte vor knapp dreihundert Jahren die einzige Tochter, Sophie-Dorothea, des letzten Celler Herzogs Georg Wilhelm in dreißigjähriger Verbannung ihr Leben. Man hatte sie einst mit dem Kurprinzen Georg von Hannover vermählt. Weil dieser sie schmählich behandelte, verliebte sie sich in den Pagen Graf Königsmark, wofür er mit seinem Leben und sie mit lebenslanger Verbannung zahlen mußte.

In dieser Wildnis dem Hunde folgen zu wollen, wäre heller Wahnsinn gewesen. Ein einziges Mal hatte ich versucht, in diesen Urwald vorzudringen, doch war ich nach einigen Metern umgekehrt. Schwarzbraunes Moorwasser war in meine Stiefel gedrungen, Brombeerranken hatten Kopf und Hände zerschunden und auf den glitschigen, bemoosten Stämmen die Füße keinen Halt gefunden. Wir liefen so schnell wir konnten die einzige Schneise entlang, die ich in diese Abteilung hatte schlagen lassen, um im Falle eines Waldbrandes eine Möglichkeit zu seiner Bekämpfung zu haben. Da, nicht weit vom Schneisenrand, der langersehnte Standlaut! „Du kannst besser als ich über die morschen Stämme klettern", dachte ich, und bat den jungen Oberförster, den Fangschuß anzubringen. Warum sollte es ihm nicht vergönnt sein, den krönenden Abschluß dieser Hatz zu vollziehen?

Mein Bruder und ich postierten uns draußen, um eingreifen zu können, falls die Hetze über den Brandriegel gehen sollte. Doch dazu kam es nicht. Erlösend für uns alle fiel der Fangschuß, und mit vereinten Kräften konnten wir den Geweihten ins Freie befördern. Er hatte tatsächlich einen hohen Vorderlaufschuß, aber die Kugel hatte auch den vorderen Brustkern getroffen. Unglaublich, wie weit ein Stück mit solcher Verletzung noch flüchten kann!

Der Hirsch war zu unserer Überraschung trotz des bescheidenen Geweihs vom fünften oder sechsten Kopf, also ein gelungener Ausleseabschuß.

Zu Hause angekommen, wollte meine kleine Nichte, die mein Patenkind ist, auch solch ein schönes Geweih haben. Da holte ich vom Dachboden eines von einem Unfallhirsch und schenkte es ihr. Immer nach dem Motto: „Lieber der Onkel, der was mitbringt, als die Tante, die Klavier spielt."

Welch unglaubliche Ausdauer und Lebenskraft krankgeschossene Sauen entwickeln können, möchte ich mit folgendem Beispiel demonstrieren: Im engsten Freundeskreis hatten wir, wie jedes Jahr, zwischen Weihnachten und Neujahr eine ganz zwanglose Drückjagd auf Rot- und Schwarzwild abgehalten. Zwei mit der Örtlichkeit bestens vertraute Treiber beunruhigten behutsam das Wild in seinen Einständen, und so kam manches Rudel ohne Hast den in weiten Abständen auf den Fernwechseln abgestellten Schützen.

Im letzten Treiben – die süddeutschen Freunde sagen immer Trieb, was ich ganz scheußlich finde –, im Oberndorfmärker Wäldchen, hatte eine Rotte Sauen gesteckt. Rauschzeit war's und die Schwarzkittel den ganzen Tag auf den Läufen.

Der kugelrunde und immer fröhliche Norbert, das „Fettauge auf der Wassersuppe des Lebens", war der glücklichste von uns vier Schützen. Ihm kam auf dem Rückwechsel ein reifer, silbergrauer Keiler. So als wollte er den hinter einem Wurzelteller kauernden Jäger annehmen, kam der Basse zügig auf dem Wechsel daher und erhielt auf kürzeste Entfernung die Kugel auf den Stich, was auch der stärkste Keiler nicht vertragen kann.

Zuvor hatte es an der Front mächtig geknallt, und zwei Frischlinge lagen auf der Schwarte. Ein Überläufer jedoch war krankgeschossen. Den hatte der Franz für einen Keiler gehalten, als er am Ende der Rotte den Bachen und Frischlingen folgte. Im Anschuß lagen reichlich Schweiß und Teile des Gescheides. Die Kugel mußte demnach mittendrauf und sicher tief sitzen. In dem ausgeaperten Schnee ließ sich die Wundfährte gut halten, und so liefen wir alle ohne Hund der kranken Sau hinterher. Immer wieder fanden wir Mageninhalt und ganze Fetzen vom Darm. Die Kugel mußte auf der Ausschußseite ein großes Loch gerissen haben, sonst hätte der Überläufer nicht das ganze Gescheide verlieren können. Dieser Umstand allein entschuldigt vielleicht das ungezügelte Vorwärtsdrängen der Jagdgesellschaft, von der jeder zuerst an dem kranken Stück sein wollte. Trotzdem hätte ich die Nachsuche spätestens dann abbrechen müssen, als wir das erste Wundbett und bald darauf in einem Graben den ganzen Magen fanden.

Nach etwa tausend Metern vom Anschuß entfernt hatte der Überläufer den Wald verlassen und das freie Feld angenommen. Jetzt war es Zeit zur Umkehr, und es gelang mir, die Freunde zu einem geordneten Rückzug zu bewegen.

Da ich damals keinen eigenen Schweißhund führte, bat ich F. v. Bothmer, die Nachsuche am nächsten Morgen aufzunehmen. Wir folgten der Wundfährte über das blanke Feld und über eine breite Teerstraße. Dann ging es wieder leicht bergan in den lockeren Wald. Schweiß und Trittsiegel fanden wir kaum noch, denn auf dem Südhang hatte die Sonne die dünne Schneedecke zum Schmelzen gebracht. Weitere tausend Meter waren wir nun unterwegs und immer noch nicht auf ein Wundbett gestoßen. Nach Lage der Dinge konnte die Nachsuche nur als Totsuche enden. Als sich unter den Ästen der Fichten und Kiefern wieder etwas mehr Schnee zeigte, bemerkten wir direkt neben der Fährte der kranken Sau die Spur eines Fuchses. Sollte Reineke schon den Braten gerochen und etwa das Stück angeschnitten haben? Ausgeschlossen wäre es nicht.

Endlich erschlaffte die Hundeleine, und vor uns lag der längst verendete Schwarzkittel. Schmal sah er aus und war praktisch blitzsauber aufgebrochen. Mag sein, daß der Fuchs in der Nacht ein wenig nachgeholfen hatte, es war ein unglaublicher Anblick. Ich brauchte nur noch das Zwerchfell aufzuschärfen, Herz und Lunge entnehmen, und versorgt war das Stück. Armer Reineke, hattest umsonst die ‚Duftmarken‘ um das verendete Keilerchen gesetzt!

Es wurde eingangs schon erwähnt, daß es durchaus üblich und stilgerecht ist, den Bayerischen Gebirgsschweißhund auch auf krankes Rehwild zu arbeiten. Das hat den großen Vorteil, den Nachsuchenhund vielseitiger und häufiger einsetzen zu können. Beim „Hannoverschen" ist die Arbeit auf Rehwild verpönt, es ist und bleibt eben der „Hirschhund".

An einem heißen Junitag hatte ich mir die Zeit genommen, einen älteren Herrn auf einen Rehbock zu führen. Nun ist das mit dem Jagen im hohen Alter so ähnlich wie mit dem Autofahren. Der eine hängt nach dem ersten kleinen Unfall seinen Autoschlüssel an den Nagel und sagt: „Das war Opas letzte Fahrt!" Ein anderer kauft sich ein seinen grauen Schläfen farblich angepaßtes Sportcoupé und genießt das Leben. Obwohl ich noch nicht einmal Mitte fünfzig bin, kann ich ohne Untertreibung sagen, daß ich die wilde Passion der jungen Jahre längst nicht mehr besitze, auch wenn manche, die mich nicht so gut kennen, da anderer Meinung sind. Nicht zu jeder Vollmondnacht wird den Sauen nachgestellt, nicht jede sich bietende Gelegenheit zum Schuß genutzt. (‚Schönes Frauchen, warmes Bett, mancher Sau das Leben ret.‘) Ich halte es für eine ganz normale Entwicklung, mit zunehmendem Alter auch als Jäger abgeklärter und zurückhaltender zu werden und sich mehr um die Erhaltung des Wildes und seiner Umwelt Gedanken zu machen, als fröhlich draufloszujagen. Aber die Menschen sind halt verschieden, und bei manchen, die erst im hohen Alter so recht ihre Passion entdecken, werde ich das Gefühl nicht los, als würden sie von der Sorge geplagt, sie hätten auf jagdlichem Gebiet etwas nachzuholen.

Den Gipfel jägerischer Leidenschaft erfuhr ich im vergangenen Jahr bei einem fast Achtzigjährigen: Ein mir gut bekannter und lieber ehemaliger Jagdnachbar hatte sich auf Anraten seiner Ärzte dazu durchgerungen, einen Herzschrittmacher in seinen Körper einpflanzen zu lassen. Als er bei vollem

Bewußtsein auf dem Operationstisch lag und die Schwestern darangingen, auf seiner rechten Brustseite die Stelle vorzubereiten, an der das Wunderwerk der Technik versenkt werden sollte, da fuhr sie der alte Haudegen barsch an: „Also hören Sie, ich bin Jäger, pflanzen Sie das Ding gefälligst auf der linken Seite ein, rechts muß ich doch weiterhin mit dem Gewehr in Anschlag gehen können!" Dem Manne konnte geholfen werden.

Zurück zu unserer Rehbockpirsch: Im ‚Diepmoor' wußte ich einen recht guten, alten und beständigen Sechser, der ohne viel jägerisches Können zu haben sein mochte. Auch an dem fraglichen Abend ließ er nicht lange auf sich warten. Mein Begleiter putzte emsig seine Brille, holte dreimal tief Luft und schoß. Im Knall riß es den Bock von den Läufen, doch schon bald raffte er sich wieder auf und suchte in geduckter Haltung mit schlenkerndem Vorderlauf, immer schneller werdend, das Weite.

So nahm der Abend eine gänzlich unerwartete Wende, und zu allem Unglück hatte ich wegen der großen Hitze im Wagen den Hund im kühlen Zwinger gelassen. Aber noch stand die Sonne hoch am Himmel, und in knapp einer Stunde konnte ich wieder am Anschuß sein. Dort lag wenig Schweiß, aber einige Röhrenknochensplitter ließen keinen Zweifel an einem Vorderlaufschuß. Mein Alfi führte uns durch das hohe Bentgras des Diepmoores, bis wir nach einiger Zeit auf den in das Moor getriebenen Sandweg stießen, der vorrangig der Bekämpfung von Flächenbränden dienen soll. Auf ihm stand ganz deutlich der Abdruck des gesunden, gespreizten Vorderlaufes im Sand. Ich gab dem unglücklichen Schützen auf, hier auf mich zu warten und sich nicht von der Stelle zu rühren.

Mit einem anderen älteren Nimrod hatte ich da so meine Erfahrung gemacht: Anläßlich einer Drückjagd hatte Vater Baucus – Gott hab ihn selig –, ein alter, knorriger, eigensinniger Ostpreuße, ein Damtier krankgeschossen. Ohne auf einen Hundeführer oder den anstellenden Beamten zu warten, war er dem kranken Stück ins Moor gefolgt. Wir konnten seiner Spur nur ein paar Schritte folgen, denn die Jagd sollte ja weitergehen, aber soviel hatten wir schon gesehen: er hatte die Fährte des kranken Stückes längst verloren, war wiederholt bis über den Stiefelrand in dem grundlosen, tückischen und kalten Moorboden eingesunken, und bald verlor sich seine Spur zwischen Wollgrasbülten und Erlen. Den Anschluß an die Jagdgesellschaft hat er an diesem Tag nicht wieder gefunden. Noch ehe wir eine große Suchaktion starteten, meldete er sich total erschöpft, aber wohlbehalten aus dem kleinen Heidegasthof des Herrn v. Frieling aus Ostenholz. Übende Bundeswehrsoldaten hatten ihn aufgegriffen und dorthin gebracht.

Jedem Lönsfreund ist dieses in seinem ursprünglichen Zustand erhaltene, einfache, verträumt zwischen hohen Hofeichen liegende Gasthaus wohlbekannt, denn von hier aus ging am 24. August 1914 in aller Frühe Hermann Löns mit anderen Kriegsfreiwilligen zu Fuß zu dem sieben Kilometer entfernten Bahnhof Hodenhagen, fuhr mit der Eisenbahn nach Hannover, wurde zwölf Tage lang bei dem Ersatz-Infanterie-Regiment 73 ausgebildet, kam nach Frankreich an die Front und fand am 26. September den Tod.

Wie gesagt, meinen Jagdgast hatte ich am Diepmoorweg abgelegt, denn ich wollte ihn nicht erst in Frielings Gasthof wiedersehen. Meinem Hund folgte ich in mit tiefen Wasserlöchern durchzogene, mit alten Birken bestockte Moorpartien. Ich mußte ganz seiner Nase vertrauen, denn Schweiß hatte ich schon lange nicht mehr gefunden. Als das Gelände ein wenig anstieg und trockener wurde, stellten sich uns mannshohe Adlerfarnhorste in den Weg. Immer wieder war der Bock durch diese hindurchgezogen. Mit einem Male sehe ich eine Bewegung vor uns: Ein Rotkalb, noch bunt gefleckt, vom Alttier im hohen Farn abgelegt, entschwand mit ungelenken Fluchten meinen Blicken. Auch das noch!

Die nächste Farninsel schien das Ende der Nachsuche zu bringen. Überall roch es nach Rotwild, und frische Saufährten standen im schwarzen Erdreich. So sehr ich dem Hund den langen Riemen gab, er fand einfach nicht den Abgang aus diesem Fährtengewirr. Da nahm ich ihm die Halsung ab und ließ ihn frei suchen. Das ist in schwierigen Situationen nicht selten der Weisheit letzter Schluß.

So schnell es die feuchtschwüle Luft und der dichte Bodenbewuchs zuließen, versuchte ich meinem Alfi zu folgen. Endlich öffnete sich der Wald, und vor mir lag die ,Kolker Wiese', eine versumpfte, ungepflegte und vernäßte Grasfläche. Da, in dem kleinen Eichenwäldchen ihr gegenüber ertönt Hetzlaut. Er kommt auf mich zu. Ohne daß ich Bock oder Hund sehen kann, vernehme ich auf der Wiese endlich Standlaut, des Hundeführers liebste Melodie. Immer näher schleiche ich mich heran, da sehe ich zu meiner Freude, wie der der rote Hund den gestellten Bock umkreist und geschickt dessen Attacken mit dem spitzen Gehörn ausweicht. Ein freihändig abgefeuerter Fangschuß beendet das Drama.

Doch das eigentliche Finale stand mir noch bevor. Den schweren Bock am Schweißriemen, das Gewehr auf dem Buckel schleppte ich mich schweißüberströmt durch brusthohe Binsen, Seggen, wilde Möhren und was es sonst noch geben mag. Mücken, Gnitten und Bremsen umschwirrten den Hund, den schweißdampfenden Bock und mich. Da steht nur wenige Schritte vor mir ein Rehbock im dichten Gras auf und äugt aufmerksam auf die ihm unbekannten Wesen. Unwillkürlich greife ich zum Drilling, denn der Bock ist schußbar, weil abnorm, die kurzen, unvereckten Stangen sind ganz merkwürdig nach außen gebogen.

Doch kaum habe ich den Entschluß, ihn zu erlegen, gefaßt, da verwerfe ich ihn auch schon wieder, soll ich etwa zwei Böcke durch diesen Dschungel ziehen? Endlich sind wir wieder auf dem festen Weg, und der alte Herr ist auch noch da, freut sich mächtig über den braven Bock. Ob die Nachsuche mir denn auch Freude gemacht hätte, wollte er wissen, und ob ich einen Schnaps haben möchte oder ein „Pfläumchen in Armagnac". Ein Duschbad wäre mir in dieser Situation allerdings lieber gewesen.

„Der Hund hat immer recht!" Jeder Rüdemann kennt diesen Satz, doch beherzigt wird er nicht immer, weil wir uns manchmal einbilden, schlauer als das Tier zu sein. Wohin mangelndes Vertrauen zu dem Hund führen kann, möchte ich an folgendem Erlebnis schildern. Eine kleine Drückjagd war mit verteiltem Anlauf und sauberen Schüssen so recht zur Freude des Jagdleiters verlaufen, da passierte es: Ausgerechnet im letzten Treiben kommt dem einzigen Gast, der bis dahin noch einen blanken Lauf hatte, breit und auf günstige Entfernung ein kleines Rudel Kahlwild. Er wird zwei Kugeln los, doch kein Stück liegt. Als erfahrener Hochwildjäger sah er jedoch, daß das eine mit krummem Rücken und das andere mit angezogenem Lauf mit dem Rudel fortflüchtete. Da sich der Tag zu Ende neigte, war Eile geboten. An beiden Anschüssen waren wenig Pürschzeichen zu finden. Erst als das Rudel einen Sandweg überfallen hatte, standen einige Tropfen Wildbretschweiß und auch ein größerer Tropfen mit kleingemahlenem Panseninhalt in der Rudelfährte. Das laufkranke Stück sollte ein Kalb, das weidewunde ein Schmaltier sein.

Der Alfi, der den ganzen Tag über unruhig im Kofferraum des Wagens gesessen hatte, war froh, endlich Arbeit zu bekommen, und legte sich mächtig in den Riemen. Mir war klar, daß wir zwei kranke Stücke auf einmal arbeiteten, solange sich diese im Rudel befanden. Da die Kugel bei dem Kalb offensichtlich keinen Knochen gefaßt hatte, denn Knochensplitter hatte ich weder am Anschuß noch in der Fährte gefunden, war anzunehmen, daß das Kalb dem Tier auf weiter Strecke folgen würde. Das weidewunde Schmaltier sollte sich sicher bald vom Rudel trennen und ins Wundbett gehen, die Frage war nur, wie sich der Hund an dieser Stelle verhalten würde.

Wohl einige hundert Meter ging es der Rudelfährte nach, da verwies mir Alfi das erste und einzige Tropfbett. Hier mußten die Stücke eine Zeitlang verhofft haben, das laufkranke Kalb im Rudel. Von hier aus ging es leicht bergab über die freie Heide dem nächstgelegenen Wäldchen zu, das wir den ‚Küsterhof' nennen. Sollte sich das Rudel dort eingeschoben haben, bestand Aussicht, noch am selben Abend das Kalb zu hetzen. Doch man weiß ja, wie weit ein einmal angestoßenes und beschossenes Rotwildrudel ziehen kann, das mag über viele Kilometer gehen.

Am ‚Küsterhof' angekommen, war ich sicher, daß wir auf der richtigen Fährte waren, denn Alfi arbeitete immer noch freudig und emsig. In dem welken, unter den lockeren Birken und Kiefern stehenden Farnkraut hätte sich das Kalb durchaus niedertun können, doch zunächst zog der Rüde unbeirrt weiter. Endlich, wir mochten gut drei Kilometer vom Anschuß weg sein, sah ich ein einzelnes Alttier vor uns wegpoltern, und gleich darauf wurde auch das Kalb flüchtig. Nach kurzer Hetze stellte es der Hund, und ich konnte es mit dem Fangschuß von seinem Schmerz befreien. In seiner Sorge um das kranke Kalb hatte das Tier das Rudel ziehen lassen und verweilte, wie ich das schon oft in ähnlichen Fällen erfahren hatte, in der Nähe des niedergetanen Stückes.

Für die Nachsuche auf das weidwunde Schmaltier war es inzwischen zu spät. Sie sollte am kommenden Morgen vonstatten gehen. Leider hatte sich in der fraglichen Nacht ein dichter Rauhreif über Gras und Heide gelegt, und zu allem Unglück nieselte morgens ein leichter Eisregen vom Himmel. Noch einmal am Anschuß angesetzt, arbeitete Alfi wieder die Rudelfährte bis zu dem bereits erwähnten Tropfbett einwandfrei.

Als er wieder leicht nach links in Richtung ‚Küsterhof' ziehen wollte, trug ich ihn ab und ließ ihn auf der rechten Seite der Fährte frei vorhinsuchen. Und siehe da, hier zeigte er plötzlich interessiert und führte mich entgegen der Richtung, in der das Rudel am Vorabend gezogen war, hin zu einem beliebten Rotwildeinstand, dem ‚Meiermoor'. Doch bis dahin wären es über zweitausend Meter gewesen, und ich konnte mir nicht vorstellen, daß ein weidkrankes Stück so weit gehen würde.

Auf halbem Wege sah ich mit einem Mal links vor uns einen Fuchs auf den Keulen sitzen und angespannt zu uns herüberäugen. Nicht lange hielt er aus, dann flüchtete er mit steil erhobener Lunte dem zur Linken gelegenen Kiefernaltholz, dem ‚Sandgehege', zu. Für einen kurzen Augenblick keimte in mir die Hoffnung auf, daß der Fuchs das verendete Schmaltier gefunden und angeschnitten haben konnte, doch das war ein Trugschluß. Denn Alfi zog auch nach links, genau auf die Stelle zu, an der der Fuchs gesessen hatte, und wurde lebhafter als zuvor.

„Dummer Hund, hast die ranzige Fähe in der Nase", schalt ich ihn und versuchte immer wieder, ihn auf den rechten Pfad der Tugend zurückzuführen. Doch so sehr ich ihn auch nach rechts in Richtung Meiermoor zu lenken trachtete, er wollte auf der Spur der Füchsin hin zum Sandgehege, und das ärgerte mich. Ich trug ihn von der vermeintlichen Fehlsuche ab, setzte ihn noch einmal dort an, wo uns der Fuchs noch nicht abgelenkt hatte, und war froh, daß er nun endlich wieder dem Meiermoor zustrebte. Doch ich hätte merken müssen, daß der Riemen jetzt wesentlich schlaffer in meiner Hand und die Hundenase recht lustlos über dem alten Rotwildwechsel hing. Als die Suche schließlich über unbewachsene Wegfläche führte und nicht die Andeutung eines Fährtenabdruckes in dem nassen Sand stand, gab ich auf. Ich wußte ja nicht einmal, ob die ganze Nachsuche dem kranken Stück gegolten hatte, und dann kamen mir Zweifel, ob der Freund überhaupt ein zweites Stück getroffen hatte.

Der Zufall wollte es, daß ich am Abend desselben Tages mit dem Wagen am Sandgehege vorbeifuhr. Oder war es doch das unausgesprochene Verlangen, noch einmal nach dem Rechten zu schauen, ob nicht irgendwo die Kolkraben auf dem längst verendeten Stück saßen und, vom Fahrzeug aufgescheucht, mir durch ihren aufgeregten Flug die Beute wiesen. Doch es kam anders: Auf dem Randweg des Kiefernaltholzes ließ ich den Hund vorhin suchen. Wir waren gerade auf der Höhe des Wechsels, auf dem der Fuchs das Holz angenommen hatte, da lag, nur wenige Schritte im Bestand, mit aufgedunsenem Pansen das gesuchte Schmaltier. Wäre ich morgens nur noch zwei-, dreihundert Meter dem Hund gefolgt, die Suche hätte ein anderes, erfreulicheres Ende gefunden.

Es sind überwiegend Laufschüsse, die Nachsuchen mit dem Spezialisten, dem Schweißhund erforderlich machen. Jeder Teilnehmer an einer Hauptprüfung des „Vereins Hirschmann" wünscht sich insgeheim, auf ein laufkrankes Stück angesetzt zu werden, denn das verspricht in der Regel eine Hetze. Die wiederum braucht er, um einen ersten Preis zu bekommen.

Aber nicht jeder Schuß auf den Rumpf führt trotz unserer modernen Patronen zu baldigem Ins-Wundbett-gehen oder Verenden des beschossenen Stückes. Zum Ausklang der Jagdsaison hatten wir Bediensteten des Forstamtes uns zu einer kleinen „Ansitzjagd mit Anrühren" an einem naßkalten, schneefreien Wintertag verabredet. Meinen Stand hatte ich mir am Rande einer kleinen Fichtenkultur gewählte, die u-förmig in ein mit Fichten unterstandenes Kiefernaltholz ragte. Noch ehe wir die Stände einnahmen, hatte es wie aus Eimern gegossen, doch mit einem Mal hörte der Regen auf, und es konnte losgehen. Mein Platz schien mir nicht sonderlich erfolgversprechend, aber ich hatte es nicht weit zum Wagen, sollte es wieder heftig zu regnen beginnen.

Eine gute Stunde mochte vergangen sein, in der außer dem seltenen, rotköpfigen Schwarzspecht nichts mein Umfeld mit Leben erfüllte, da näherte sich von rechts ein kleines Rotwildrudel. Geführt von einem Alttier mit eisgrauem Grind folgten zwei Schmalspießer mit auffallend langen, wohlgeformten Spießen. Wenn also einem der Stücke die Kugel gebührte, dann dem alten Tier. Es hätte mich schon sehr gewundert, wenn es die freie Fläche angenommen hätte, und es tat es auch nicht. Im Schutz der tiefbeasteten Fichten versuchte es, am Bestandesrand entlang das hinter mir liegende Stangenholz zu erreichen.

Auf einer kleinen Lücke hatte ich den Wildkörper im Zielfernrohr, und hinaus war der Schuß. Ich war hoch abgekommen, weil langes Sandrohr die Läufe und den unteren Teil des Rumpfes verdeckte. Das Tier wendete im Schuß, und nach wenigen Fluchten hörte ich es krachend zusammenbrechen. Nicht wenig erstaunt war ich, als nach wenigen Minuten an derselben Stelle, an der es zu Boden gegangen war, erneut dürre Äste krachten und ich das Tier mit ungelenken Fluchten von mir fort flüchten sah. Mir war aufgefallen, daß im Schuß eine kleine Wolke von Farbe über dem Stück stand, und glaubte zunächst, es oben gestreift zu haben. Nun war ich völlig ratlos, denn bei einem Krellschuß hätte das Stück auf der Stelle zusammenbrechen müssen.

Am Anschuß fand ich sehr viel Schnitthaar, das ich nicht sogleich richtig einordnen konnte, und wenig Schweiß. Das Tier war unmittelbar neben einer vom Sturm geworfenen Fichte zusammengebrochen und hatte im Fallen mehrere daumenstarke Äste zerbrochen, daher das Krachen. Im Wundbett viel Wildbretschweiß und einige Stücke eines weißen Knorpels, unerklärlicher Herkunft.

Da am selben Tag der Verein Hirschmann seine Hauptprüfung in der Lüneburger Heide abhielt, schlug ich dem Forstoberinspektor Arjes vor, seine Hannoversche Schweißhündin „Cosi vom Reihertal" auf dieses Stück anzusetzen.

Eine Richtergruppe wurde gerufen, und um 14 Uhr konnte das Unternehmen starten. Einfügen muß ich noch, daß meinem Nachbarschützen kurz nach meinem Schuß ein offensichtlich laufkrankes Alttier gekommen war, jedoch aus entgegengesetzter Richtung, also wieder ins Treiben hinein. Er hatte das Stück einmal beschossen, aber kein Zeichnen bemerkt. Wir hatten im Hinblick darauf, daß es sich um ein und dasselbe Tier handeln könnte, den Anschuß nicht weiter untersucht.

Die Nachsuchenexperten tippten nach Lage der Dinge auf einen hohen Vorderlaufschuß, den ich mir nach meinem Abkommen nicht hätte erklären können. Die Hündin nahm die Suche zügig auf und führte in das Fichtenstangenholz, das das Tier vor meinem Schuß anstrebte. Hier hat sich das kranke Stück vermutlich von den Spießern getrennt und mehrere Widergänge gemacht, was dem Hund erhebliche Schwierigkeiten bereitete. Noch einmal beim letzten Schweiß angesetzt, ging es beim zweiten Anlauf zügig durch das Fährtengewirr auf den Stand meines Nachbarschützen zu.

Hier nun konnten wir den anderen Anschuß finden, Leberschweiß, und nach wenigen Metern in der angrenzenden Dickung lag das verendete Tier.

Mein Schuß saß in der Tat ganz hoch, hatte den oberen Rand der Blattschaufel getroffen – daher der weiße Knorpel – und einen Fortsatz der Wirbelsäule, so daß das Ganze doch mehr ein Krellschuß war. Leider brachte der Schuß meines Nachbarn den Prüfungshund um eine Hetze und damit um einen besseren Preis.

Im großen und ganzen bin ich, um auf Waffen und Patronen zu sprechen zu kommen, kein Waffennarr, der jedem neuen Modetrend folgt. Ich verkaufe nicht nach jedem Fehlschuß oder nach jeder schlechten Schußleistung meine Büchse, sondern versuche, Fehler eher bei mir zu finden. Für mich sind Büchse, Drilling und Flinte Gebrauchsgegenstände, die ich nicht um ihrer selbst willen erwerbe, weder um mich mit ihnen zu schmücken noch um sie als Geldanlage zu betrachten.

Andererseits bin ich auch nicht so engstirnig und konservativ, daß ich nur mit dem alten 8×57-Karabiner auf alles Schalenwild schösse. Wen es interessiert, dem sei es mitgeteilt: Auf den Bock führe ich den 5,6×57-Stutzen von Mannlicher, auf geringe Sauen und Kahlwild das Kaliber 7×64/65 in Büchse oder Drilling und auf den Brunfthirsch und starke Sauen die Büchse 9,3×64. Zur Drückjagd allerdings nehme ich gern die alte Büchse im Kaliber 8×57JS mit dem bewährten System 98 und Flügelsicherung, denn das Teilmantel-Rundkopfgeschoß dieses Durchmessers läßt sich auch von einem kleinen Hindernis nicht aus seiner geraden Flugbahn werfen und wirkt bis einhundert Meter recht zuverlässig.

Gegen die amerikanische Kaliberbezeichnung habe ich insofern Vorbehalte, weil durch sie das Waffenangebot allmählich unüberschaubar wird und sich nur ein Experte die einzelnen Durchmesser merken kann.

Am Ende der letzten Hirschbrunft stellte mir ein Jagdkollege gutherzig seine „Elefantenbüchse" (Weatherby .378 Magnum) zum Kahlwildschießen zur Verfügung, weil sie nach der lange zurückliegenden Afrikareise nutzlos ihr Dasein im Waffenschrank fristete. Erst wollte ich die schwere „Kanone" höflichst zurückweisen, doch dann reizte es mich, sie einmal auf unser Rotwild auszuprobieren. Schon bei dem ersten Pürschgang kam mir auf gut einhundert Meter ein fünf- bis sechsjähriger Sechser. Aufgeregter als sonst ging ich mit dem großkalibrigen Geschütz in Anschlag und schoß auf den breit an mir vorüberziehenden Hirsch. Der Knall war ohrenbetäubend, der Rückschlag gewaltig, nur die Wirkung bei dem ganz sicher nicht gefehlten Sechser völlig unbefriedigend. Wie gesund flüchtete er weiter, und erst als er sich nach zweihundert Metern niederat, konnte ich mich ihm auf Schußentfernung nähern. Kaum nahm er mich wahr, stand er auf und versuchte, den nahegelegenen Wald zu erreichen. Wieder schickte ich mit dem Knall mittlerer Artillerie das über zwanzig Gramm schwere Geschoß auf die Reise und bemerkte nur ein kurzes Zusammenrucken des Wildkörpers. Schließlich brach der Hirsch dann doch zusammen und verendete nach mir endlos erschienener Zeit. Beide Kugeln saßen kurz hinter dem Blatt, hatten sich nicht zerlegt, so daß der Ausschuß nicht viel größer als der Einschuß war. Mit tiefempfundenem Dank gab ich meinem Freund die Büchse zurück, bei dem sie im Waffenschrank nach dem kurzen Ausflug in die Heide nun wieder von starken Büffeln und Löwen träumen kann.

Glückliches Rheinhessen

Von einer Hasenjagd fast wie in alten Zeiten

Es ist noch stockdunkle Nacht, und wir fahren zügig auf der Autobahn in Richtung Süden. Dunst und Regen hängen über der Fahrbahn, und ein heftiger Wind wirft immer wieder den Wagen aus seinem geraden Lauf. Gestern noch jagten orkanartige Stürme über die Heide, und ich glaubte schon, die langersehnte Hasenschlacht müßte ins Wasser fallen, doch nun sind wir, mein Jagdfreund Ekkehard und ich, auf dem Weg in das gelobte Land. Wo gibt es heut noch Niederwild, das man unbedenklich und ohne von Naturschutzideologen angegriffen zu werden, bejagen kann? Ich hab' da noch ein altes Eisen im Feuer: in dem Städteviereck Bingen, Bad Kreuznach, Alzey und Worms soll es tatsächlich noch Hasen und Fasane geben, die zu bejagen sich lohnt, Niederwildbesätze, die eine Bejagung geradezu herausfordern. Lange schon habe ich mich auf den Tag gefreut, wieder einmal die Flinte führen und alte Fertigkeiten mit ihr auffrischen zu können.

„Wenn im Herbst der Bock verfärbt und das Blatt am Baume stirbt und die Stürme blasen, naht mit Donner und Gestank vorschriftsmäß'ger Untergang dem Geschlecht der Hasen", geht es mir durch den Sinn. Endlich haben wir Wiesbaden und Mainz hinter uns. Hell ist es geworden, und der Regen hat Herbstsonnenstrahlen Platz gemacht. Abgeerntete kahle Weinberge begleiten uns rechts und links. Noch ein paar Kilometer auf enger Landstraße, dann stehen wir vor dem schmucken Winzerhaus unseres Gastgebers. „Ich komme mir vor wie in einer anderen Welt", sagte der in der Lüneburger Heide aufgewachsene Ekkehard und zeigt auf die bunten, schiefergedeckten Häuser, die engen Gassen und die vielen Weinberge rings umher.

Die Rheinhessen sind ein fröhliches Völkchen, dem guten Essen und Trinken zugetan. Wen wundert's, wenn die Begrüßung der Jagdgesellschaft regelmäßig im Gasthof stattfindet, bei einem Schoppen Wein und einem kleinen Imbiß. Ansprache eines der Jagdherren. Zum Schluß hebt er die Stimme und sagt klar und vernehmlich: „Ich habe einige rote Karten in meiner Tasche, und wer sich nicht an die Regeln hält und unwaidmännisch jagt, der bekommt eine von mir gezeigt und wird nach Hause geschickt, und das ohne Ansehen seiner Person!" Recht hat er! Sind wir vierzig, sind wir fünfzig Schützen? Was geht es mich an, ich habe sie nicht gezählt. Fest scheint jedoch zu stehen, daß nur die zur Jagd erschienen sind, die auch tatsächlich eingeladen waren. Für uns Norddeutsche eine ganz normale Sache, aber hier in diesem Landstrich, da bringt man schon mal gern einen guten Freund oder Verwandten ganz einfach mit zur Jagd, und dann soll der Herr Beständer sehen, wie er mit der bewaffneten Menschenmenge fertig wird.

In vier Gruppen geht es hinaus ins Revier. Jeder hat ein farbiges Kärtchen gezogen, damit er sein richtiges Fahrzeug finde. Kalt bläst der Wind über den offenen Treckeranhänger, doch man sieht nur frohe Gesichter. Unter den Treibern sind neben auffallend vielen Buben und Mädchen auch Männer mit fremdländischen Zügen und kohlschwarzen Bärten zu sehen: Gastarbeiter. Wann wird Mustafa den deutschen Jagdschein machen und selbst mit der Flinte auf Jagd gehen? Wie sich die Zeiten ändern!

Das erste der vier angekündigten Treiben ist ein Vorstehtreiben. Ich habe keinen schlechten Stand. Direkt an der Ecke eines Wingerts postiert, kann ich ein wenig in die herbstkahlen Weinstöcke hineinsehen. Ein merkwürdiges Bild bietet sich mir: Immer wieder treibt der auffrischende Wind das bunte, trockene Weinlaub über die kahlen Felder und durch die Weinberge, so daß es ungeheuer schwierig ist, anrückendes Wild auszumachen. Doch da prescht schon der erste Hase aus den Rebstöcken hervor und flüchtet über die schwarzen Ackerschollen. Er ist mir etwas zu weit, und die ermahnenden Worte des Beständers im Ohr, unterlasse ich den Schuß. Ein paar Schritte rücke ich auf, und nur wenige Minuten später erscheint auf demselben Paß wieder ein Mümmelmann.

Zwei Schüsse brauche ich, um ihn recht schlampig zu treffen, und gottlob besorgt der brave Hund meines Nachbarn den Rest. „Rennt Freund Lampe über'n Sturz, ist er hinten meist zu kurz, oder vorn zu schnelle."

Je mehr sich das Treiben dem Ende nähert, stehen um so zahlreicher die Fasanenhähne auf, und es ist ein herrliches Bild anzuschauen, wie sie im Sturm nach oben schnellen und dann fast ohne Flügelschlag dahingleiten. Schwer sind sie so zu treffen. Da sie zumeist in dem mir gegenüberliegenden Teil des Treibens stecken, genieße ich den Anblick und freue mich neidlos über einige gut gelungene Schüsse meiner Nachbarn auf das pfeilschnelle Flugwild.

Schon geht es mit dem Treckergespann zum zweiten Treiben. Es wird ein Kesseltreiben. Ein ortskundiger Jäger geht seiner Gruppe voran, und einer der Pächter läßt Schützen und Treiber abwechselnd und in angemessenem Abstand ablaufen. Hier herrscht Ordnung bei der Jagd, ist alles wohl durchdacht und organisiert. So mag ich die Gesellschaftsjagd. Da kann Verwirrung und Disziplinlosigkeit erst gar nicht aufkommen. Einen klugen Rat gab mir mein alter Freund Peter, der als „Ministerialer" auf solch einer Jagd natürlich nicht fehlen darf und sich hier gut auskennt: „Wenn du bei den Kesseltreiben über die Felder gehst, sieh zu, daß du neben den älteren, weißhaarigen Treiber dort kommst, der sieht die Hasen schon auf hundert Meter in der Sasse. Wenn er es gut mit dir meint, ruft er dich herbei, und du kommst zu Schuß. Manchmal gelingt es ihm sogar, einen Hasen in der Sasse zu greifen. Dann versteckt er ihn unter seiner großen Joppe und fragt treuherzig, wer von den Gästen noch nicht zu Schuß gekommen sei. Meldet sich dann jemand, so verkündet der Herr Obertreiber baldiges Waidmannsheil und läßt das Häschen laufen."

Ob solcher Spaß unbedingt mit allen einschlägigen Gesetzen in Einklang zu bringen ist, sei einmal dahingestellt. Fest steht, daß die bei solcher Gelegenheit abgegebenen Schüsse meist danebengehen. Leider ist der begnadete Hasenausgucker nicht in meiner Gruppe, aber die neben mir über die tiefen Ackerschollen stapfende blonde Treiberin ist dafür um so netter anzuschaun. Ich muß das einmal niederschreiben, denn es heißt ja immer, in Jagdgeschichten kämen Frauen nicht vor. Warum sollten sie auch? Oder ergibt es einen Sinn, als alter Jäger davon zu schwärmen, was man in jungen Jahren für ein toller Frauenheld gewesen sei? Der unvergeßliche Heinz Erhardt hat das einmal vortrefflich so ausgedrückt: „Ich hatte großes Glück bei Frau'n – ja, mir gefiel fast jede. Man sieht hieraus, wie alt ich bin, weil ich darüber rede."

Früh stehen schon einige Hasen auf und flüchten in den Kessel. – „Lampe, ohne Arg und ganz vertraut, seinen Frühstückskohl verdaut, frei von Furcht und Hasse; als er Treiberlärm vernimmt, ahnt er gleich, daß was nicht stimmt, und fährt aus der Sasse." – Als das Signal „Das Ganze halt!" ertönt, habe ich erst einen der Fortflüchtenden – vorbeigeschossen. Während wir längere Zeit auf derselben Stelle verharren müssen, rücken die Flanken von beiden Seiten näher. Vor mir, so auf fünfzig Meter Entfernung, durchzieht ein mit hohem Gras bewachsener Graben die deckungslose Feldflur. Dieses vergilbte Grasband belastet noch heute meine Träume. Wie ein Magnet zieht es die Deckung suchenden Hasen an. Alle verweilen sie darin, äugen nach allen Seiten und flüchten dann wieder in den Kessel zurück oder brechen nach der Seite aus. Keiner kommt über den trockenen Graben auf mich zu, und so verrinnt eine Chance nach der anderen. – „Der bestürzte Mümmelmann läuft, wenn möglich, rasch bergan und riskiert ein Männchen. Rings den Kessel er beäugt, ob sich keine Rettung zeigt vor den blauen Böhnchen." – Wäre mein Stand nur knapp zwanzig Meter weiter vorn gewesen, ein Dutzend Hasen wären mein. Endlich verkünden die Hörner „Treiber rein", und ich kann bis zu dem Graben vorrücken. Kaum habe ich zwischen den hohen Halmen Deckung genommen, da flüchten zwei der Nachzügler an mir vorbei und schlagen nacheinander ihr Rad. So bin ich doch ein wenig versöhnlich gestimmt. Lustig knallt es an allen Flanken. Als das Treiben abgeblasen wird, liegen mehr als einhundert Stück Wild auf der Strecke.

Das Erfolgsrezept wollen Sie wissen? Wie mir der Jagdleiter versicherte, war dieser Kessel im vergangenen Jahr unbejagt geblieben! Noch etwas erfuhr ich von ihm: In einem der besten Hasenjahre der Nachkriegszeit, ich glaube im Jahre 1973 oder 1974, wurden in diesem Kessel allein über dreihundert Hasen geschossen. Also auch hier eine spürbare Verschlechterung des Biotops durch die fortschreitende Ausplünderung der Landschaft, die unbestritten die Hauptursache unserer Niederwildmisere ist.

Nach dem Motto „Erbsensupp' und Alkohol tun den müden Knochen wohl", trifft sich die Jagdgesellschaft zum mittäglichen Schüsseltreiben auf dem Hof der Gastwirtschaft. Alkohol natürlich nur in Form eines zünftigen Glühweins. „Rendezvous" nennt man hier kurioserweise diese Zusammenkunft.

Unter all den netten Leuten – wie könnte es anders sein – trifft man auch auf einen weniger sympathischen Zeitgenossen. Nennen wir ihn einmal das Jagdekel vom Dienst. – „Wer in solche Feldschlacht zieht, ist gar sehr mit Unterschied jagdlich zu genießen!" – Der Mann war mir schon aufgefallen, als die Jagdhörner zum „Rendezvous" bliesen. Während alle anwesenden Hunde freudig Laut gaben, blieb der Vierbeiner dieses Nimrods stumm. Sein Besitzer, eine rheinische Frohnatur und nach dem neuesten Kettner-Katalog gekleidet, beugte sich zu ihm herab und sprach laut und vornehmlich: „Du wirst nie ein richtiger Jagdhund, du läutest ja gar nicht." Das muß sich das Hündchen zu Herzen genommen haben, denn fortan kläffte es bei jeder Gelegenheit, sei es auf dem offenen Wagen, sei es während der Treiben. Einmal wollte es das Schicksal, daß ich neben dieses merkwürdige Gespann zu stehen kam. Wie wild gebärdete sich der Hund, wenn am Horizont nur ein Löffelpaar erschien, und so waren die Aussichten, zu Schuß zu kommen, sehr gering. Doch einmal versuchte ein gewitzter Hase zwischen uns beiden den Kessel zu verlassen, und noch ehe ich die Flinte an der Backe hatte, lag

Meister Lampe tot vor meinen Füßen. Alle Wetter, schießen konnte der Herr doch!

Das dritte Treiben sollte der Höhepunkt der Jagd werden. Am Fuße eines flachen, mit Reben bewachsenen Hügels habe ich einen vielversprechenden Stand zugewiesen bekommen. Auf dem Weg dorthin, zwischen zwei Pflanzreihen streifend, raschelt es plötzlich im Weinlaub, und ab geht ein Hase nach hinten. Ein Schnappschuß wirft ihn auf die rote, lehmige Erde. Da kracht es zweimal links von mir, und schon ruft der Nachbarschütze: „Achtung, Hase von links!" Es ist einer der Jagdpächter höchstpersönlich, der da gepudelt hat, ein brillanter Schrotschütze, der sonst „zum Staunen seiner Gäst' jeden Hasen Kopf stehn läßt." Nun heißt es, sich am Riemen reißen, nur ein minimales Schußfeld hab' ich in der Weinbergsreihe, aber es klappt, der Hase liegt. Ich klopfe mir ein wenig selbst auf die Schulter.

Als ich schließlich den Stand erreiche, erwartet mich ein unvergeßliches Schauspiel: Links und rechts laufen die Hasen einzeln, zu zweit und auch zu dritt die Schützen an und versuchen, ihren Balg zu retten. – „Weh, nun ist's dem Hasen klar, und die Größe der Gefahr weitet ihm die Seher; hofft, daß männlicher Entschluß ihn vielleicht noch rette. Und die Löffel angelegt, er wie ein Besess'ner fegt durch die Schützenkette."

„Es war fast wie in alten Zeiten", wird zum Schluß des Treibens ein älterer Grünrock sagen, der besonders guten Anlauf hatte. Mit einem Mal geschieht dies, worauf man den ganzen langen Tag gewartet hatte: Ein Fuchs ist im Treiben! Längst hat ihn jeder gesehen, doch wie hypnotisiert ruft es einer dem anderen zu: „Achtung ihr Männer, Fuchs im Treiben!"

Was den einen oder anderen Flintenträger jedoch veranlaßt, schon auf siebzig Gänge und mehr auf den bedrängten Rotrock Funken zu reißen, ist sicher ein Fall für den Seelenarzt. Angestaute Triebkraft, die sich nur durch den Schuß entladen kann. Der Schuß muß raus! Am Ende brachte ein junger Tiermediziner den starken Rüden mit einem guten Schuß zur Strecke. Der Gute wäre auch ohne diesen Jagdkönig geworden mit seinen zwanzig Kreaturen auf der Schußliste.

Das letzte Treiben kann ich als Schützentreiber mitmachen. Wieder geht es durch die Weinberge, und zwei nach hinten wegflüchtende Mümmelmänner kann ich für mich verbuchen. Es fällt mir schwer zu sagen, was bei einer solchen Jagd mehr Spaß macht, den Hasen zu schießen, der plötzlich nach vorn oder hinten wegrückt, oder auf den breit an einem vorbeiflüchtenden Krummen Dampf zu machen. Ich neige zu letzterem, auch wenn mir dabei gelegentlich Fehler unterlaufen. Aber wie sagt doch der Engländer: Nobody is perfect, I must be nobody! (Niemand ist perfekt, ich muß dieser Niemand sein!)

Zu gern hätte ich neben all den Hasen noch ein Kaninchen und einen Fasanenhahn geschossen. Eine bunte Strecke ist ja immer reizvoll. Das mit dem Kanin klappt, noch ehe ich meinen Wunschtraum zu Ende gesponnen habe. Über einen Feldweg wischt der graue Flitzer, und nach dem zweiten Schuß wirft es ihn unter den Rebstock, wo ihn der junge Treiber an den Hinterläufen packen kann. Nur von den bunten Gockeln kommt keiner in den Wirkungsbereich meiner Flinte. Vielleicht nächstes Jahr. Bleischwer hängt der frische Lehm an meinen Stiefeln. Scherzhaft sagt einer der Waidgesellen: „An einem Fuß einen Bauplatz, am anderen einen Erbhof", aber ganz so schlimm ist es denn doch nicht.

Über die Höhe der gesamten Strecke wollen wir lieber schweigen. Sonst schnellt noch bei der nächsten Verpachtung die Jagdpacht unversehens in die Höhe, und das wäre nicht schön für die Revierinhaber, die mit so viel Liebe und Sachverstand ihr Niederwild hegen. Der Traktor bringt uns zurück ins Dorf. Freundlich winken die Menschen. Niemand hat hier etwas gegen die Jäger. Kein Tierschutzideologe ruft „Mörder", „Tierschinder", wie das in der Nähe der Großstädte schon keine Seltenheit mehr ist. Im Gegenteil, manch Winzer ist froh, daß das in seinen Anpflanzungen zu Schaden gehende Wild entsprechend kurz gehalten wird. Als Landmann, der durch Säen und Ernten seinen Boden zu nutzen weiß, hat er Verständnis dafür, daß der Jäger das ihm anvertraute Wild verantwortlich, aber auch wirtschaftlich nutzt.

Zum Schluß noch ein Wort: Hasen haben glücklicherweise kein Geweih, kein Gehörn, keine Waffen und keine Grandeln. Es stört die allerwenigsten, ob du einen alten Rammler oder eine junge Häsin schießt. Viele können und wollen sie auch gar nicht unterscheiden. So bleibt die Jagd auf unser Niederwild eine reine, von jedem Trophäenneid ungetrübte Freude. Denn es ist ja heutzutage opportun, jedwede Freude an der starken Trophäe zu verdammen. Doch werde ich dabei den Verdacht nicht los, daß gerade diejenigen am meisten gegen den ältesten Schmuck des Jägerheims zu Felde ziehen, die persönlich auf diesem Gebiet ein großes Defizit beklagen. Also laßt uns Hasen schießen!

Sonnenaufgang im Rotwildrevier

Jeder Rothirsch hat seinen persönlichen Gesichtsausdruck

Damhirsch auf dem Wechsel zum Brunftplatz

Oh, könnt' es Herbst im ganzen Jahre bleiben

So „heil" ist die Welt des Jägers nicht

„Gar lustig ist die Jägerei allhier auf grüner Heid'", so heißt es in dem bekannten Volkslied vom Jäger aus Kurpfalz, und wir Jäger tun sicher gut daran, die Jagd nicht schweren Herzens und mit Bitternis, sondern froh und heiter zu betreiben. Doch wer sich oft im Revier aufhält und häufig Gelegenheit hat, das Wild nicht nur zu bejagen, sondern auch zu beobachten und zu belauschen, der wird mancherlei Leid und Qualen bei unseren Wildtieren bemerken.

Nicht nur, daß gelegentlich schlechte Schüsse und ergebnislose Nachsuchen dem Wild schmerzvolle Tage bereiten, nein, auch unsere so stark belastete Umwelt produziert Wildunfälle am laufenden Band und fördert und begünstigt Wildkrankheiten jeder Art. Noch wissen wir ja recht wenig von den Auswirkungen der Umweltverschmutzung auf die freilebende Tierwelt, doch es gibt auch ohne diese Unheil genug, denken wir nur an den Verkehr oder die Verdrahtung der Landschaft. Doch hüten wir uns davor anzunehmen, daß in einer vom Menschen unbelasteten Umwelt, in einer „heilen Welt", die allmächtige Natur nur immer gütig und gnädig mit ihren Geschöpfen umginge. Die den Jungfüchsen von ihrer Fähe zum Erlernen ihres blutigen Handwerks vorgeworfene, noch lebende Maus wird ebensowenig Lebensfreude empfinden wie der in der eisigen Schneewüste Alaskas verhungernde oder von Wölfen gerissene Elch.

Trotzdem empfinden wir Jäger die auf menschliche Einflüsse zurückgehenden Verletzungen und Beeinträchtigungen des Wildes als besonders bedrückend und schmerzvoll, und von einigen solchen Begebenheiten möchte ich berichten:

Die Brunft neigte sich ihrem Ende zu, da wurde mir gemeldet, die Waldarbeiter hätten einen in einem Kulturgatter verfangenen, längst verendeten Hirsch gefunden. An Ort und Stelle konnte ich mich von dem Ausmaß der Tragödie überzeugen: Der Hirsch, ein ungerader Eißsprossenzehner vom siebenten bis achten Kopf – ein Geweihter also, wie man ihn sich in der Brunft als Abschußhirsch herbeisehnt und nicht gesehen hatte –, hatte sich zunächst mit seinem Geweih in dem Knotengeflecht des um eine Eichenkultur gezogenen Wildzaunes verfangen. Dann – das konnte man leicht nachvollziehen – drehte er das 1,8 Meter hohe Drahtgeflecht zu einem dicken Seil auf einer Länge von etwa zwanzig Metern zusammen, und es gelang ihm sogar, dieses Tau unter Aufbietung all seiner Kräfte zu zerreißen. Doch damit war der Zehnender nicht frei, vielmehr hing er noch immer mit seinem Geweih an dem einen Ende des geborstenen Drahtseiles fest. So konnte es nicht ausbleiben, daß der Unglückliche sich wieder in dem aufrechtstehenden Gatterteil verfing. Auch jetzt drehte er wieder das Zaungeflecht zu einem Draht zusammen, nachdem er mindestens zwei Zaunpfähle aus dem Boden gerissen hatte. Welche Kraft muß noch in diesem gepeinigten Tier gesteckt haben! Das Aufwickeln des Gatters konnte der Hirsch nur bewerkstelligen, wenn er ständig unter dem Gatter hindurchschlüpfte. Und dies geschah, wie die Spuren in dem Waldboden vermuten ließen, unter Aufbietung seiner letzten Kraftreserven. So verendete der Unglückliche dann wohl an Erschöpfung, denn weder hatte er sich das Genick gebrochen noch hatte der Draht ihm die Kehle zugeschnürt. So wird der Todeskampf nicht Stunden, sondern Tage gedauert haben.

Nachdem das Geweih geborgen war, wurde der Wildkörper auf einen Luderplatz geschafft. Und da geschah etwas Seltsames: Weder von den Sauen noch von den Füchsen wurde er angeschnitten und lag wochenlang völlig unberührt da, bis er schließlich eingegraben wurde. Sollte der Hirsch in seinem langen Todeskampf solch besondere, abweisende Wittrung gebildet haben, die das Raubwild und die Sauen, die sonst kein Stück Fallwild auslassen, abhielten, das Aas anzunehmen?

Viele Inhaber von Rotwildrevieren sehen heute mit zunehmender Sorge dem zügellosen Treiben der Stangensucher in den bewußten Monaten zu. Wo heute schon genug Unruhe im Walde herrscht, werden nun zusätzlich die Einstände des Rotwildes aufgesucht, die Wechsel belaufen und die Hirsche wild durcheinander gehetzt. Ein Rotwildkenner – ich habe seinen Namen vergessen – hat einmal gesagt, es würde den Hirschen gar nicht schaden, wenn sie nach der langen Winterzeit und dem vielen Herumstehen an den Fütterungen wieder einmal etwas Bewegung bekämen. Mag sein, daß der Gute damit recht hat, ein geordnetes Stangensuchen läßt sich unter solchen Umständen jedoch nicht durchführen.

Eines Tages im Frühjahr rief mich ein Stangensucher an, und er nannte mir auch seinen vollen Namen. Er habe bei seinem, wie er einräumte, unberechtigten Tun einen verendeten Hirsch gefunden. Er sei noch zu verwerten, und ich solle mich darum kümmern. Tatsächlich sah ich dann später auf der mir beschriebenen Wiese einen jungen Zukunftshirsch verendet liegen. Mit den Hinterläufen in dem Stacheldraht verfangen, mußte der Hirsch schnell zu Tode gekommen sein, so jedenfalls verrieten es die nur geringen Kampfspuren auf dem Boden. Einen Halswirbel wird er sich gebrochen haben!

War der Hirsch in Panik geraten, als Stangensucher den Einstand der Geweihten verstänkerten, und er so den unglücklichen Sprung über den Weidezaun machte? Ich vermute es, denn üblicherweise stellt solch ein Weidezaun kein Hindernis für einen gesunden, jungen Hirsch dar.

82

Doch ich wollte nicht nur von toten Hirschen erzählen: Es war Februar und endlich Schonzeit. Nachdem der Jagddruck auf das zu vermindernde Rotwild nachgelassen hatte, wurde es gegen Ende des Monats allmählich wieder vertrauter und tagaktiv. Auf einer Revierfahrt, die nicht jagdlichen, sondern forstlichen Aufgaben dienen sollte, bemerkte ich im lichten Unterholz eines Birken-Kiefernwaldes ein einzelnes Stück Rotwild. Hirschkalb, wie auf den zweiten Blick zu erkennen war! Da das Stück auf mein Anhalten hin keine Anstalten zum Abspringen machte und starr in seiner Position verharrte, interessierte ich mich nun näher dafür. Solches Verhalten spricht häufig für eine Laufverletzung, und richtig, durch das Fernglas konnte ich erkennen, daß das ganze Gewicht des Tieres auf einem Vorderlauf ruhte, während der andere, kranke, vom Körper abgewinkelt über dem Erdreich baumelte. Vermutlich war dem Kalb auf einer Drückjagd ein hoher Vorderlaufschuß zum Verhängnis geworden. Von seinem Alttier verlassen, kümmerte das führungslose Stück dahin. Doch nicht die eigentliche Laufverletzung erweckte mein besonderes Interesse an diesem Kalb, als vielmehr der auffällig traurige, greisenhafte Gesichtsausdruck. Die Verletzung wie auch die Trennung von seiner Mutter hatte diesem bemitleidenswerten Geschöpf den sonst den Kälbern eigenen kindlich-freundlichen Ausdruck förmlich aus dem Gesicht getrieben, und das ganze Elend seines traurigen Daseins spiegelte sich in seinen Lichtern wider.

Ich konnte damals das Kalb nicht schießen, weil es nur wenige Meter über der Reviergrenze stand und ich nicht abschätzen konnte, wie wohl der Nachbar auf solchen Abschuß reagieren würde.

Im Jahr darauf habe ich das Stück dann nicht mehr gesehen. Doch welche Zufälle spielt manchmal das Leben, und wie oft kreuzen sich die Wege eines Menschen mit denen einer ganz bestimmten Kreatur: Wieder war ein Jahr vergangen, und nur etwa tausend Meter von der Stelle entfernt, an der ich das laufkranke Kalb bemerkt hatte, sollte ein Wirtschaftsweg ausgebaut werden. Da aus diesem Anlaß auch einige Bäume gefällt werden mußten, hatte ich mir das Gelände ein wenig näher angesehen. Wie überrascht war ich, als sich bei dieser Gelegenheit mit einem Mal unter einer tiefbeasteten Randeiche ein Stück Rotwild bewegte und aufmerksam zu mir herüberäugte. Es war ein ganz geringer Hirsch, ein Spießer mit nur einer Stange. Das wäre kein Grund gewesen, zum Auto zu schleichen und den Drilling schußbereit zu machen, vielmehr waren es die ungelenken Bewegungen des Hirsches, die mich zur Waffe greifen ließen.

Als der Spießer lag, ich die alte, überwallte Verletzung sah und zu meiner Überraschung feststellen mußte, daß dieser eine Spieß sogar Rosen aufzuweisen hatte – den Hirsch also als zweijährig auswies –, da dämmerte es bei mir: Das war das traurige Hirschkalb, das ich vor zwei Jahren am Leben ließ und nach einer langen Zeit des Leidens doch noch von meiner Kugel sein Ende fand.

Es ist sicher keine Seltenheit, und ich habe es oft beobachten können, daß Laufschüsse, besonders hohe, nach der Ablösung des kranken Laufes völlig ausheilen können. Erst kürzlich zu Beginn der Brunft fiel mir ein geringer Hirsch am Rande eines kleinen Kahlwildrudels durch seine merkwürdigen Bewegungen beim Ziehen auf. Beim näheren Hinsehen mußte ich zu meiner Verwunderung erkennen, daß der junge Hirsch nur noch einen Vorderlauf besaß. Der andere war über dem Sprunggelenk glatt abgetrennt und, wie es schien, die Wunde glatt verheilt. Erst dann konnte ich mich mit dem Geweih näher befassen, und was ich zunächst für einen einjährigen Spießer mit einer abgebrochenen Stange hielt, entpuppte sich sodann als ein zweijähriger Gabler mit nur einer Stange. Die Stangenbildung auf der der Laufverletzung gegenüberliegenden Körperseite war völlig unterblieben, nur ein kurzer Rosenstock war vorhanden. Wieder ein klassischer Fall der Geweihbildung bei laufverletzten Geweihträgern! Bleibt noch anzumerken, daß dieser Hirsch nicht mehr als 58 Kilo (ohne Haupt) auf die Waage brachte, also nicht mehr Gewicht als das eines starken Hirschkalbes.

Wohl zu der gleichen Zeit, als mich die Sache mit dem laufkranken Kalb beschäftigte, traf ich bei meinen Reviergängen häufig auf einer großen Waldwiese mit einem Stück Rehwild zusammen, das wirklich nicht den muntersten Eindruck machte. Es stand meist an gleicher Stelle, äste ein wenig von dem von Frost und Winter vergilbten Gras und zeigte nur eine geringe Fluchtdistanz. Das Alter des eingefallenen, knochigen Stückes war nur schwer zu schätzen, es hätte auch ein einzelnes Kitz sein können. Jedenfalls war sein Gesichtsausdruck grämig, leidvoll und unbeteiligt.

Ich hätte die Ricke sicher bald vergessen, wäre ich nicht bei anderer Gelegenheit nahe ihres letzten Einstandes auf sie gestoßen: Nun allerdings hatte sie sich von diesem Erdendasein verabschiedet und lag friedlich eingegangen in ihrem letzten Bett. Ein Blick in den Äser gab Auskunft über ihr Alter: Sie war eine ganz alte Ricke, eine Greisin, der der ausgehende Winter die letzten Lebenskräfte geraubt hatte.

Das Ereignis ist nun schon einige Jahre her: Ich saß der Hirsche wegen an einem schönen Herbstabend auf einer inmitten eines großen Kahlschlages stehenden Leiter. Von fern und nah ließen die Brunfthirsche ihren Ruf erschallen, und als schon die einsetzende Dämmerung die Konturen der einzelnen Birkengruppen vor mir verwischte, da bewegte sich ungelenk, wie mir schien, ein Hirsch auf meinen luftigen Sitz zu. Zunächst sah ich, daß sich in seinem Geweih etwas verfangen haben mußte, sicher ein vom letzten

Manöver herrührender Telefondraht. Doch dieses Knäuel auf dem Haupt des wohl neun- bis zehnjährigen, dünnstangigen Kronenzwölfers hätte sicher nicht sein Todesurteil bedeutet. Aber da war etwas, was zu raschem Entschluß herausforderte: Vorn auf dem Stich des Hirsches saß eine unförmige, große Geschwulst, die die beiden Vorderläufe auseinanderzudrücken schien. Ich hatte so etwas vorher noch nicht gesehen und zögerte nicht lange, den Kranken sogleich spitz von vorn zu beschießen und ihn so von seinem Leiden zu erlösen.

Das monströse Gebilde erwies sich nach dem Aufbrechen als ein Blutgeschwulst, lateinisch und wissenschaftlich ausgedrückt als ein Hämatom, dessen Entstehungsursache ein harter Schlag auf den Wildkörper oder ein Forkelstich hätte gewesen sein können. Es wog – ich hatte es extra abgetrennt – genau acht Kilo und war, da es der Hirsch sicher schon eine ganze Zeitlang ge- und ertragen hatte, mit Bindegewebe durchsetzt. Als ich dann einige Zeit später ein Damtier mit solch ähnlicher Mißbildung sah und fotografieren konnte, glaubte ich zunächst auch an solch ein Hämatom. Doch bei Auswertung der Aufnahmen war klar zu erkennen, daß das arme Damtier wohl unter einem Bruch der Bauchdecke zu leiden hatte. Dieser Bruch, das war zu erwarten, würde sich ständig vergrößern, sich weiter mit Teilen des kleinen Gescheides füllen und wohl bald und schließlich zum Eingehen des Tieres führen. Doch ich mochte damals im Frühherbst das Stück nicht schießen, denn es führte ein quicklebendiges Kalb. Um so überraschter war ich, als mir im folgenden Frühsommer ein Jagdfreund berichtete, er habe in demselben Forstort ein Damtier mit eben diesem Gebilde am Bauch gesehen, und so zieht es wohl heute noch seine Fährte.

Die Räude ist uns Jägern beim Gamswild und bei den Füchsen als eine von Milben hervorgerufene Erkrankung der Haut hinreichend bekannt. Füchse mit haarloser Standarte und anderen kahlen Körperpartien sind gewiß kein erfreulicher Anblick. So war ich nicht wenig überrscht, als ich eines Tages auf einem Wildacker zwei Sauen sah – eine Bache und einen geringen Überläufer –, die bauchseitig auffallend kahl waren. Nun ist es nichts Ungewöhnliches, wenn im Frühjahr die Bachen in den unteren Körperpartien kahler werden. Dann müssen die Striche frei sein, damit die Frischlinge ungehindert an die Milch gelangen können. Aber diese beiden Stücke Schwarzwild hier waren untenherum ganz einfach nackt. Die Haut war rissig und schuppig und erinnerte an den Panzer eines Nashorns. Kleine schweißige Risse zwischen den kahlen Schwartenplatten ließen vermuten, daß der beklagenswerte Zustand der Wildschweine nicht gerade schmerzlos für sie sein mußte.

Diese beiden Sauen hatten offensichtlich die Räude. Räudemilben (Sarcoptes suis) sind beim Schwarzwild wohl immer latent vorhanden. Erst bei schlechtem Ernährungszustand oder starkem Parasitenbefall durch Magen- oder Lungenwürmer können sie sich so explosionsartig vermehren, wie es bislang eigentlich nur bei Gattersauen beobachtet wurde. Daß man derart erkrankte Stücke möglichst rasch der Wildbahn entnehmen muß, erübrigt sich eigentlich besonders zu erwähnen.

Zum Schluß noch eine Rehbockgeschichte, die gut in diesen Rahmen paßt: Bekanntlich werden die Rehböcke nach der Blattzeit faul und heimlich. Erst wenn die Hirsche schreien und durch den ganzen Brunftbetrieb in die Einstände eine spürbare Unruhe bringen, lassen sich auch die alten Einsiedler gelegentlich wieder im Freien sehen. So geschah es auch an einem sonnigen Brunftmorgen. Das Rotwild war bereits eingezogen, noch schrie der Hirsch laut und anhaltend im Einstand, da gaben sich ein Rehbock mit einem Schmalreh ganz ohne Hast und Eile am Dickungsrand der Äsung hin. Immer wenn der Bock sein Haupt über Ginster und Eichenverjüngung hob, kam ein mäßig verecktes, aber auffallend hohes Sechsergehörn zum Vorschein. Der Bock hatte ja zwei Handbreit über Lauscher auf! So etwas war mir in der Heide noch nicht vorgekommen und schon gar nicht inmitten der Rotwildeinstände, wo das Rehwild unter der Konkurrenz mit seinem großen Vetter zu leiden hat. Doch nur für wenige Minuten konnte ich mich der Illusion hingeben, einen medaillenverdächtigen Gehörnträger vor mir zu haben, denn bei genauerem Hinsehen mußte ich feststellen, daß der Bock überhaupt keine Lauscher hatte.

An ihrer Stelle waren nur einige weiß behaarte Fransen oder Stümpfe auszumachen. Da der Bock aber wirklich alt schien und der Abschuß noch nicht erfüllt war, hätte ich sicher nicht gezögert, ihn zu schießen, wären die beiden Stücke nicht plötzlich und ohne ersichtlichen Grund abgesprungen.

Nach dem Pürschgang erzählte ich meiner Frau von dem wundersamen Rehbock mit dem zwei Handbreit über Lauscher hohen Sechsergehörn, und auch ein lieber Freund, der mich nachmittags der Hirsche wegen besuchte, bekam die Geschichte aufgetischt. Beide waren gleichermaßen erstaunt und ungläubig, bis ich mit der Wahrheit rausrückte.

Wir pürschten am späten Nachmittag ganz ohne Ziel und Plan über die blanke Heide. In der Ferne ragte der Tutenberg aus dem welligen Land hervor, den sie im Dritten Reich den Adolf-Hitler-Berg nannten, obgleich der ‚Führer‘ nie einen Blick auf ihn geworfen hatte. Die Hirsche waren noch träge und stumm, nur ein einzelnes Stück Kahlwild äste vor uns das karge Heidegras. Als zwei Stück Rehwild vor uns hoch wurden und auf mehr als einhundert Schritt verhofften, sah ich keinen Grund, sie auch noch durch das Fernglas zu betrachten. Da raunte mir der Freund mit einemmal zu: „Du, ich glaube, das ist dein Bock ohne Lauscher!“

Ohne Zweifel, da stand doch wahrhaftig derselbe Bock, den ich am Morgen gut zweitausend Meter Luftlinie von hier entfernt gesehen hatte! Denn es war nicht einzusehen, daß es jemanden gab, der in diesem Revierteil allen Rehböcken die Lauscher stutzte. So nahm ich die großkalibrige Büchse von der Schulter, und während der Begleiter noch etwas von Deckung und Auflage flüsterte, ging ich freihändig in Anschlag und konnte mit einem gezirkelten Blattschuß den alten Heidefürsten strecken. Besondere Revierverhältnisse erfordern spezielle Methoden bei Jagd, mein lieber Freund!

Der Bock hatte wirklich keine Lauscher mehr, nur noch Stümpfe. Wie mir ein Tierarzt plausibel erklärte, müsse der Bock vor geraumer Zeit eine beidseitige, schwere Gehörgangentzündung gehabt haben. Durch den dadurch hervorgerufenen starken Juckreiz könnte der Bock so lange mit den scharfen Schalen seiner Hinterläufe an den Lauschern gekratzt haben, bis sie schließlich hinüber waren.

Von laufkranken und gekrellten Böcken

Nicht jeder Schuß ist ein Blattschuß. Das ist nicht schön, aber unabänderlich. Mit das Unerfreulichste, was einem in dieser Hinsicht passieren kann, sind Laufschüsse.

Derzeit geht unter den Nachsuchenspezialisten die Meinung darüber auseinander, ob man ein laufkrankes Stück Wild umgehend oder erst nach einer gewissen Zeit des Krankwerdens nachsuchen soll. Die einen sagen, es sei besser, ein laufkrankes Stück möglichst bald zu hetzen, noch ehe es sich daran gewöhnt hat, auf drei Läufen zu ziehen. Die anderen sind der Auffassung, daß es besser sei, das Stück in Ruhe und erst krank werden zu lassen, zumal auch Laufkranke sehr bald ins Wundbett gehen, wenn sie nur in Ruhe gelassen werden.

Ich selbst würde immer dazu neigen, sofort nachzusuchen, denn erstens gibt es bei Laufschüssen nur wenig Schweiß und ist daher die Arbeit für den Hund nicht leicht und eine Kontrolle sehr schwierig, und zweitens pflegen laufkranke Stücke doch recht weite Strecken zurückzulegen, bevor sie ins Wundbett gehen.

Steht ein erfahrener Hund nicht zur Verfügung, sind Nachsuchen auf laufkrankes Wild nicht selten ohne Erfolg. Ist die Verletzung weniger stark, kann solch ein Stück durchaus auch auf drei gesunden Läufen weiterexistieren, ja sogar milde Winter überstehen, aber ein Trost ist das für den unglücklichen Schützen nicht.

Laufverletzungen müssen bei unserem Schalenwild nicht immer von der Jagd herrühren. Als Ursachen kommen Zusammenstöße mit Kraftfahrzeugen, herumliegender Wohlstandsmüll jeglicher Art und die zunehmende Verdrahtung unserer Landschaft in Frage.

Der Rehbock reagiert zumeist mit einem verminderten oder unregelmäßigen Gehörnwachstum auf solche Verletzungen, wobei nach meinen Beobachtungen Hinterlaufverletzungen sich nachhaltiger bemerkbar machen als solche des Vorderlaufs. So ergeben sich bei solchen Gelegenheiten für den Jäger mitunter recht interessante Trophäen. Von einigen möchte ich erzählen:

Da ist zunächst die Geschichte von dem starken Gabler, der nur durch einen besonders unglücklichen Umstand laufkrank wurde: Zur Blattzeit führte ich einen älteren Jagdgast, der – schon bald siebzig – gern noch einen Rehbock schoß, auch wenn man ihm lange Pürschgänge und weite Schüsse nicht mehr zumuten konnte. So machten wir mit dem Wagen eine ausgedehnte Revierfahrt, hier und da nach etwas Ausschau haltend. Zwar sahen wir einige Stücke Rehwild, ein Abschußbock war jedoch nicht darunter. Endlich, der Tag ging bereits merklich zur Neige, entdeckten wir im hohen Gras einer ungemähten Waldwiese einen Rehbock. Er nahm von uns und dem Fahrzeug keinerlei Notiz und äste so vor sich hin. Dunkelrot die Decke und auffallend schwarz die Gesichtsmaske, trug der Bock ein starkes Gablergehörn. Ich ließ meinen Begleiter auf der dem Rehbock abgewandten Fahrzeugseite aussteigen, machte dem alten Herrn auf dem Wagendach eine weiche Auflage, und hinaus war der Schuß.

„Und wieder traf ich mit dem ersten Schuß", hätte mein Gast jetzt prahlen können, doch fragen wir erst einmal wo? Der Bock brach augenblicklich zusammen, ward jedoch sogleich wieder hoch, suchte das Weite, deutlich den rechten Vorderlauf schonend. Am Anschuß nur etwas Wildbretschweiß, der sich nach einigen Metern ganz verlor. Eine am nächsten Morgen durchgeführte Nachsuche brachte kein Ergebnis. Der Bock, den ich sonst regelmäßig auf der Wiese gesehen hatte, blieb das ganze Jahr über unsichtbar, und ich befürchtete schon das Schlimmste.

Im nächsten Frühjahr jedoch, fast an der gleichen Stelle, sah ich ihn wieder. Noch immer hatte er eine schwarze Gesichtsmaske. Das Gehörn war nun deutlich schwächer, und die rechte Stange war um einiges kürzer als die andere. Er schonte ganz auffällig seinen rechten Vorderlauf. Kaum daß die Schonzeit begonnen hatte, widmete ich alle Pürschen diesem einen Bock, und endlich, einen Tag vor einer längeren Urlaubsreise, da bekam ich ihn und machte seinem Leid ein Ende.

Wo saß nun die Kugel des Gastes aus dem Vorjahr? Zu meiner großen Überraschung: tiefblatt! Was war geschehen? Das Geschoß (7×64 TIG) muß sich durch das hohe Gras oder einen Birkenzweig vor dem Bock zerlegt haben, so daß es nur noch mit verringerter Energie oder einem Geschoßteil aufschlug und den Röhrenknochen unterhalb der Blattschaufel zertrümmerte. Wie ich einwandfrei feststellen konnte, waren Geschoßsplitter nicht in den Brustkorb eingedrungen, und so konnte die Verletzung schließlich verheilen. Die einzelnen Knochensplitter wuchsen zu einer unförmigen Knochenmasse zusammen und führten zu einer schmerzhaften Versteifung des ganzen Vorderlaufs. Im Herbst war mir zwischen einzelnen Anflugbirken inmitten einer großen Heidefläche ein einzelnes Stück Rehwild aufgefallen, welches – abspringend – einen Hinterlauf schonte. Über anderen Pürschgängen vergaß ich das Stück, und erst im Jahr darauf sahen wir uns wieder. Auch dieses Mal sprang der geringe Bock, der auf sein Alter nur sehr schwer anzusprechen war, zunächst ab, doch verhoffte er sehr bald und äugte angespannt zu mir herüber. Ich möchte es nicht behaupten, aber ich habe manchmal den Eindruck, als suchten solche Stücke förmlich die erlösende Kugel. Oder ist ihre Fluchtreaktion nur deshalb so geschmälert, weil ihnen jeder Schritt, jede Flucht Schmerzen bereitet? So wird es wohl sein! Kurz entschlossen ging ich in Anschlag und war glücklich, daß der arme Kerl im Schuß zusammenbrach. Sein linker Hinterlauf sah übel aus. Vermutlich war der Bock in einen scharfkantigen Stacheldraht geraten, der die Decke und die Sehnen bis auf die Knochen zerschnitten hatte.

Die Spießerstange der der Verletzung gegenüberliegenden Seite war deutlich kürzer als die andere und das Ganze für einen fünf- bis sechsjährigen Rehbock ein recht kümmerliches Gehörn, aber interessanter als manch regelrechter Sechser.

Ein anderer Hinterlaufkranker hatte es auch verstanden, sich ein Jahr lang trotz seiner Verletzung seinen Verfolgern zu entziehen. Nun, ich muß gestehen, ich hatte mir im Vorjahr nicht allzu viel Mühe gegeben, ihn zu erlegen, obgleich mir das abnorme Gehörn mit der ordentlichen Sechserstange auf der einen und dem nach hinten gebogenen Spieß auf der anderen Seite schon reizvoll erschien. Aber dann rückten am ersten August die Feisthirsche in den Mittelpunkt des jagdlichen Geschehens, schließlich war der Kahlwildabschuß vorrangig, und so blieb der ungerade, wohl fünfjährige Sechserbock am Leben.

Es ist ja im allgemeinen für die naturnahe Sozialstruktur eines Rehwildbestandes ein sehr unglücklicher Umstand, daß die meisten Böcke, insbesondere aber die älteren Platzböcke, schon vor der Blattzeit zur Strecke kommen. Dadurch wird die im Frühjahr mühsam erfochtene Rangordnung wieder empfindlich gestört, und in der Brunft kommen dann die ursprünglich in den Nebenbestand abgedrängten jüngeren Böcke zum Zuge, und die Rangkämpfe beginnen von neuem. Gerade in Hochwildrevieren werden wohl die allermeisten Rehböcke vor dem ersten August erlegt. Doch es ist müßig, darüber zu lamentieren, ändern wird sich da in absehbarer Zeit doch nichts. Zwar versuchen wir heute so weit wie möglich in biologischen und naturnahen Zusammenhängen zu denken und zu jagen, doch haben bis jetzt leider solche Überlegungen bei der Festsetzung der Schußzeit auf den Rehbock keinen Platz gefunden. Dabei spricht alle Welt vom Rehwildproblem. Und der übermäßige und schädliche Jagddruck auf die Platzböcke bleibt.

Doch zurück zu dem Laufkranken: Im Mai war ich mit einem Jagdgast ins Revier gefahren, und schon bald hatten wir im Diepmoor den Gesuchten vor uns. Breit stand er im hohen Bentgras und betrachtete mißtrauisch das grüne Gefährt. Ich ließ meinen Begleiter aussteigen und hinter dem Wagen Deckung suchen. Doch der erwartete Schuß fiel und fiel nicht. Es braucht halt seine Zeit, bis so ein Jungjäger seine Waffe geräuschvoll geladen, die Schutzkappen vom Zielfernrohr entfernt, gestochen und schließlich Maß genommen hat. Das hält auch der kränkste Bock nicht aus. Von Todessehnsucht war bei diesem Moorbock offensichtlich keine Spur, denn noch ehe die Büchse des Gastes ein Machtwort sprach, empfahl er sich laut schimpfend.

Im nachhinein war ich darüber gar nicht so traurig, konnte ich mich doch in den nächsten Tagen allein um diesen interessanten Bock kümmern. Daß man solchen „Geheimrat" besser „ersitzen" als durch vieles Pürschen vergrämen sollte, war mir sogleich klar. Und so saß ich fortan im Diepmoor und wartete auf ihn. Um es kurz zu machen: Ich bekam ihn, konnte ihn von seinem leidvollen Dasein erlösen, das er vielleicht gar nicht mehr so freudlos empfand. Der einst gebrochene und längst wieder verheilte Hinterlauf hatte die rechte Stangenmißbildung hervorgerufen. Eine, wie ich fand, interessante Trophäe.

Von zwei altlaufkranken Böcken könnte ich noch berichten, aber ich möchte mich hier auf die Beschreibung der Gehörne beschränken: Bei beiden waren die nur gut lauscherhohen Spieße zwar fast gleich lang, doch saßen sie schief auf dem Schädel. Durch das ständige Aufsetzen nur eines Vorderlaufs und möglicherweise durch das ständige Schiefhalten des Hauptes waren sie während des Wachstums von der Senkrechten abgewichen und nach einer Seite hin gewachsen.

Krellschüsse heilt das Wild in der Regel aus. Es hängt jedoch von der Jahreszeit ab, ob eine Schußwunde heilt oder infiziert wird. Von einem gekrellten Bock möchte ich erzählen: Eigentlich gab es in jenem Jahr nur einen Bock, den ich nach der Musterung meines Pürschbezirks im Frühjahr unbedingt und vordringlich schießen wollte, und das war der „Dreistangenbock". Es ist eigentlich kein echter Dreistangenbock, denn die drei schwach gegabelten Stangen erwachsen nicht aus drei verschiedenen Rosenstöcken. Doch die rechte Stange hatte sich durch wer weiß was für einen Umstand so dicht über der Rose gegabelt, daß der Bock von vorn jedenfalls dreistangig aussah. Er hatte sich in der Nähe einer belebten Straßenkreuzung seinen Einstand gewählt, und im zeitigen Frühjahr war er eigentlich immer zu sehen, wenn man gerade dort vorbeifuhr. Ihn zu bekommen, würde die leichteste Sache der Welt sein, so dachte ich mir, doch es sollte ganz anders kommen.

Zunächst, und da begann schon eine der Tücken, ließ er sich ab sechzehnten Mai natürlich nicht mehr blicken. Daß unsere alten Leittiere irgendwie die Jagdzeiten im Kopf haben müssen, habe ich schon oft geargwöhnt, nun aber auch noch dieser Bock? Heimlich wurde er, der fünfjährige, und wer wollte es ihm auch verübeln, wo er doch so eine begehrenswerte Trophäe trug. Endlich, eines Tages so Ende Mai, sah ich ihn wieder. Nicht am gewohnten Platz dicht an der Straße, sondern gut zweihundert Meter weiter feldwärts. Auf allen Vieren kriechend kam ich ihm auf Schußentfernung nahe und – nun muß ich gehässig werden – „wieder traf ich mit dem ersten Schuß". Aber wie!

Für Bruchteile einer Sekunde warf es den Bock von den Läufen, dann sprang er gesund ab und verhoffte nach wenigen Fluchten. Im Zielfernrohr glaubte ich eine kleine Wolke winterlichen Schnitthaares über dem Bock gesehen zu haben, was sich dann auch am Anschuß bestätigte. Ich schnallte sogleich meinen Hund, nachdem der Bock in ein Feldgehölz geflüchtet war. Schon bald sprang der Bock, nur ein einziges Mal kurz verhoffend, über das freie Feld, mein Bayerischer Gebirgsschweißhund lauthals hinterher. Bald nahm der angrenzende Hochwald beide auf, und nach kurzer Zeit kam mein Hund erfolglos zurück. Nichts! Ich glaubte an ein Mittelding zwischen hohem Streif- und knappem Krellschuß, den der Bock ausheilen würde.

Natürlich ging mir der „Dreistangige" nicht mehr aus dem Sinn, und wann immer ich es einrichten konnte, suchte ich ihn. Schon am zweiten Tag nach dem unglückseligen Schuß stand anstelle des Platzbockes ein zweijähriges Gablerchen zwischen den gelbblühenden Ginsterbüschen, und ich ahnte, daß mit dem Alten irgendetwas nicht stimmte. Er blieb verschwunden, und ich hatte nur noch die Hoffnung, daß wir uns während der Blattzeit dort oder anderswo begegnen würden.

Doch eines Abends, es mochten zwei Wochen ins Land gegangen sein, befand ich mich mit einem Jagdfreund nebst erlegtem Rehbock auf der Heimfahrt, und wie magisch zog es mich zu der Kreuzung und dem Einstand des Dreistanglers. Und tatsächlich, am Waldrand unter einer umgeknickten Birke stand ein noch völlig graues Stück Rehwild und äugte unverwandt zu uns herüber. Wie unter einem Zwang hielt ich an, kramte nach dem Spektiv und erkannte ... den Dreistangenbock! Nun ging alles wie am Schnürchen: Raus aus dem Wagen. In Deckung einer Birke rasch ein paar Schritte herangepürscht, angestrichen, und ehe er sich versah, war der in seinen Einstand Zurückgekehrte tot. Zunächst hatte ich die von dem Krellschuß herrührende Verletzung gar nicht gesehen, so sehr freute ich mich über den weiten, gelungenen Blattschuß und das interessante Gehörn. Doch nach dem Aufbrechen sah ich das Malheur: Über dem Rückgrat befanden sich Ein- und Ausschuß, und zwischen beiden hatte sich unter der Decke eine feste, dicke Eiterschicht gebildet. Ich bin nicht sicher, ob der Bock diese Verletzung ausgeheilt hätte. Ein Grund mehr, wegen der zweiten, sicheren Kugel dankbar zu sein.

Es ist wohl nicht allgemein bekannt, daß sich Rehwild gelegentlich vor dem Menschen drückt, so wie wir es vom Hasen und auch vom Fuchs kennen. Zwei Erlebnisse aus jüngster Zeit fallen mir dazu ein:

Eines Sommertags fuhr ich mit dem Wagen durchs Revier, als unverhofft ein jüngerer Rehbock wohl fünfzig Meter vor dem Auto die breite Fahrbahn überquerte. Er trollte in ein offenes Wiesengelände, auf zwei kleine Birkenbüsche zu und war urplötzlich von der Bildfläche verschwunden. Da ihn die Erde nicht verschluckt haben konnte, hielt ich an und ging ruhig auf die Stelle zu, wo ich ihn zuletzt gesehen hatte. Dort wußte ich einen flachen, ausgetrockneten Graben, und genau darin saß, das Haupt flach auf den Boden gedrückt, der junge Sechser, und er sprang erst ab, als ich nur wenige Schritte vor ihm stand.

Ein anderes Mal fuhr ich an einer schmalen, nur steinwurfbreiten Waldzunge entlang, die inmitten einer großen Feldfläche endete. So ziemlich am Ende des Laubholzstreifens entdeckte ich, nur knapp zehn Meter vom Wegerand entfernt, unter den astigen Buchen einen Rehbock, der natürlich längst das Auto wahrgenommen hatte und aufmerksam zu mir herüberäugte. Da der Bock mir von Alter und Trophäe her interessant erschien, stoppte ich den Wagen und griff nach dem auf dem Rücksitz liegenden Fernglas. Als ich wieder aufblickte, war der geheimnisvolle Bock verschwunden. Merkwürdig! Aufs freie Feld konnte er nicht entflohen sein, denn dort hätte ich ihn sehen müssen, an mir vorbei nach hinten war er auch nicht geflüchtet, also mußte er noch in der Waldspitze stecken!

Langsam rollte ich mit dem Wagen vorwärts, und da sah ich ihn auch schon wieder, wie er sich einem Hasen gleich hinter einer Buche gedrückt hatte und mich unverwandt aus seinen schwarzen Lichtern anäugte. Ich brachte es nicht mehr über das Herz anzuhalten und ließ ihn in seinem Glauben, ein besonders raffinierter Rehbock zu sein.

Vom Reh im Hochwildrevier

Es gibt Jäger, die werden fuchsteufelswild, wenn sie zu hören oder lesen bekommen, daß der Rehbock „der Hirsch des kleinen Mannes" sei. Ich weiß nicht, ob sie sich als Rehwildheger damit selbst zurückgesetzt fühlen oder ob sie glauben, dieser in Deutschland am häufigsten vorkommenden Schalenwildart geschehe mit diesem Ausspruch Unrecht. Fest steht jedenfalls, daß sowohl die Wertschätzung als auch die Bewirtschaftung des Rehwildes mit davon abhängen wird, ob es als Hauptwildart in einem Niederwildrevier oder als Nebenwildart in einem Hochwildrevier vorhanden ist.

In den Lebenserinnerungen eines Hochwildjägers wird man vergebens nach tiefschürfenden Erkenntnissen der Rehwildhege und nach beeindruckenden Jagderlebnissen mit starken Rehböcken suchen. Einig sind sich jedoch Jagdpraktiker und -wissenschaftler, daß überall dort, wo zum Beispiel Rotwild schwerpunktmäßig vorkommt und gehegt wird, das Rehwild nur eine untergeordnete Rolle spielt. Das gilt sowohl bei der Wertschätzung als zu bejagendes Wild als auch hinsichtlich der Qualität der Rehbockgehörne.

Der negative Einfluß des Hochwildes auf das empfindlich gegen Umweltveränderungen reagierende Reh wird landauf, landab registriert. Ebenso können wir bei einer drastischen Verringerung der Rotwilddichten beobachten, daß das Rehwild mit deutlicher Erhöhung der Bestandeszahlen und mit einer spürbaren Verbesserung der Gehörnqualität reagiert. So geschehen vor einigen Jahren nach der deutlichen Rotwildreduktion im rheinland-pfälzischen Soonwald. Warum das alles so ist, ist wenig erforscht, und so gibt es keine eindeutigen Erklärungen für dieses Phänomen.

Im nachfolgenden möchte ich daher einige der vielfältigen Gesichtspunkte ansprechen und Möglichkeiten zur Verbesserung der Lebensbedingungen des Rehwildes im Hochwildrevier aufzeigen. Ähnlich wie bei den „neueren Waldschäden", die nicht nur auf den „Sauren Regen" zurückzuführen sind, haben wir es auch bei der Konkurrenz des Rehwildes mit anderen Schalenwildarten nicht mit einer einzigen, faßbaren Ursache zu tun, sondern mit den langfristigen Auswirkungen recht komplexer Vorgänge im Revier. Daher ist das Ursachen-Wirkungsgefüge zwischen Einfluß des Hochwildes so ungeheuer schwer zu ergründen.

Einer der wesentlichsten Gründe der Beeinträchtigung des nicht in Rudeln, sondern überwiegend solitär lebenden Rehes durch Rot-, Dam-, Muffel- und Schwarzwild scheint mir die Beunruhigung zu sein, die man auch den „Gedrängefaktor" nennt, der auch immer dann spürbar wird, wenn nur eine Wildart in so hoher Dichte vorkommt. Doch man sollte mit der landläufigen Meinung vom Gedrängefaktor vorsichtig umgehen, denn nach den Erfahrungen aus einem Rehgehege bei Stammham ist selbst bei einer auf 100 Hektar bezogenen Rehwilddichte von 300 Stück (!) kein nachhaltiger Einfluß auf die Reproduktionsraten und Körperqualität festgestellt worden.

Ganz Fortschrittliche bezeichnen den Beunruhigungsfaktor auch als „Stress". Der Ausdruck „Stress" wird beim Menschen häufig falsch gebraucht und mit den Wirkungen von Überarbeitung und Hektik gleichgesetzt. In Wirklichkeit versteht der Psychologe unter Stress eine neurotische Erscheinung, die sich aus der Folge von Frustationen, also aus der Aneinanderreihung von negativen Erlebnissen, ergibt. Diese Definition erscheint mir notwendig, um auch den „Stress" beim Rehwild als eine Folge negativer Erlebnisse wie der erzwungene Verzicht auf Ruhe, Äsung und anderes arteigenes Verhalten durch das Auftreten der größeren, ihm gefährlich erscheinenden Tiere zu erklären. Mit dem Erscheinen des übrigen Schalenwildes geht eine Beunruhigung des Lebensraumes vom Rehwild einher, die dieses nur schwer ertragen kann.

Wir kennen das Schrecken des Rehwildes, wenn Rot- oder Schwarzwild durch die Bestände zieht. Noch ehe der Jäger das anwechselnde Hochwild erspäht hat, zeigt uns das Verhalten des Rehwildes, daß bald etwas passieren wird. In Hochwildrevieren besiedeln die Rehe gern solche Teile, modern ausgedrückt „ökologische Nischen", die vom übrigen Schalenwild meist gemieden werden, weil sie entweder zu klein oder zu stark vom Menschen frequentiert werden. Das sind insbesondere Gebiete in der Nähe von Straßen und Autobahnen, Müllkippen, Wohnbereichen, kleine Gehölzinseln und ähnliches. Die Häufigkeit des Rehwildes in der Nähe von Verkehrswegen führt bei uns zu einer gegenüber dem übrigen Schalenwild deutlich erhöhten Unfallquote durch den Straßenverkehr, die bei etwa 30 % der Gesamtjahresstrecke liegt, während sie bei den übrigen Schalenwildarten nur etwa 8 bis 10 % beträgt.

Obwohl Rehwild andere Äsungsansprüche als Rot- und Damwild hat, zum Beispiel nicht so gern einförmiges Gras „weidet", ist auch ein Einfluß des Hochwildes bei seiner Nahrungsaufnahme unbestreitbar. Spätestens nach der Veröffentlichung des Herzogpaares von Bayern („Über Rehe in einem Steirischen Gebirgsrevier") können wir davon ausgehen, daß für eine gute körperliche Konstitution und damit für schwere Gehörne eine ausreichende und gehaltvolle Äsung die Voraussetzung ist. Auch wenn die Rehe in einem bestimmten Hochwildrevier noch ausreichend Gras-, Kraut- und Strauchäsung finden, der Engpaß besteht im Winter. Daß sie jedoch während der Vegetationsperiode durch das Hochwild in ihrem Lebens- und Äsungsrhythmus beeinträchtigt werden, haben wir schon angesprochen.

Wenn man den Äsungsmangel – insbesondere in der vegetationsarmen Jahreszeit – als die Hauptursache für den Niedergang der Rehwildbestände ansieht, bleibt zur Verbesserung der körperlichen Qualität dieser Wildart eigentlich nur eine gezielte, sachgerechte Winterfütterung. Diese wird inzwischen in vielen Rehwildrevieren mit großem Erfolg praktiziert. Dabei gibt es natürlich auch Auswüchse, weil mancherorts nur an die Produktion möglichst schwerer Trophäen gedacht wird. Das ist dann wirklich reiner Trophäenkult, und den lehne ich ab.

Gerade in Hochwildrevieren, wo das Rehwild es am nötigsten hätte, ist seine Winterfütterung eine recht aussichtslose Sache. Nicht daß das Rehwild ein „Fütterungsverweigerer" von Natur aus wäre, aber an von Rot- und Schwarzwild gut besuchte Fütterungen wagt es sich einfach nicht heran. Keine Regel ohne Ausnahme: Auch in Hochwildrevieren kommt dann und wann einmal ein starker Rehbock zur Strecke. Hierbei handelt es sich stets um solche Böcke, die ein ausreichend starkes Nervensystem besitzen und aller Verdrängung und Konkurrenz zum Trotz sich an der Rotwildfütterung ihren Teil holen. Diese Böcke können auf diese Weise kapitale Gehörne schieben. Vor Jahren schoß ich im Soonwald einen starken Sechserbock, der sich bei näherem Hinsehen als zweijährig erwies. Er hatte ständig an der Rotwildfütterung gestanden!

Auch besonderes vertraute und nervenstarke Hirsche erscheinen stets als erste an den vollen Futterkrippen, so daß sie den heimlichen, nervösen Typen gegenüber im Vorteil sind.

Um auch dem Rehwild durch Winterfütterung helfen zu können, müßten spezielle, besonders gegen Schwarzwild geschützte Rehwildfütterungen im Revier angelegt werden. Eine breite Streuung ist erforderlich, weil das Rehwild nicht über weite Strecken seinen Einstand verläßt. Mit den Wildäsungsflächen ist es ähnlich. Das Rehwild hat keinen Nutzen davon, wenn sie außerhalb seines Einstandes liegen, da es nicht wie das Rotwild zu weit zur Äsungsaufnahme zieht. Während das übrige Rehwild häufig an den Rändern von Wildäckern verweilt und bei Erscheinen anderer Schalenwildarten abspringt, meiden ältere Rehböcke Wildäcker in der Regel ganz.

So kann auch nur durch eine weite Verteilung kleiner Äsungsflächen dem Rehwild geholfen werden.

Betrachtet man einmal die Biologie der zwanzig häufigsten, in unseren Revieren vorkommenden Wildparasiten – vom Holzbock über die Hirschlausfliege bis hin zu den Lungen-, Magen- und Darmwürmern –, kann man unschwer erkennen, daß diese sowohl auf dem Reh- wie auch auf Dam- und Rotwild schmarotzen. Daher erscheint es einleuchtend, daß bei hoher Rotwilddichte auch für das Rehwild eine hohe Ansteckungsgefahr gegeben ist. Gleiches gilt übrigens auch für die Infektionskrankheiten wie Tuberkulose, Milzbrand, Brucellose, Aktinomykose und andere mehr. Bei der Betrachtung stark parasitierten Wildes stelle ich mir oft die Frage, ob körperlich schwaches und krankes Wild besonders stark für den Befall durch Parasiten prädestiniert ist oder ob umgekehrt erst ein starker Parasitenbefall zu einer Schwächung des Wildes führt. Ich neige zu ersterem. Junge, kräftige Stücke haben durchweg schon äußerlich feststellbar weniger Zecken, Hirschfliegen und Rehhaarlinge als andere, während gerade überalterte und damit von Natur aus schwächere meist von Parasiten übersät sind. Vermutlich wirken bei diesen die Abwehrkräfte nicht mehr so nachhaltig. Um einer Überalterung vorzubeugen, muß daher auch in einem Hochwildrevier das Rehwild intensiv und nach den üblichen Auslesemerkmalen bejagt werden.

Ein Gesichtspunkt, dem man bei der Betrachtung des Wild-Konkurrenz-Problems bisher wenig Beachtung geschenkt hat, scheint mir eine falsche und teilweise ungenügende Bejagung des Rehwildes in Hochwildrevieren zu sein. Steht die Regulierung der großen Schalenwildarten wie Rot-, Dam- und Schwarzwild im Vordergrund, wird sehr leicht der notwendige Eingriff in den Rehwildbestand vernachlässigt. Es ist für viele Jäger eben lohnender, beim Ansitz auf ein Stück Rotwild zu warten als das vorher ausgetretene, schwache Rehkitz zu erlegen. Man könnte sich ja durch einen Schuß das „edle" Wild vergrämen. Zudem haben Ricken keine Grandeln!

Was den Bockabschuß anbelangt, so möchte man als Hochwildjäger auch nicht gern auf eine Rehkrone verzichten und auch eine entsprechende Zahl von Jagdgästen zu Schuß bringen, doch das Rotwild soll darunter tunlichst nicht leiden. Daher hat nach landläufiger Meinung der Schuß auf den Rehbock in der Nähe der Feisthirscheinstände nach dem ersten August zu unterbleiben, um ja nicht die Geweihten zu vergrämen.

So wird dann ein biologisch völlig falscher und dem Rehwildbestand abträglicher Bockabschuß gleich zu Beginn der Jagdzeit getätigt mit dem Ergebnis, daß zu Beginn der Blattzeit das Geschlechtsverhältnis sehr zugunsten des weiblichen Wildes verschoben ist. Ich habe verschiedene Abschußstatistiken aus Hochwildrevieren einmal auf diesen Gesichtspunkt hin

Zwei alte Heidehirsche – in voller Brunft der eine

– abgebrunftet der andere

Auf den Ruf zugestanden – Hirsch vom 10. Kopf

durchleuchtet und festgestellt, daß dort teilweise bis zu 90 % des Bockab-schusses schon vor dem ersten August, dem Beginn der Jagdzeit auf den Rot-hirsch, erfüllt wurde.

Dadurch kommt das Territorialgefüge, das bei den Rehböcken besonders stark ausgeprägt und vor der Blattzeit stabilisiert ist, völlig durcheinander, und mancher junge, körperlich noch nicht ausgereifte Bock wird in der Blattzeit übermäßig strapaziert. Ohne einer weiteren Einschränkung jagdli-cher Möglichkeiten das Wort reden zu wollen, bin ich der Meinung, daß beim Rehbockabschuß ein Wandel eintreten sollte. Wir legen doch heute als Jäger so großen Wert darauf, die Bejagungsmethoden nach den wildbiologi-schen Erfordernissen auszurichten. So gesehen ist der verstärkte und teil-weise ausschließliche Abschuß von Platzböcken vor der Blattzeit im Grunde naturwidrig. Zwischen dem 16. Mai und Ende Juli sollten nur die jungen, ge-ringen Böcke aus dem Nebenbestand entnommen werden. Eine Forderung, die viel Zurückhaltung von den Jägern verlangt und daher ohne gesetzliche Regelung wohl kaum in die Praxis umzusetzen sein wird.

Nachdem bei uns die großen Raubtiere wie Wolf und Bär ausgestorben sind, sind sowohl der Fuchs als auch das Schwarzwild in der Lage, durch die Erbeutung frisch gesetzter Kitze die Reproduktionsrate des Rehwildes ent-scheidend zu beeinflussen. Gerade in Hochwildrevieren wird der Bejagung des Fuchses nicht die Aufmerksamkeit geschenkt wie in gut gepflegten Nie-derwildrevieren. So sind in ersteren die Fuchsbesätze in der Regel sehr hoch.

Ich erinnere mich noch gern an eine Drückjagd, bei der ich, auf einem gu-ten Schwarzwildwechsel postiert, nacheinander vier Füchse mit der Kugel schoß. Einige Mitjäger belächelten mich mitleidsvoll, hatte ich mir doch durch die Schießerei nach ihrer Ansicht jede Chance auf einen Schwarzwild-anlauf verdorben. Nur der damalige Chef der Landesforstverwaltung, der auf dieser Jagd der oberste Jagdherr war, sah das anders. Als ich ihm ein Jahr später bei der großen Staatsprüfung als Prüfling gegenüberstand, erinnerte er sich augenblicklich an diesen denkwürdigen Vorgang, und wir verbrachten einen großen Teil der Prüfungszeit, die dem trockenen Stoff der Holzver-wertung vorbehalten sein sollte, mit einem Gespräch über die Bejagung von Fuchs und Sau.

Durch die Immunisierung des Fuchses gegen die Tollwut, die jetzt in wei-ten Teilen der Bundesrepublik praktiziert wird, dürfte die Fuchsdichte noch weiter ansteigen, weil die periodische drastische Reduzierung der Rotröcke durch die Seuche künftig unterbleiben wird. (Vorausgesetzt, die Impfung hat den erhofften Erfolg!) Das wäre ein Gesichtspunkt, der bei der „Schluck-impfung" der Füchse leider häufig völlig übersehen wird und eine weitere, starke Bejagung des Fuchses geradezu herausfordert.

Daß das Schwarzwild als Allesfresser das frischgesetzte Kitz als Leckerbissen nicht verschmäht, ist meines Erachtens mit ein Grund für die geringe Reproduktionsrate des Rehwildes im Hochwildrevier. In Schwarzwildrevieren beobachten wir daher häufig während der Jagdzeit Ricken ohne oder nur mit einem Kitz, obwohl die Ricke von Natur aus in der Regel zwei Kitze setzt. Wenn man einmal beobachtet hat, wie systematisch die Sauen ein bestimmtes Gebiet nach Fraß absuchen und dabei ihr gutes Witterungsvermögen gebrauchen, wird klar, daß viele Kitze ihnen zum Opfer fallen. So gleicht die Natur hier wieder aus, was die Jäger gelegentlich versäumen, nämlich eine nachhaltige Reduzierung und Regulierung der Rehwildbestände.

Durch Wahlabschuß zu starken Hirschen

Der Erfolg unserer bisherigen Schalenwildbewirtschaftung basiert im wesentlichen auf zwei Grundpfeilern, dem Wahlabschuß und der Verbesserung der Äsung. Bei uns in der Heide gab es vor fünfzig Jahren nur geringes Rotwild; die Hirsche kamen über den Zehnender kaum hinaus und hatten Geweihgewichte bis zu sieben Pfund. Dazu muß man wissen, daß der Sandboden der Heidmark sehr sauer und nährstoffarm war und erst durch die intensive Mineraldüngung eine Steigerung der landwirtschaftlichen Erträge möglich wurde. Früher gab es als einzigen Dünger den Stalldung und den Eintrieb der Schafe, so daß, überspitzt formuliert, sich die Spatzen bücken mußten, um an die Ähren zu kommen.

Chemische Unkraut- und Schädlingsbekämpfung verbunden mit künstlicher Düngung führen zu immer weiterer Ertragssteigerung der Böden. Mit steigender Düngemittelzufuhr wächst aber auch der Nährstoffgehalt der Pflanzen, und das wiederum führt zu höheren Wildbretgewichten und stärkeren Geweihen.

Am 9. November 1983 schoß ich im Morgengrauen aus einem von der Feldäsung in den Wald ziehenden Rudel ein nichtführendes Alttier. Weder war ein Gesäuge vorhanden, noch hatte es ein Kalb in der Tracht, es war also eins der seltenen Geltiere. Sein Gewicht betrug – ich habe mir den Lieferschein des Wildhändlers besonders aufgehoben – sage und schreibe 108 Kilogramm. Es ist nach meiner Kenntnis das stärkste Alttier, das bisher in unserer Gegend geschossen wurde, und ich wäre für jeden Hinweis dankbar, ob jemals in der Bundesrepublik ein Tier aus freier Wildbahn mit einem höheren Gewicht zur Strecke kam.

Wenn man unter Wahlabschuß nicht nur das blindwütige Starren auf Enden und Kronen versteht, sondern das Sozial- und Altersklassengefüge des Wildes als Abschußkriterium mit einbezieht, dazu die körperliche Verfassung des Wildes ebenso beachtet wie Krankheiten und Parasitierung, dann führt das zwangsläufig zu einer Verbesserung der Qualität der Bestände.

Abschußrichtlinien sollen im allgemeinen den Wahlabschuß in bestimmte Bahnen lenken. Da sich die Natur aber nicht in starre Schemata pressen läßt, müssen sie zwangsläufig unvollkommen sein. Leider werden sie immer umfangreicher und eingehender, so daß die Gefahr besteht, daß sie von den Jägern bald nicht mehr gelesen werden.

Dabei ist es doch gar nicht so wichtig, ob ein Alttier vom vierten oder fünften Kopf an geschossen werden darf oder ein ungerader Kronenhirsch vom siebten oder achten Kopf an aufwärts.

Wichtiger ist schon die Frage des Reifealters, der Geweihgewichtsgrenzen zwischen den einzelnen Stärkeklassen und ob alle Hirsche der ersten Altersklasse ohne bestimmte Abschußkriterien geschossen werden dürfen. Ich halte zum Beispiel die rheinland-pfälzische Regelung für bedenklich, wonach alle Hirsche vom ersten bis zum dritten Kopf, ohne Unterscheidung in fehlerfreie und fehlerhafte, geschossen werden dürfen. Natürlich muß der Rotwildjäger nicht den Kronenzehner vom zweiten Kopf schießen, aber er kann. Es ist ein Irrtum zu sagen, der falsch geschossene Spießer wird schon im nächsten Jahr durch einen anderen ersetzt. Wahr ist, daß bestveranlagte Stücke, sogenannte Plusvarianten, wie Spießer mit extrem starken und über vierzig Zentimeter langen Spießen oder Kronenhirsche vom zweiten oder dritten Kopf mit hohen Wildbretgewichten ausgesprochene Glücksfälle sind und nicht jedes Jahr hervorgebracht werden. Sie zu schonen, müßte Inhalt jeder sachgerechten Richtlinie sein, sonst geht der züchterische Erfolg des Hegeabschusses verloren. Aber auch von diesem wollen einige Leute plötzlich nichts mehr hören, weil er doch zum Wesen der Jagd im Widerspruch stehen soll. Doch die starken Hirsche auf unseren Trophäenschauen sind alle Ausdruck eines züchterischen Erfolges. Warum sollten wir ihn mit einem Mal in Frage stellen?

„Junge Menschen bestreiten heute alles, nur nicht ihren Lebensunterhalt", sagte mir kürzlich ein sorgengeplagter Vater von drei erwachsenen Söhnen.

Mit der Einführung der Abschußrichtlinien und ihrer häufigen Modifizierung geht zwangsläufig die Überlegung einher, wie alt denn eigentlich die Wildtiere im Rahmen unserer Wildbewirtschaftung werden sollen, bevor sie der Wildbahn entnommen werden.

Hierbei wird man bei den männlichen Stücken zwangsläufig zwischen den schlecht veranlagten, unterentwickelten Stücken unterscheiden müssen, die möglichst rasch geschossen werden sollen, und denjenigen, welche wegen ihrer guten Eigenschaften und der zu erwartenden guten Trophäen möglichst alt werden sollen. Wie alt?

Das Alter, das gute Trophäenträger erreichen sollen, nennt man das Zielalter, und das, in dem sie tatsächlich zur Strecke kommen, das Erntealter. Soviel zur Definition. Letzteres wird sich vom Zielalter häufig um ein, zwei Jahre unterscheiden, weil wir erstens nicht immer das Alter eines Hirsches auf ein Jahr genau ansprechen können (genauer als manche Wissenschaftler es uns einreden wollen, können wir es jedoch!), und zweitens es sich bei unserem Wild immer noch um freilebende Tiere handelt, die in ihrem Bestand weder völlig überschaubar noch jederzeit für eine „Regulierung" verfügbar sind. Diesen Eindruck könnte man allerdings gewinnen, wenn man auf manche Ökologen und Wildbiologen hört, denen jeder Bezug zur jagdlichen Praxis entweder abhanden gekommen ist oder die einen solchen nie besaßen. Da wird mit hochwissenschaftlichen Fachausdrücken die Notwendigkeit der Einführung von Jagdkatastern gefordert, nach denen für ein bestimmtes Gebiet die einzelnen Wildarten nach Zahl, Geschlecht und Altersklassenzusammensetzung beschrieben und begrenzt werden sollen, so als habe man es bei einem Rotwildrevier mit einer großen Rinderfarm zu tun. Ich muß darauf später noch einmal zurückkommen.

Auch sollte man den Begriff Wildstandsregulierung nicht zu sehr strapazieren und mit dem uns geläufigen Wort Jagdausübung gleichsetzen. Als ich kürzlich in einer Jagdeinladung die Bitte aussprach, die herzlich Eingeladenen mögen mir bei der Wildstandsregulierung helfen, da hagelte es Proteste. Jagen wolle man gern zu mir kommen, aber nur beim Totschießen behilflich sein, nein danke!

Es ist sicher für jeden Rotwildjäger von Vorteil, wenn die führenden Jagdzeitschriften in knapper Form über Erfolge und Mißerfolge der verschiedenen Rotwildringe berichten. Erfährt er doch so, was außerhalb seines Heimatkreises geschieht.

Es müssen sich jedoch die einem Rotwildrevierverwalter in heutiger Zeit noch verbliebenen Haare zu Berge sträuben, wenn er liest, daß zum Beispiel im Jagdjahr 1984 im Rotwildring Spessart ein nur sieben- bis achtjähriger, „außerordentlich frühreifer" ungerader Zwanzigender mit 200 internationalen Punkten gestreckt wurde. Ein solcher Hirsch ist sicher nicht „frühreif", sondern zu früh der „Hege mit der Büchse" zum Opfer gefallen! Aus ihm hätte sicher ein Spitzenhirsch werden können. Im gleichen Jagdjahr meldet der Rotwildring Hoher Vogelsberg die Erbeutung eines kapitalen Vierzehnenders mit 191 CIC-Punkten, der im Alter von zehn Jahren gestreckt wurde, und stolz kommt aus dem Saarland die Kunde, daß dort ein Vierzehnender mit 183 CIC-Punkten geschossen wurde, der „das Zielalter von zehn Jahren erreicht hatte"! Machen wir uns nichts vor: Im Grunde sind das doch alles – wenn auch teilweise legitimierte – Fehlabschüsse.

Man hat seit langem in der Jagdpresse wiederholt darüber gestritten, wann denn nun eigentlich ein Hirsch „reif" sei, also die Trophäenreife erreicht habe. Bekanntlich erreicht der Hirsch erst in einem gewissen Alter den Höhepunkt seiner Geweihentwicklung, den sogenannten „Kulminationspunkt". Das Alter mit der besten Geweihentwicklung bezeichnen wir daher als Trophäenreifealter. Meist wurde über das Trophäenreifealter bei uns gefühlsmäßig oder aufgrund von Einzelbeobachtungen geurteilt.

Würde man nur nach biologischen Gesichtspunkten oder mit der Absicht, bestmögliche Trophäen zu erzielen, das Zielalter festsetzen, müßte man sich eigentlich nur an dem Trophäenreifealter orientieren. Doch das mag heute niemand mehr tun. Politische Gründe mögen dafür maßgebend sein. Wenn jedoch aus übergeordneten Gründen das Zielalter des Rothirsches herabgesetzt werden muß, damit mehr Jäger in den Genuß eines Rothirschabschusses kommen, so ist es schon beklemmend, wenn dann gelegentlich als Begründung für das frühzeitige Sterben gutveranlagter Hirsche die nicht nachgewiesene Frühreihe angeführt wird.

Abschußrichlinien werden häufig aufgrund neuerer biologischer und jagdwissenschaftlicher Erkenntnisse modifiziert. Zumindest führt man solche Gründe ins Feld und insbesondere, wenn sie dem heutigen Zeitgeist entsprechen. Um der angeblichen Trophäensucht der Jäger Einhalt zu gebieten, sagt man jetzt gern „Altersstruktur geht vor Trophäengewicht". Solches läßt sich auch einer kritischen Öffentlichkeit gegenüber besser vertreten. Doch wirkt es nicht nur wenig überzeugend, sondern schon reichlich unaufrichtig, wenn in modernen Abschußrichlinien wider jede bessere wildbiologische Erkenntnis die Altersklasse der alten Hirsche mit dem zehnten Kopf beginnt.

Der Hirsch ist dann vergleichsweise fünfundvierzig Jahre alt, und wer von uns Menschen möchte da schon zum alten Eisen gehören? Es müßten also, wenn bei den einzelnen Wildarten naturgemäßere Altersstrukturen erreicht werden sollten, die Zielalter bei den Trophäenträgern eher herauf- als herabgesetzt werden.

Das sehen aber alle neueren Richtlinien leider nicht vor. Man muß kein Prophet sein, um vorherzusagen, daß nach diesen modernen Grundsätzen die Rehböcke, Schaufler und Hirsche in den Revieren nicht älter werden, insbesondere die letzteren nicht, weil man das Zielalter bei den Erntehirschen von zwölf auf zehn Jahre herabsetzen will beziehungsweise schon herabgesetzt hat wie in Nordrhein-Westfalen oder Rheinland-Pfalz. Ich persönlich würde das Herabsetzen des Zielalters beim Rot- und Damwild um zwei Jahre, wie es in Niedersachsen geplant ist, für einen echten Rückschritt halten, der wohl nur mit dem Druck politischer Zwänge zu erklären ist.

Bei einem Rothirsch-Zielalter von zwölf Jahren – und erst bei diesem Alter kann man unbestritten von einem wirklich „reifen" Hirsch sprechen – ist es in der Vergangenheit nicht ausgeblieben, daß auch zehn- und elfjährige Ia-Hirsche zur Strecke kamen. Das war jedoch für die allgemeine Entwicklung der Rotwildbestände nicht schädlich, so schmerzlich es auch den einen oder anderen Erleger getroffen haben mag, denn es konnten auf diese Weise auch einige Hirsche dreizehn und vierzehn Jahre alt werden.

Ist jedoch der Abschuß zehnjähriger „Erntehirsche" behördlich sanktioniert, so wird es nicht ausbleiben, daß auch acht- und neunjährige gutveranlagte Kronenhirsche zur Strecke kommen. Und das führt dann langsam, aber stetig zum Ruin der Wildbahn! Ich sagte schon: Es ist ein schwieriges Unterfangen, vom Durchschnittsjäger zu verlangen, daß er das Alter eines Stückes auf ein oder zwei Jahre genau ansprechen kann. Doch auch die neueren Richtlinien verlangen dies. Selbst diejenigen, welche die Hirsche nur in die Stufen „sehr jung", „mittelalt" und „sehr alt" eingeteilt wissen wollen, übersehen, daß hinsichtlich der Abschußkriterien immer wieder Altersgrenzen gesetzt werden müssen. Die jüngste Altersklasse umfaßt alle Hirsche bis zum 3. Kopf. Also muß der Rotwildjäger Hirsche vom 3. und 4. Kopf unterscheiden können.

Er muß auch Hirsche vom 5. Kopf richtig ansprechen können, denn ab diesem Alter sind in der Regel einseitige Kronenhirsche frei, und solche vom 7. Kopf, denn ab diesem Alter darf man geringe Kronenhirsche schießen, und schließlich muß man auch wissen, wie ein Hirsch vom zehnten Kopf aussieht, denn das ist die Grenze zum Klasse I-Hirsch. Obwohl man also die Richtlinien praktikabler, liberaler und frei von der Geweihgewichtsgrenze machen möchte, bleibt es auch künftig dem Rotwildjäger – Gleiches gilt auch für die übrigen Schalenwildarten – nicht erspart, jedes Stück auf sein Alter genau anzusprechen.

Zwei Jagdwissenschaftler aus der ehemaligen DDR haben einem sehr wissenschaftlich gehaltenen und daher für den „Normaljäger" schwer lesbaren Artikel (Unsere Jagd, Nr. 35/1985) über Trophäenreife und Zielalter berichtet. Das Ergebnis ihrer Arbeit gipfelt in der Feststellung, daß ein Hirsch um so eher eine Chance hat, ein wirklicher Kapitalhirsch zu werden, je besser sein Geweih auch schon in jungen Jahren im Vergleich zu seinen Altersgenossen ist. Und noch eines ist bei der Untersuchung klar und deutlich geworden und dürfte dem Geschwätz von der „Frühreife" ein für alle Male jede Grundlage entziehen: Der gut- und bestveranlagte Hirsch braucht im Gegensatz zu dem geringveranlagten mehr Lebensjahre, um den Gipfel der Geweihentwicklung zu erreichen.

Der Zusammenhang zwischen Trophäenreifealter und zu erwartender Höchstpunktzahl wird schematisch wie folgt dargestellt:

Erwartete Höchstpunktzahl (internationale Punkte)	Trophäenreifealter
165,5	10
181,9	11
198,5	12
206,5	13

Man setzte daher konsequenterweise das Zielalter der Hirsche nach der individuellen Veranlagung des einzelnen Trophäenträgers unterschiedlich fest. Die geringen – Bronzemedaillen-Hirsche – sollten mit dem zehnten Kopf, die bestveranlagten Hirsche jedoch möglichst erst mit dem dreizehnten Kopf zur Strecke kommen.

Die Hirsche wurden dort anhand ihrer Abwürfe in Leistungsgruppen eingeteilt. Ich brauche das nicht näher zu erläutern, denn ein solches Verfahren ist heute nicht mehr durchführbar. Erwähnenswert ist jedoch, daß dort in der Regel die Abwurfstangen gesucht und auf das Alter der Hirsche hin angesprochen wurden. Dann wurden die Abwurfstangen ausgepunktet und die so erfaßten Hirsche einer bestimmten Leistungsgruppe zugeteilt. Die Leistungsgruppe sollte nichts anderes als die zu erwartende Höchstpunktzahl und das zu erwartende Trophäenreifealter beschreiben.

Sind also Alter und Ergebnis der Auspunktung bekannt, ist es möglich, das zu erwartende Trophäenreifealter aus nachfolgender Tabelle abzulesen:

Alter des Hirsches (Jahre)	Zielalter			
	10	11	12	13
bei ± ... internationalen Punkten				
4	125,0	129,4	132,5	133,9
5	141,0	148,2	153,6	156,1
6	151,5	161,0	169,5	173,0
7	158,0	169,6	180,6	185,0
8	162,5	175,5	187,8	193,3
9	164,8	179,3	192,8	199,4
10	165,5	181,3	196,3	203,2
11	165,0	181,9	198,0	205,5
12	163,5	181,5	198,5	206,5
13	161,2	180,2	198,0	206,5

Nehmen wir ein praktisches Beispiel: Die Abwürfe eines siebenjährigen Hirsches ergeben eine Punktzahl von 170 internationalen Punkten. Mithin ist seine höchstmögliche Punktzahl von 181,9 im Alter 11 zu erwarten und sollte der Hirsch auch mit dem elften Kopf gestreckt werden.

Natürlich bin ich mir darüber im klaren, daß ein solches Verfahren schematisiert und daß es nicht immer und überall Gültigkeit haben muß. Ich warne immer wieder davor, Wildtiere in feste Bemessungsregeln pressen zu wollen, da individuelle Veranlagung und Umwelteinflüsse Abweichungen von der Regel ergeben werden. Aber das hier aufgezeigte Verfahren ist in der Praxis anwendbar. Es sollte denjenigen Rotwildrevierinhabern zur Anwendung empfohlen werden, die ihre Hirsche kennen und noch ein wenig Möglichkeiten haben, das Erntealter ihrer guten Trophäenträger selbst zu bestimmen. Erst wenn wir die Hirsche auf dem Höhepunkt ihrer Entwicklung strecken, fallen uns starke und stärkste Trophäen wie reife Früchte in den Schoß.

Wir Menschen neigen dazu, herausragende Ereignisse auffallend lange im Gedächtnis zu behalten und die Erinnerung an sie stets aufs neue aufleben zu lassen. Der Untergang der „Titanic" erregt noch heute unsere Gemüter, und die nach dem letzten Krieg gewonnene Fußballweltmeisterschaft wird von den Fußballfans aller Generationen bei jeder sich bietenden Gelegenheit in Wort und Bild gefeiert.

So ist es kein Wunder, daß auch wir Jäger uns gern auf besondere Erlebnisse, auf hervorragende Strecken oder besonders starke Trophäen berufen, wenn wir den Wert des heute Erlebten einzuschätzen versuchen. Nicht selten vergleichen wir das Ergebnis einer Drückjagd mit der Superstrecke eines Vorjahres, und die Stärke einer Trophäe wird gern an der besten des Reviers gemessen. Hat man als Jagdleiter einmal das Glück, auf einer Hochwilddrückjagd fünfundzwanzig Stück Schalenwild zur Strecke legen zu können, wird das Ergebnis der nächsten Jagd zwangsläufig an dieser Sternstunde gemessen.

So komme ich nicht umhin, auch von dem stärksten Hirsch zu berichten, der bisher in unserem Revier geschossen wurde. Er fiel in der Brunft 1985, ist ein ungerade Zweiundzwanzigender, hat ein Geweihgewicht von 9,7 Kilo und 212 internationale Punkte. Ein höherer Beamter unserer Verwaltung hat ihn erlegt und – Gott sei's geklagt – einen teuflisch hohen Jagdbetriebskostenbeitrag dafür entrichten müssen. Und das, obwohl er den Erntehirsch verdientermaßen zu seinem sechzigsten Geburtstag frei bekommen hatte. Doch lassen wir den glücklichen Erleger mit seinen eigenen Worten das denkwürdige Erlebnis schildern:

„Eigentlich bin ich dankbar dafür, daß ich den Hirsch nicht beim ersten

Anblick geschossen habe. Am 14. September abends sah ich ihn zum ersten Mal. Wir saßen auf einer offenen Leiter quer über einem Entwässerungsgraben, bei Nieselregen und wolkenverhangenem Himmel. Ringsherum schrien Hirsche. Der Starke stand mit wenigen Stücken Kahlwild rechter Hand in einem Waldkomplex, der von uns aus nicht einzusehen war. Wie magisch zogen drei, vier geringe Hirsche auf dieses Waldstück zu. Das gab uns die Hoffnung, daß ‚er‘ vielleicht doch einmal nah vor uns auftauchen würde, um zu zeigen, wer hier der Herr ist. Aber wir hatten uns getäuscht. Das Rudel zog am anderen Ende heraus, zweihundertfünfzig Meter mindestens mag die Entfernung gewesen sein. Kahlwild zunächst, Stück für Stück, dann kam der Hirsch. Er hatte viel ‚auf‘. Das sah ich. Aber daß er mich schon in Erregung versetzt hätte, nein, das kann ich nicht sagen. Als ich ihn im Zielfernrohr hatte, dachte ich eben nur an die Sekunde des Schützen; sie durfte für diesen König der Heide kein Versagen bringen. Ich hatte ihn lange Zeit im Visier, mal kam er etwas näher, mal zog er wieder weiter weg. Nun, der Schuß unterblieb.

Am nächsten Morgen waren wir wieder draußen. Dauerregen! Dieselbe Leiter. Als der junge Tag die Dämmerung langsam besiegte, faßten wir den Entschluß, den Platz zu wechseln. Mehrere Hirsche schrien etwa zweihundert Meter links vor uns. Dort wollten wir hin, bestiegen die Leiter, und dann hieß es warten, warten, warten. Mit den Gummistiefeln standen wir, so glaube ich, mehr als eine Stunde auf einer Leitersprosse, jeden Augenblick darauf wartend, daß aus dem Grau in Grau etwas auftauchte. Überall schrien Hirsche, oft direkt vor uns. Deshalb galt meine Aufmerksamkeit besonders dieser Richtung, denn ich stand auf der rechten Seite der Leiter.

Daß es dann doch ganz anders kam, der Hirsch mit seinem Kahlwild längst von rechts nach links gezogen war, ahnte zwar mein Begleiter, ich selbst aber war nach wie vor auf rechts fixiert. Aber die Büchse war fertig, sie lag auf einer der Leitersprossen, ein Handschuh darunter, und da ich mich mit dem Rücken ebenfalls gegen eine Stange pressen konnte, schien mir die Büchse fest wie im Schraubstock zu sein. Das gab Sicherheit. Ich konnte sie brauchen. Der Tumult begann dann links von uns. Ein Hirsch kam aus dem Unterholz herausgeprescht, hielt kurz an, um dann, wie von der Feder geschnellt, fortzustürmen. Dahinter tauchte ein massiger Wildkörper auf, ebenfalls ein Hirsch. ‚Das ist er‘, hörte ich meinen Begleiter sagen. Der Hirsch verfolgte den Nebenbuhler nicht weiter, sondern zog nun auf etwa einhundertfünfzig Meter quer von uns von links nach rechts. An einen Schuß ins Unterholz war nicht zu denken.

Als er schließlich unsere Schneise erreichte, stand er sogleich spitz und zog von uns weg. Ein Anruf brachte ihn zunächst zum Stehen, dann wendete er, halbspitz trug ich ihm die Kugel an (8×57), er steilte hoch, verhoffte eine Zehntelsekunde, dann brach er nach links weg, immer schneller werdend. Was ich zuerst wieder hörte und wahrnahm, war der unaufhörliche Regen. Wir waren uns dann aber beide einig, der Hirsch hat die Kugel.

Am Anschuß kein Schweiß, aber überall viel Brunftwitterung. Einen Hund holen? Zunächst noch nicht. Der Hirsch hatte die Kugel! Trotzdem hatte ich Zweifel, wer kennt das nicht; ich befand mich nicht gerade in Hochstimmung. Das fade Gefühl, vorbeigeschossen zu haben, unterdrückte ich mit Gewalt. Immer wieder sagte ich mir: Der Hirsch hat die Kugel, also muß er hier in der Nähe liegen.

So haben wir dann den Komplex systematisch abgesucht. Und beim Beginn des zweiten Durchgehens sah mein Begleiter ihn liegen, etwa dreihundert Meter vom Anschuß. Unglaublich die Wucht und Stärke der Stangen, das Bizarre der Kronen, die Schönheit der gleichmäßigen Auslage. Der Einmaligkeit dieses Jägererlebnisses bewußt, genoß ich die kostbaren und so wohltuenden Minuten des Alleinseins mit diesem gefällten Recken und empfand eine große Dankbarkeit gegenüber unbegreiflichen Dingen."

Soweit unser Gast. Wirkt es dann nicht beschämend und verkrampft, wenn ein namhafter deutscher Jagdwissenschaftler gegen den Trophäenkult wettert und in diesem Zusammenhang von einer hauchdünnen Schicht von Auserwählten spricht, denen es vergönnt ist, einen starken Hirsch zu strekken, und diese mit Leistungssportlern vergleicht. Um allem die Krone aufzusetzen, sagt er dann weiter, man müsse das Ansehen berücksichtigen, das solch ein erfolgreicher Jäger genießt, aber das trage nun einmal dem Geltungsbedürfnis dieses bestimmten Menschentyps Rechnung. Das wird so daher gesagt, als seien alle engagierten Jäger Psychopathen und alle Leistungssportler auch. Dabei erfreuen sich viele Menschen neidlos an den Leistungen eines Boris Becker, wohlwissend, daß er ein Ausnahmeathlet ist und der Durchschnittssportler es nie zu solchem Ansehen bringen wird.

Natürlich kann sich nicht jeder Jäger mit den Jagderlebnissen eines besonders erfolgreichen und vom Schicksal verwöhnten Mannes identifizieren, doch deswegen schätzt er seine eigenen Leistungen und Freuden nicht geringer ein.

So sehr auch Gleichheit und Brüderlichkeit ein leidenschaftlich erstrebtes politisches Ideal sein mag, es stützen sich alle politischen Systeme auf Hierarchie und Statuswettbewerb. Den Hierarchien verdanken alle von Menschen geschaffenen Systeme ihren Zusammenhalt. Das klassische Beispiel von Rangordnung finden wir sicher auch heute noch beim Militär, und eine Staatsverwaltung ohne Stufengliederung ist einfach nicht denkbar. Es ist für mich als Beamten immer tröstlich zu erleben, daß auch Privatbetriebe, wenn sie erst einmal eine gewisse Größenordnung erreicht haben, einem Staatsbetrieb gleich gelenkt und geführt werden. Deshalb ist es mir unverständlich, weshalb gewisse Leute glauben, daß ausgerechnet auf der Jagd das Zusammenleben der Menschen ohne Statuswettbewerb und ohne Statussymbol zu verwirklichen wäre.

Niemand verlangt von einem Ministerpräsidenten, daß er mit einem Golf-Diesel auf Dienstreisen fährt, aber daß er auf den Abschuß seines Erntehirsches verzichten und statt dessen ein oder zwei geringe Abschußhirsche schießen solle, das habe ich schon einmal gelesen. Dabei müssen wir Jäger nur froh und dankbar sein, daß sich politisch so einflußreiche Männer wie die Ministerpräsidenten Albrecht und Strauß zur Jagd bekennen und unsere Interessen vertreten, auch wenn ihr jagdliches Verhalten gelegentlich einmal nicht unseren ungeteilten Beifall findet, wie etwa die Teilnahme des Herrn Albrecht an der Buß- und Bettagsjagd im Raume Oldenburg, die dem Ansehen der Jägerschaft in der Öffentlichkeit sehr geschadet hat. Lassen Sie mich das so ernste Kapitel mit einem netten Witz über Franz-Josef Strauß abschließen, den unlängst der langjährige Bundestagspräsident Stücklen in froher Runde zum besten gab: FJS hatte gerade hier in Niedersachsen im Kreis Gifhorn seinen Jagdschein gemacht und war zum ersten Mal auf Gamsjagd in seinen bayerischen Bergen. Die Pürsch verlief wenig erfolgversprechend, und schließlich sagte der Jäger: „Dös wird heut nix mit'm Gamsjagern, Herr Minister, der Wind bläst uns grad in'n Nacken!" Worauf FJS erwiderte: „Das macht doch nichts, da bin ich unempfindlich!"

Ein königlicher Hirsch

Eine Frage möchte ich an den Anfang dieses Kapitels stellen, die recht anmaßend klingt und den Fragesteller bei Außenstehenden sicher leicht in den Randbereich geistiger Unzurechnungsfähigkeit bringen dürfte: Kann ein bürgerlicher und – verglichen mit früheren Zeiten – in jagdlich wie auch sonst so bescheidenen Verhältnissen lebender Waidmann unserer Tage je etwas mit Kurfürst Friedrich III. und Kaiser Wilhelm II. gemeinsam haben? Er kann!

Natürlich werde ich solche Gemeinsamkeit nur auf jagdlicher Ebene – und hier auch nur auf einem kleinen Teilbereich – suchen, denn nach wie vor verbindet ja die Jagd Menschen aller Stände und Berufe und bricht gesellschaftliche Schranken.

Lassen Sie mich ein wenig ausholen: Bei fast allen Rotwildpopulationen können wir bei den Hirschen zwei bestimmte Erscheinungsformen unterscheiden. Da ist einmal der im Wildbret stärkere Hirsch, mit fast fahlgelber bis grauer Decke, langen, sehnigen Läufen und dem längeren, meist dünnstangigerem Geweih. Dieses hat relativ wenige, aber lange Enden und eine auseinandergezogene Krone. Den zweiten Typ stellt der kleinere, gedrungene Hirsch dar, mit zumeist dunkelroter Decke, dessen Geweih aus kurzen, aber starken Stangen besteht. Er ist endenfreudiger, die Enden sind jedoch kürzer.

Da man bekanntlich über Geschmack nicht streiten soll, ist es müßig, darüber zu philosophieren, welcher der beiden Geweihtypen dem Jäger mehr zusagt beziehungsweise herangehegt werden sollte. Fest steht jedenfalls, betrachtet man die ganze Sache unter dem Gesichtspunkt der Trophäenbewertung, daß nur der langstangige, weitausgelegte Hirsch die meisten internationalen Punkte erringen wird.

Ganz sicher wird man diese beiden zuvor beschriebenen Geweihformen nicht immer so klar und voneinander abgegrenzt vorfinden. Wie alle erblichen Anlagen, so vermischen auch sie sich, doch werden gewiß einmal diese, mal jene Eigenschaften bei einem bestimmten Hirsch vorherrschen.

Walter Frevert, der letzte Jagdleiter des legendären ostpreußischen Staatsrevieres „Rominter Heide", nannte sehr anschaulich die langstangigen, aber dünneren und endenärmeren Geweihe „gotisch", die kurzstangigen, wuchtigen, endenreichen Trophäen „barock". Er liebte diese barocken Geweihe, denn sie waren nach seiner Meinung typisch für die Rominter Heide und in keinem anderen Rotwildrevier so häufig wie gerade dort.

Ein besonderes Merkmal solcher barocken Geweihe ist die Becherkrone, also eine Krone, bei der alle wesentlichen Kronenenden mehr oder weniger aus einer Wurzel – dem Stangenende – kommen. Auch die Schaufelkrone ist eine besondere Form der Becherkrone. Versteht man jedoch unter barock – entsprechend dem Stil jener Kunstrichtung – das Unregelmäßige, Verschnörkelte, Überladene, so gibt es eine Kronenform, die besonders in diese Richtung paßt: Ich meine die handförmige, platte, schaufelartige, vieldige Krone. Solche auffällige, gelegentlich auch als monströs bezeichnete Kronenbildung soll sporadisch in fast allen Rotwildgebieten auftreten. Sie bleibt aber die große Ausnahme.

Nun komme ich auf die zwei berühmtesten Geweihe mit solch merkwürdiger, abnormer Kronenbildung und damit auf die eingangs erwähnten großen Preußen zurück: Im Jahre 1696 schoß Kurfürst Friedrich III. von Brandenburg (der spätere Preußenkönig Friedrich I.) im Forstamt Biegen den barocken Sechsunsechzigender, der später im Jagdschloß Moritzburg bei Dresden einen festen Platz in der berühmten Sammlung historischer Geweihe gefunden hat.

In der Rominter Heide sind vereinzelt Hirsche mit handförmigen Kronen geschossen worden. Der auffälligste ist sicher der am 27. September 1898 von Kaiser Wilhelm II. erlegte Vierundvierzigender. Bei beiden Hirschen würde man heute sicher nicht mehr eine so hohe Endenzahl herauslesen – es entsprach dem damaligen Zeitgeschmack –, da viele „Enden" unter der nunmehr als Mindestnorm festgesetzten Länge von zwei Zentimetern liegen. Gleichwohl sind es interessante Geweihe von hohem Seltenheitswert. Die Vielendigkeit ist übrigens nicht künstlich hervorgerufen, wie gelegentlich vermutet wurde. Ich kann mich noch erinnern, daß wir als Studenten nach der Jagdkundevorlesung ulkten, der Kurfürst habe einem Gatterhirsch mit einem Hammer auf das Bastgeweih schlagen lassen, um so die platte Krone mit den vielen Zacken hervorbringen zu können, aber das ist natürlich barer Unfug.

Nachdem ich selbst solch einen Hirsch geschossen und seine Abwurfstangen aus mehreren Jahren in den Händen gehalten habe, weiß ich es besser: Auch diese Kronenform muß genetisch bedingt sein. Und damit komme ich zu meinem Hirsch.

Im Frühjahr 1982 fanden in Moor und Heide unweit der Autobahn Walsrode–Hamburg Stangensucher das recht interessante Abwurfstangenpaar eines alten Hirsches. Der damals ungerade Zwanzigender zeigte auf beiden Seiten eine merkwürdig verzweigte, abgeflachte Krone. Als ich die Stangen zum ersten Mal in den Händen hielt, beeindruckte neben der bizarren Form des Geweihs auch dessen Gewicht, denn beide Stangen brachten zusammen etwas mehr als sieben Kilo auf die Waage. Jede Stange blieb, auf die Krone gestellt, senkrecht stehen, und es ist wirklich kein Wunder, wenn sich dem Betrachter dieser Paßstangen der Wunsch regte, einmal im Leben einen solchen Hirsch zu strecken. Der eine sprach es laut aus, der andere behielt es still für sich.

Im nachfolgenden Frühjahr wurden, diesmal im Revier eines Nachbarpächters, wieder die kompletten Abwürfe gefunden. Das Geweih hatte seine auffällige Form behalten, die Stangen aber noch etwas an Masse zugenommen. Somit war diese Kronenform nicht eine einmalige Laune der Natur, auch nicht das Ergebnis irgendwelcher überhöhter Wachstumshormone oder gar ein luxurierendes Wachstum, sondern schlicht und einfach eine besondere, erblich bedingte Veranlagung. Nach dem Petschaft zu urteilen, mußte der Hirsch in diesem Jahr mindestens vom zwölften Kopf sein. Gewiß nicht jünger. Merkwürdigerweise hatte den Starken bisher noch niemand in freier Wildbahn gesehen. Ein Hirsch mit solchem Geweih hätte doch auffallen müssen, und so gaben nur die Abwurfstangen Zeichen seiner Existenz und machten ein Zusammentreffen mit ihm um so begehrenswerter.

Gleichwohl war auch in der folgenden Brunft der Flachkronige für mich kein Thema. Weder hatte ich einen Jagdbaren zum Abschuß frei, noch glaubte ich, ihn je in dem von mir betreuten Bezirk zu Gesicht zu bekommen. So gingen die Frühherbsttage dahin, und ein passender Abschußhirsch, der mir rundherum Freude bereitet hätte, war mir nicht begegnet. Da endlich bahnte sich in den letzten Septembertagen, die von schönem, trockenem Wetter geprägt waren, eine Wende an. Von dem höchsten Punkt des Revieres aus hatte ich auf weite Entfernung mit dem Spektiv einen, wir mir schien, älteren und recht starken Kronenzehner angesprochen, den näher anzuschauen sich lohnen sollte. Dieser höchste Ausguck ist übrigens ein späteiszeitlicher Geröllkegel und liegt 115 Meter über dem Meeresspiegel. Meine Freunde in den Bergen mögen mir diese Prahlereien eines plattdeutschen Flachländers verzeihen.

Das Rudel mit dem vermeintlichen Kronenzehner gegen Wind anzugehen, war nicht besonders schwierig. Doch weil die Abenddämmerung schon hereinbrach und der Hirsch ständig in Bewegung war, konnte ich das Geweih nicht mehr richtig ansprechen. Zwar fielen mir die unförmigen Kronen auf, doch ich glaubte, der Hirsch habe, wie sie es in der Brunft so gerne tun, mit dem Geweih den schwarzen Moorboden aufgeschlagen und noch Reste davon in seiner Haupteszier hängen. Irgendwann auf dem Heimweg muß mir dann doch die Erleuchtung gekommen sein, daß es sich hier möglicherweise um den „Tellerhirsch", wie ich ihn inzwischen genannt hatte, handeln könne. Es konnte ja sein, daß er inzwischen erheblich zurückgesetzt hatte und so doch noch als IIb in Frage käme. Was hat man als Jäger nicht immer für Hoffnungen und Wünsche!

Tags darauf – es war Freitag – war morgens die große Heidefläche um den Tutenberg leer, und der heimliche Unbekannte hatte sich in den Schutz der Wälder zurückgezogen. Es hätte ja auch so gar nicht zu seinem Wesen gepaßt, hier auf grüner Heid', für jedermann und dem Heidschnuckenschäfer sichtbar, zu brunften. Der Abendansitz an gleicher Stelle brachte zwar den Anblick einiger sehr vorsichtig über mich hinwegstreichender Kolkraben, ansonsten aber den Eindruck eines rotwildfreien Gebietes.

Samstagmorgen, erster Oktober. Noch einmal schrien die Hirsche wie toll. Obwohl die Sonne längst den Frühdunst zurückgedrängt hatte, wollte besonders an einem Forstort, dem Feerserbruch, das Konzert nicht enden. Ich hatte das Auto abgestellt, und aus weiter Entfernung konnte ich eine kleine Bestandeslücke einsehen. Nacheinander passierten drei Hirsche diese Fläche, ein geringer Achter – wohl ein auf Schwung gebrachter Beihirsch –, ein alter, recht dünnstangiger Kronenhirsch und zuletzt, es verschlug mir fast den Atem, der „Tellerhirsch". Hier also hatte er sich eingeschoben, gut drei Kilometer vom Tutenberg entfernt, und niemand konnte vorhersehen, wie lange er hier wohl bleiben würde.

Schnell war ich, mit Büchse und Kamera bewaffnet, an das Rudel herangepürscht und bald schon mitten im Geschehen. Ganz sicher waren hier zwei alte Kämpfer aufeinandergetroffen und versuchten nun lauthals, sich gegenseitig auf Distanz zu halten. Noch hatte ich keinen von beiden wieder gesehen, da trieb ein junger Kronenzwölfer ein Schmaltier fast bis zu jener Kiefer, hinter der ich Schutz zu nehmen versuchte, und beschlug es. Typischer Fall von Tertius gaudens, dem lachenden Dritten, und mit etwas Fantasie war sogar dem Gesichtsausdruck des Zwölfers zu entnehmen, daß er sich in dieser Rolle wohlfühlte. Nach Lage der Dinge hätte dieser mittelalte Hirsch auch ein Sechser oder junger Achter sein können, und so verstehe ich manche Rotwildexperten nicht, wenn sie behaupten, in einem geordneten Rotwildrevier hätten die jungen Hirsche keine Chance, an der Brunft teilzuhaben.

Dem lückigen Kiefernaltholz, an dessen Rand ich mich still und ergriffen niedergelassen hatte, ist nach Westen hin ein mit Heide und Beerkraut unterstelltes Birkenwäldchen vorgelagert. Es geht nach drei Seiten in offenes Gelände, meist Grasflächen, über. Dieses Wäldchen war offensichtlich für das Brunftrudel Zwischenstation von nächtlicher Brunft- und Äsungsfläche hin zu einem sicheren Tageseinstand, und so konnte ich hoffen, daß ich noch etwas von dem Rotwild zu sehen bekommen würde. Und richtig, da zogen schon drei, vier Stück Kahlwild heran, gefolgt von einem wirklich alten, fast schon greisenhaften Hirsch. Sie hatten es gar nicht eilig, und so konnte ich noch schnell ein paar Aufnahmen von dem dünnstangigen Vierzehnender machen. Ich glaube, manche Jägerzeitschrift wäre froh, hätte sie in ihrem Archiv viele Bilder solcher alten Hirsche aus freier Wildbahn. Knapp sechs Kilo mag das Geweih dieses sicher mehr als zwölf Jahre alten Hirsches gewogen haben.

Noch schrie gelegentlich mir gegenüber die andere alte Stimme, die ja nur von dem „Tellerhirsch" stammen konnte, nachdem ich ihn ja eine knappe Stunde vorher leibhaftig auf der Bestandeslücke gesehen hatte. Sei es, daß er durch die lockere Kiefernnaturverjüngung für mich unsichtbar seinem Einstand zugezogen war, sei es, daß er sich in den Birken ermattet niedergetan hatte, alsbald verstummte er völlig, und so konnte ich getrost, um ein herrliches Erlebnis reicher, den Weg nach Hause antreten.

Dort angekommen, empfing ich eine höchst willkommene Botschaft: durch den Ausfall eines Jagdkameraden war in unserem Revier noch ein Erntehirsch freigeworden, auf den auch ich mich versuchen konnte. Nun durfte, nun sollte es dem alten, unsteten Wanderhirsch an den Kragen! Um einen Brunfthirsch erfolgreich bejagen zu können, darf man den Kontakt zu ihm nicht verlieren, muß ihn morgens und abends auf seinem Wechsel beobachten und immer wissen oder ahnen, wo er gerade ist. Dann ist es nicht schwer, die Sache schließlich zu einem guten Ende zu bringen.

Dort, wo ich den Hirsch am Morgen zuletzte vernommen hatte, dort wollte ich es abends probieren. Es wehte tagsüber ein mäßiger Nordostwind, so daß ich von Nordwesten her mit halbem Wind in das Birkengehölz eindringen konnte. Auf einem Wegekreuz ließ ich mich nieder und horchte gespannt in den Abend. Endlich zog von links eine Stimme näher, und bald antwortete rechts von meinem Stand ein ebenfalls alter, abgrundtiefer Baß. Sollte es bei der morgendlichen Rollenverteilung geblieben sein, so mußte der linke der Vierzehnender und rechts der ersehnte Tellerhirsch sein. Endlich, nach einer unerträglich langen Zeit des Wartens, erschien am Rande der senkrecht auf mich zu verlaufenden Schneise so auf sechzig, siebzig Gänge ein Stück Kahlwild und bald darauf, nur in Umrissen erkennbar, der Hirsch. Kein Zweifel, er war es, der mit der klumpigen, verflachten Krone, der Langgesuchte. Wie Kerzen leuchteten die einen halben Meter langen, blankpolierten Augsprossen in dem mächtigen Geweih.

Jedes Geweih wirkt im geschlossenen Wald immer gewaltiger, größer, und man tut gut daran, im Zweifelsfall einen Hirsch vor dem Schuß auch einmal auf der Freifläche zu beobachten, aber bei diesem hier gab es keinen Zweifel, der hatte „sein Gewicht".

Nur sekundenlang ließ er sich betrachten, dann war er wieder verschwunden. Nur ab und zu war zwischen den weiß leuchtenden Stämmchen und dem schon herbstlich bunt verfärbten Laub ein roter Wildkörper zu sehen. Zu allem Unglück schien das Wild auf kürzestem Wege auf die Wiesen zu ziehen, ohne die Schneise rechts von mir zu überqueren. Ganz am Ende dieses Waldweges sah ich das kleine Kahlwildrudel, nun schon auf der Freifläche, rasch vorüberziehen. Ich wunderte mich nur, daß sie nicht schon Wind von mir hatten. Der Hirsch stieß immer wieder einmal kurz an, aber auch er war, das konnte man deutlich hören, schon außerhalb des Waldes. So konnte ich nicht länger untätig hockenbleiben. So schnell es ging, versuchte ich auf allen vieren näher an ihn heranzurobben, doch es half nichts, plötzlich stand er im fahlgelben, ausgedörrten Gras und äugte dem Kahlwild nach.

Wegen einiger Bodenwellen in der Waldschneise fand ich im Liegen keine Schußposition. So erhob ich mich, alles auf eine Karte setzend, und ging auf-

Mein „Lebenshirsch"

Drittstärkster Hirsch Niedersachsens auf der Jagdausstellung in Nürnberg 1986

recht, mit der schweren Büchse (9,3×64) in Anschlag, noch einige Schritte auf den mich verdutzt anäugenden Hirsch zu. Hochblatt getroffen, endete jäh der irdische Wechsel dieses wahrhaft starken, reifen Geweihten.

Was Kurfürst und Kaiser – um den eingangs gesponnenen Faden wieder aufzunehmen – beim Anblick der von ihnen gestreckten Hirsche empfunden haben mögen, wissen die Götter. Der Bürgersmann aus der Heide jedoch war glücklich, seinem Schicksal dankbar und zufrieden. Beim sonntäglichen Streckelegen erfuhr er, daß nicht nur er, sondern noch mehr der Rotwildjäger gerade hinter diesem Alten her waren. Das konnte jedoch seinem Glück keinen Abbruch tun, im Gegenteil, ganz im Gegenteil, er freute sich wahrhaft königlich über diesen Erntehirsch.

Reife Keiler ohne Nachtglas und Mond

Wenn wir als Ziel der Schwarzwildbewirtschaftung einen möglichst hohen Anteil alter Keiler in Bestand und Strecke erreichen wollen, muß unerbittlich stark in die Jungwildklasse eingegriffen werden. Von dem möglichen Idealfall, daß eine Gesamtstrecke von einhundert Sauen auch fünf reife Keiler enthalten solle, sind wir in Deutschland noch weit entfernt. So heißt es „auf Teufel komm raus" Frischlinge und Überläufer schießen, auch wenn das vom jägerischen Standpunkt aus nicht immer die reinste Freude sein mag. Für den, der nur einmal in seinem Leben eine Sau schießen möchte, wird es ein unvergleichliches Erlebnis sein, einen Winterfrischling zu strecken. Wer jedoch in einem Schwarzwildrevier jahrein, jahraus nur „Wutzchen" schießt, fragt sich gelegentlich, ob das denn nun die ganz große Erfüllung eines Jägerlebens ist. Das Ziel jedweder Schwarzwildbewirtschaftung muß jedenfalls der alte Keiler sein.

So wird es sein, daß aus seiner relativen Seltenheit die besondere Wertschätzung des „hauenden Schweines" resultiert, die Keilerwaffen für sich allein sind es gewiß nicht. Wenn ich meine eigene Schwarzwildstrecke vergleiche, kommt im Schnitt höchstens ein guter Keiler auf fünfzig Sauen. Dabei hatte ich erst in „reiferen" Lebensjahren mehr Anlauf als davor. Gestehen muß ich allerdings, daß ich mich noch nie sonderlich um einen alten Bassen durch nächtelanges Ansitzen an Kirr- oder Luderplätze bemüht habe. Lieber überlasse ich die Begegnung dem Zufall.

Als junger Mensch hatte ich noch geglaubt, in einer großen Rotte Schwarzwild müsse sich im Winter doch immer ein Keiler befinden, und das könnte doch nur das stärkste und borstigste Stück der Rotte sein. Schoß ich dann und wann mit fliegendem Puls den „schwarzen Kasten", dann war es hundert zu eins die älteste Bache. Das habe ich längst aufgegeben. Bedenkt man, daß alle Bachen einer Großrotte gleichzeitig nur wenige Tage in der Rausche sind, kann sich der Jäger leicht ausrechnen, wie selten er einen Keiler in der Rotte antreffen wird.

Wer allerdings einmal darauf achtet, ob an einem bevorzugten Aufenthaltsplatz der Sauen, beispielsweise an einer Ablenkfütterung, von einem Keiler zur Markierung seines Herrschaftsgebietes ein weißer, recht stabiler Speichelschaum an kleinen Bäumen und Sträuchern abgesetzt wurde, dann ist die Rausche in vollem Gang und die Wahrscheinlichkeit groß, den stärksten Keiler des Revieres zu erwischen. Als ich diese Schaumflocken zum ersten Mal an mehreren Jungfichten sah, verglich ich sie zunächst mit den speichelähnlichen Gebilden der Schaumzikaden, die der aufmerksame Wanderer im Sommer häufig an Gräsern und Blumen sieht, und erst der Blick in ein schlaues Buch belehrte mich über dieses besondere Verhalten rauschiger Keiler.

Für die sachgerechteste und zeitgemäßeste Form der Bejagung unseres Schwarzwildes halte ich neben dem Einzelansitz heute die sogenannte „Ansitzjagd mit Anrühren". Schon mein erster Lehrchef, der Forstmeister Bohrisch aus Sobernheim, praktizierte in den fünfziger Jahren im Revier Gauchsberg an der Nahe diese Form der Gesellschaftsjagd mit gutem Erfolg auf Rot- und Schwarzwild. An den bekanntesten Wechseln wurden kleine Schirme errichtet und in diese je ein Schütze für vier bis fünf Stunden postiert. Auch einzelne im Bestandesinneren und auf Wegekreuzen stehende Kanzeln und Leitern wurden in dieses System mit einbezogen. Wenig brauchbar sind für solche Jagden Hochsitze im Freien oder an Wildäckern. Dann wurden die Wildeinstände zu gleicher Zeit von einem oder zwei ortskundigen Treibern, ohne großes Geschrei und Hundelärm, beunruhigt. So konnte man das meist ruhig anwechselnde Wild genau ansprechen und mit sicherer Kugel zur Strecke bringen. Daß bei dieser Art der Bejagung auch einige Füchse ihr Leben lassen mußten, leuchtet sicher ein. Und trotzdem läuft auch solch eine Jagd nicht immer reibungslos ab, denn man hat als Jagdleiter ja seine lieben Mitjäger nicht immer im Griff.

Ich erinnere mich noch an eine dieser winterlichen Ansitzjagden. Auf einer schmalen, in den Eichenniederwald gehauenen Schneise, hatte ich einen Frischling und einen Fuchs erlegt. Bei meinem Nachbarn waren zwei Schüsse gefallen. Als ich auf dem Weg zu dem Sammelplatz an seinem Stand vorbeikam, sah ich dort eine starke Bache liegen. Beim nachfolgenden Schüsseltreiben saß ich neben einem mir bis dahin unbekannten jungen Jäger. Wir unterhielten uns bei einem guten Tropfen Nahewein recht angeregt über die gut organisierte Jagd und die Vorzüge, die solches Unternehmen mit sich bringt: Nicht überhastet schießen zu müssen, führende Stücke schonen und geringe Stücke auslesen zu können. Wir beide waren, wie konnte es anders sein, einer Meinung. Als ich dann jedoch auf die von meinem Nachbarschützen erlegte Bache zu sprechen kam, erschrak ich nicht wenig, als sich mein Nebenmann als eben dieser Schlumpschütze zu erkennen gab.

Ein anderer Gast hatte, und das trübte die Laune unseres Jagdleiters noch mehr, auf einem Zwangswechsel sage und schreibe sechs Frischlinge geschossen. Der Schütze hatte auf einem engen Korridor zwischen zwei Kulturgattern gestanden und hemmungslos auf das durchwechselnde Schwarzwild Dampf gemacht. In seiner Schlußrede billigte der Forstamtsleiter dieses Verhalten nicht und fand herbe Worte der Kritik. Diese kommentierte mein fröhlicher Bachentöter mit dem kurzen Satz: „Und wenn mir sieben gekommen wären, hätte ich alle sieben geschossen." Wie es der Zufall so will, traf ich einige Jahre später wieder mit meinem Stand- und Tischnachbarn zusammen. Es war anläßlich der Versteigerung eines kleinen, aber recht interessanten Hochwildreviers, das ich als Forsteinrichter kennengelernt und gern angepachtet hätte.

Neben mir auf einer schäbigen Holzbank einer kleinen Dorfkneipe saß während des Versteigerungstermins besagter Grünrock. Wir erkannten uns beide wieder. Bald ging die Bieterei los. Ich steigerte so lange mit, bis die Gebote bei fünfundzwanzig Mark je Hektar lagen. Das war mir denn doch zuviel. Resigniert wandte ich mich meinem Nachbarn zu. Auch er beklagte, daß die hohen Jagdpachtpreise der Ruin des deutschen Waidwerks wären. Außerdem könne er nicht verstehen, daß die Jäger untereinander so wenig solidarisch wären. So war es im Kern doch ein guter Mann, dachte ich mir. Schier die Sprache verschlug es mir jedoch, als die Gebote auf fünfzig Mark je Hektar geklettert waren und mein besagter Nachbar plötzlich aufsprang und mit erregter Stimme fünfundfünfzig und am Ende sechzig Mark je Hektar bot. Er erhielt den Zuschlag und wurde Pächter dieses Reviers.

Aber ich wollte ja eigentlich von eigenen Erlebnissen auf Ansitzjagden erzählen: Bei einer dieser winterlichen Unternehmungen saß ich inmitten einer Forstabteilung auf einer Leiter, die wir den Bachsitz nennen. Seine Standbeine ruhen auf beiden Seiten eines schnurgerade verlaufenden Grabens, und man hat so, über dem Wasser schwebend, einen guten Einblick in die Grabenschneise. Rechts vor mir lag eine sich allmählich schließende Fichtenkultur mit einigen höheren Anflughorsten, und links erstreckte sich ein aus

Erlen und Fichten bestehendes geringes Baumholz. Die beiden Bestände trennte ein schmaler, mit hoher Rasenschmiele bewachsener Weg. Die Treiber mußten schon etwa eine Stunde unterwegs gewesen sein, als durch das lichte Erlengehölz ein geringes Rudel Rotwild gezogen kam. Es gelang mir, als es im lichten Streifen vor dem Bach verhoffte, ein schwarzes Wildkalb frei zu bekommen. Auf den Schuß hin überfiel es den Graben und brach auf der anderen Seite zusammen. Es dauerte jedoch nicht lange, da kam ein einzelnes Stück Kahlwild auf dem Fluchtwechsel zurück. Ich nahm an, daß es das Tier des geschossenen Kalbes war, und schoß es ebenfalls. Das war ja ein vielversprechender Beginn.

Wenig später bemerkte ich eine Bewegung in der Fichtenkultur. Nur und dort ragte ein schwarzer Borstenkamm aus den verschneiten jungen Fichten hervor. Es ist in solchen Situationen recht schwer, ein Stück Schwarzwild auf Alter und Geschlecht anzusprechen. Ich konnte nur mit dem Zielfernrohr mitfahren, um so auf der Schneise eine schnelle Entscheidung zu treffen. Figur, Pinsel, Waffen, das konnte nur ein alter Keiler sein, und hinaus war die Kugel. Nur fünfzig Meter vom Anschuß entfernt lag er verendet unter einer tiefbeasteten Fichte. Er war goldrichtig, obwohl er nicht das angestrebte Gewicht von einhundert Kilogramm hatte. Seine Schwarte aber war pechschwarz. Nur ein Jahr später, bei der Hubertusjagd, ergab es sich, daß ich mir im selben Forstort, dem Eichflath, einen günstigen Ansitzplatz aussuchen konnte. Diesmal wählte ich einen erdnahen Schirm am Rande einer kleinen Wiese, von wo aus man in einen lichten Laubmischbestand Einblick hatte. Durch ihn zogen mehrere Wildwechsel, und mit etwas Glück würde man in einer Bestandeslücke ein Stück erwischen können.

Es kam wie erhofft, plötzlich bewegten sich zu meiner Linken mehrere dunkle Wildkörper im Bestand. Nachdem zwei Bachen und einige Frischlinge bereits durch- und in das angrenzende dichte Holz eingezogen waren, kam ich in einer lichten Erlenpartie auf einen der Rotte folgenden geringen Überläufer zu Schuß. Er klagte im Schuß, und so war ich mir einer guten Kugel sicher. Sehen konnte ich allerdings nicht, wo das Stück zusammengebrochen war.

Immer wieder durchstreiften meine Blicke den herbstlich kahlen Wald. Sollte sich nicht doch noch etwas regen? Bei solch einer Ansitzjagd kann immer Wild kommen, ja selbst auf Fernwechseln aus den entferntesten Revierteilen zustehen. Zudem weiß man von Sauen, daß sie erst lange Zeit nachdem die Treiber die Dickungen durchquert haben, ihre Einstände verlassen. So oder ähnlich muß auch die Lebensweise des alten Keilers gewesen sein, der kurz vor Ende der Jagd plötzlich auf dem bekannten Wechsel erschien. Im zügigen Troll folgte er genau den Fährten der zuvor beschossenen Rotte. Ich hätte sicher das Nachsehen gehabt, hätte er nicht plötzlich von dem verendeten Überläufer Wind bekommen und für einen Augenblick verhofft. Der jedoch genügte, seine hell leuchtenden Waffen zu erkennen, und so schnell es die Situation erforderte, krümmte ich den Finger. Ich war tief abgekommen. Der überhastet hingeworfene Schuß ließ mich nichts Gutes ahnen.

Doch ehe ich nach beendeter Jagd die Nachsuche mit meinem Schweißhund aufnahm, holte ich meinen Nachbarschützen ab. Der hatte gut fünfhundert Meter von mir entfernt auf einer geschlossenen Kanzel eine schmale, langgestreckte Forstwiese „verteidigt", die, neben einem guten Schalenwildeinstand gelegen, häufig von auswechselndem Wild überquert wird. Seinem Bericht nach hatte sich folgendes bei ihm abgespielt: Auf meinen ersten Schuß hin war die starke Rotte bei passender Entfernung über die Wiese gewechselt, ohne daß er einen der braunen Frischlinge hätte schießen können.

Dann, auf den letzten Schuß hin, sei ihm unweit der Kanzel ein starkes Stück Schwarzwild erschienen. Durch das Zielfernrohr habe er gesehen, daß diesem ein Teil des Gescheides heraushing. Daraufhin habe er sofort geschossen, und zwar gerade in dem Augenblick, in dem der Keiler den mitten durch die Wiese ziehenden Bach zu überfallen gedachte. Der Basse sei im Knall zusammengebrochen, in seiner ganzen Länge in den Graben gefallen, und dort liege er noch.

Da fiel mir ein Stein vom Herzen, und ich ging sogleich mit dem Freund zum Anschuß. Dort bot sich ein seltsames Bild: Der Keiler lag in seiner vollen Größe in dem steilrandigen Graben und hatte diesen schon fast zum Überlaufen gebracht. Unterhalb der „Staustufe" färbte sich das Wasser rot. Vereint zogen wir den Bassen aus dem Wasser und freuten uns gemeinsam über die guten Waffen und die silbergraue Schwarte.

Bei dem abendlichen Schüsseltreiben war der Keiler das Hauptgesprächsthema. Wir veranstalteten ein kleines Ratespiel, und derjenige Schütze sollte den gesamten Wetteinsatz bekommen, der das Gewicht des Keilers am besten geschätzt hatte. Das war dann mein Freund Arnold, mit dem ich schon manche Sau aus der Dickung gezogen habe.

Es gehört leider zu den weniger erfreulichen Erscheinungen unseres heutigen Jagdwesens, daß die Geselligkeit immer seltener gepflegt wird. Das leidige Problem des Alkohols am Steuer veranlaßt so manchen Jagdteilnehmer, überhaupt nicht mehr am abendlichen Schüsseltreiben teilzunehmen. Andere verlassen den Ort der Gastlichkeit nach kurzer Zeit in Hast und Eile. Nicht, daß ich hier einem hemmungslosen Saufgelage das Wort reden möchte, aber ein gemütliches Beisammensein und ein zünftiger Umtrunk gehören nun einmal zu jeder ordentlichen Gesellschaftsjagd.

Um als Jagdleiter nach einer traditionellen Hubertusjagd nicht nur im

kleinsten Kreise bei Jagdgericht und Bier sitzen zu müssen, ließ ich mir einmal etwas Besonderes einfallen. Ein Bekannter aus der DDR schickte mir
nachfolgendes Gedicht, und ich las es bei der Begrüßung der versammelten
Jagdgesellschaft vor.

Wer nach froh verlebter Jagd
schleunigst aus dem Staub sich macht,
immer nach der Uhr nur guckt,
weil's ihm in den Ständern juckt,
wer fürs Schüsseltreiben dankt,
weil ihm sonst die Mama zankt,
daß er käm' zu spät nach Haus
oder zuviel Geld gäb' aus:
Der ist kein Jäger nicht
und auch kein Heger nicht,
und prahlt er noch so groß,
's ist mit ihm doch nichts los!

Auf meine nachfolgende Frage, wer nicht zum Schüsseltreiben kommen
wolle, erhob sich im weiten Rund nicht eine Hand.

Frischlinge und Überläufer in großer Zahl schießen zu müssen, kann
schon ein hartes Stück Arbeit bedeuten. Haben die Sauen erst einmal erfahren, daß ihnen pausenlos nachgestellt wird, reagieren sie mit noch mehr
Heimlichkeit. So wird das gesteckte Ziel beim Abschuß häufig nicht erreicht.

Diejenigen, welche den Abschuß von Sauen und anderem Wild an der
Fütterung gutheißen, sind der Ansicht, daß ein Wildtier weder den Tod
kennt noch das jähe Ende eines Artgenossen wahrnimmt. So einfach kann
man diese Frage meines Erachtens jedoch nicht abtun. Folgendes Beispiel
mag zu denken geben: Mit einem Kollegen besuchte ich eines Tages ein größeres Wildgehege. Wir trugen unsere Uniform. Während die Sauen sich zuvor noch arglos von den Besuchern füttern ließen, gaben sie bei unserem Erscheinen Warnlaute ab und verkrochen sich in den entlegensten Winkel des
Gatters. Ein zufällig anwesender Gehegewart fand eine ganz plausible Erklä-
rung für solches Verhalten: Die im Gehege überzähligen Sauen wurden jedes
Jahr von dem örtlich ansässigen Revierförster mit der Büchse abgeschossen,
was jedes Mal für die Schwarzkittel sicher ein schreckliches Erlebnis war.
Die Forstuniform löste bei ihnen Furcht und Schrecken aus. Für dumm
sollte man das Schwarzwild nicht verkaufen.

Im Frühjahr 1985 wurden die Jäger von verschiedensten Seiten aufgefordert, das Schwarzwild intensiver zu bejagen. Anlaß zu diesen Appellen war

eine landauf, landab zu beobachtende Zunahme der Bestände mit der damit verbundenen Steigerung der Wildschäden. Diese Erscheinung war nicht nur auf die nördlichen Bundesländer beschränkt. So war zu hören, daß beispielsweise auch in Rheinland-Pfalz, wo das Rotwild derzeit harte Belastungen zu überstehen hat, die Sauen zugenommen hätten und im Soonwald bei den repräsentativen großen Staatsjagden nicht nur einige wenige Rehe, sondern auch wieder mehrere Sauen die Strecken zierten.

Begründet wird die auch heute noch anhaltende Bestandeszunahme mit günstigen Lebensbedingungen des Schwarzwildes infolge milder Winter und mehrerer aufeinander folgender Eichelmasten. Nach H. Meynhardt, dem großen „Schwarzwildguru" unserer Tage, ist auch nach einem noch so guten Mastjahr die Zahl der Frischlinge nicht zu steigern, da diese erblich fixiert sei. Eine Frau, so sagte er mir einmal, bekäme auch nicht ein oder zwei Kinder mehr, wenn man sie optimal ernähre. Allenfalls lasse sich das Ansteigen der Frischlingszahlen dadurch erklären, meinte er, daß die Frischlingsbachen nach einer guten Mast schon in ihrem ersten Lebensjahr rauschig würden und so bei Überspringen des Überläuferstadiums zur Bestandesvermehrung beitrügen, wenn auch mit relativ wenigen Frischlingen pro Wurf.

Nun muß man nicht unbedingt alles für bare Münze nehmen, was der DDR-Schwarzwildexperte gelegentlich mit auf ein großes Publikum abzielenden Show-Effekten von sich gibt. Manche der an seinen unter gehegeähnlichen Bedingungen lebenden Großrotten gemachten Zufallsbeobachtungen werden leider als generelle Verhaltensweisen des Schwarzwildes ausgewiesen.

Doch in der Frage der Bestandesentwicklung nach Mastjahren kann man Meynhardt getrost zustimmen. Die frühe Reproduktion der Frischlingsbachen wird dort jedoch eine nicht unwesentliche Rolle spielen, wo bei den Sauen ein recht ungünstiger Altersklassenaufbau besteht, das heißt, wo insbesondere junge Stücke die Hauptmasse des Bestandes ausmachen.

Nach meinen Erfahrungen sind es neben den umweltbedingten Einflüssen zwei wesentliche Gründe, die in unserem Lande zu einer bemerkenswerten Ausweitung der Schwarzwildbestände geführt haben.

Erstens: Durch die milden, schneearmen Winter und die häufigen Buchen- und Eichenmasten war die Bejagung der Sauen ungeheuer schwierig. Sie blieben während der Herbst- und Wintermonate vorwiegend in den geschlossenen Laubholzbeständen und brachen dort nach Fraß. Ansitze auf Wildäckern und anderen Freiflächen zeitigten keinen Erfolg. In mastlosen Jahren beobachten wir bei Frost und schon geringen Schneelagen, wie die Sauen auf den großen Wiesen nach den Tipulidenlarven brechen, die eine gute, eiweißhaltige Nahrung abgeben. Das erleichtert die Jagdausübung natürlich ungemein.

Von ganz entscheidender Bedeutung für die Abschußerfüllung beim Schwarzwild sind die Mondperioden. Die meisten Sauen werden kurz vor und nach dem Vollmond erlegt. Fallen nun die Vollmondphasen mit Regentagen und Tagen mit starker Wolkenbildung zusammen, so ist auch dadurch der Jagderfolg fraglich. Daß Sauen bei Schnee gekreist werden können, sei nur der Vollständigkeit halber erwähnt.

Als zweiter Grund mag gelten: Die jagdliche Einstellung der Jäger gegenüber dem Schwarzwild hat sich in jüngster Zeit gottlob deutlich geändert. Mußte man bei der Diskussion sinnvoller Hegekonzeptionen vor Jahren noch fordern, die Jäger müßten den Anblick von Sauen ertragen lernen, ohne gleich ans Schießen zu denken, so ist hier ein grundlegender Wandel eingetreten.

Das „Lüneburger Modell" und andere Hegekonzepte, wie immer sie auch heißen mögen, haben zu einem differenzierten, zurückhaltenden Abschußverhalten geführt. Der „körperliche Nachweis", das Vorzeigen der erlegten Stücke innerhalb einer Hegegemeinschaft, mögen ein übriges dazu beigetragen haben. Ohne kleine Einschränkungen der persönlichen Freiheit zugunsten des erstrebten Zieles sind sicher auch die besten Hegekonzepte nicht zu realisieren.

Die zuvor genannten Gründe müssen zu einem Ansteigen der Bestände geführt haben. Wie auf Trophäenschauen der vergangenen Jagdjahre zu beobachten war, hat nach dem Beginn einer geordneten Schwarzwildbejagung der Anteil starker Keiler an der Gesamtstrecke zugenommen. Natürlich muß das Ziel einer sachgerechten Schwarzwildhege das Erbeuten einer möglichst hohen Zahl starker, reifer Keiler sein. Das Schießen vieler Frischlinge kann auf die Dauer einen Schwarzwildjäger nicht befriedigen. Doch machen wir uns nichts vor, der höhere Anfall von Erntekeilern ist nicht nur ein Verdienst planvoller Hege, er ist auch Ausdruck einer Bestandeszunahme. So wie es nach dem letzten Weltkrieg bei dem unerträglich hohen Schwarzwildvorkommen auch eine stattliche Zahl von starken Keilern gab, so ist auch heute bei höheren Bestandesziffern die rein mathematische Wahrscheinlichkeit größer, daß das eine oder andere männliche Stück stärker und älter wird. Vergleiche mit dem Rotwild drängen sich auf: Dort, wo es nur noch einen „Schleier" von Rotwild gibt, gibt es keine alten, reifen Hirsche mehr, und wo noch ein der Zahl nach befriedigender Bestand erhalten blieb, haben auch einige Hirsche die Chance, bis zum Reifealter am Leben zu bleiben. Der damalige DJV-Präsident Anheuser hat es einmal so ausgedrückt: Nur auf einer breiten Basis können genügend starke Hirsche heranwachsen.

Ein noch nicht befriedigend gelöstes Problem bei der Diskussion von Schwarzwildstrecken ist m. E. der Anteil der Frischlinge und Überläufer an der Gesamtstrecke. Nach all den Modellvorstellungen soll der Anteil der Frischlinge mindestens 70 % und der der Überläufer nicht mehr als 20 % der Gesamtstrecke betragen. Ich habe äußerst selten gehört, daß solche Zielvorstellungen in der Praxis erreicht wurden. Mancherorts überwiegen sogar die Überläufer gegenüber den Frischlingen bei der Jahresstrecke. Auch in den großen Staatsrevieren haben wir den geforderten Frischlinganteil an der Strecke nie erreicht.

Woran liegt das? Die Antwort ist einfach: Weil ein großer Teil der Frischlinge im Frühjahr erst nach dem 1. April als Überläufer zur Strecke kommt. An diesem Tage werden ja bekanntlich die Frischlinge zu Überläufern „befördert". Es sind diese Überläufer, die meist im Gewicht sehr gering sind, ganz anders zu beurteilen als jene, die bei der Herbst- und Winterjagd zu schonen sind. Sie können in der Statistik natürlich nicht auch noch gesondert erfaßt werden. Leider herrscht auch heute noch bei der Definition eines Überläufers ein heilloses Durcheinander, und daher kann keine Schwarzwild-Abschußstatistik stimmen. Nach allgemeiner Lesart wird ein Frischling am 1. April des auf seine Geburt folgenden Jahres zum Überläufer. So weit, so gut. Das müßte sich gelegentlich jeder Schwarzwildjäger einprägen können. Der 1. April hat natürlich nichts mit dem Lebensalter des Frischlings zu tun, er steht nur als Stichtag für den Beginn des Jagdjahres.

Schwierigkeiten bei der Einordnung von geringen Sauen ergeben sich aber aus der Tatsache, daß Frischlinge 45 Kilo und Überläufer 12 Kilo wiegen können und umgekehrt, das Schwarzwild sich also nicht nach dem Gewicht in bestimmte Klassen einstufen läßt. Da die Abschußmodelle jedoch weitgehendst mit Gewichtsgrenzen operieren, ist die klare Begriffsbestimmung des Überläufers verwischt worden. So heißt es in den niedersächsischen „Grundsätzen und Richtlinien für die Hege und Bejagung des Schalenwildes" vom 6. Mai 1971: „Für den Abschuß in der Schonzeit gelten als Frischlinge alle Stücke aus dem Nachwuchs des gleichen Jahres, ferner in der Zeit vom 1. 2. bis 31. 3. auch alle Stücke aus dem Nachwuchs des Vorjahres und darüber hinaus in der Zeit vom 1. 4. bis 15. 6. alle zu spät und zur Unzeit gesetzten Frischlinge aus dem Nachwuchs des Vorjahres, deren Gewicht aufgebrochen 25 kg nicht überschreitet."

Das ist natürlich ein Unfug, denn erstens müssen Überläufer mit weniger als 25 kg nicht unbedingt „zu spät oder zur Unzeit" gefrischt sein. Nach meinen Beobachtungen wachsen in bestimmten Jahren und bei bestimmten Rotten die zeitgerecht gesetzten Frischlinge einfach nicht stärker zu, so daß sie im nachfolgenden Frühjahr nicht mehr als 20 bis 25 kg wiegen. Hier mögen Parasitierung, ungünstige Umweltbedingungen und vielleicht auch genetische Veranlagung eine Rolle spielen. Zweitens ist es doch unlogisch, wenn man am 1. Mai aus einer Überläuferrotte zwei Stücke schießt, und dann das 24 kg wiegende als Frischling und das 26 kg wiegende Stück als Überläufer bucht. Hier müssen sich die Verantwortlichen schnell etwas einfallen lassen, damit die Schwarzwildstatistiken vergleichbar und auswertbar werden.

Da die geringen Stücke im Frühjahr über den 1. April hinaus am besten anzusprechen und zu bejagen sind, ist es aus der Sicht der Jagdpraxis unerläßlich, in der Zeit vom 1. April bis 15. Juni einen Schwerpunkt im Schwarzwildabschuß zu setzen. Es ist auch für die Erreichung des gesteckten Zieles unerheblich, ob die geringen Sauen kurz vor oder nach dem 1. April geschossen werden. Sind die im Vorjahr gefrischten Stücke nach allgemeiner jagdlicher Definition Überläufer, dann ist ein geforderter Streckenanteil von mindestens 70 % Frischlingen wirklichkeitsfremd. Es wurde schon wiederholt angeprangert, daß das Grundübel der Schwarzwildbejagung der Abschuß einzeln gehender, starker Überläuferkeiler ist. Mir ist unverständlich, wie man den reizlosen Abschuß eines bei gutem Büchsenlicht daherziehenden Überläufers heute noch gelegentlich in Jagdzeitschriften als wort- und spannungsreichen Erlebnisbericht nach dem Motto „... und wieder traf ich mit dem ersten Schuß" abdruckt.

Beim Abschuß von Überläufern wird häufig der höhere Anteil der männlichen Stücke bedauert. Da sich Überläufer sehr eindeutig nach dem Geschlecht unterscheiden lassen und dabei besonders weibliche Stücke der Kugel zum Opfer fallen sollten, ist dies an sich unerklärlich. Diejenigen „Experten", die ihr jagdliches Wissen nur aus Büchern und Statistiken beziehen, vermuten dann leicht bei den Frischlingen ein von Natur aus gegebenes Geschlechterverhältnis zugunsten der männlichen Stücke. Doch das dürfte, betrachtet man das Ganze unter dem Gesichtspunkt der jagdlichen Nutzung, wie bei den anderen Wildtieren auch, nicht weit von 1:1 entfernt sein. Bei der Auswertung von Streckenberichten verschiedener Hegeringe konnte ich eine bemerkenswerte Feststellung treffen: In den Schwarzwildkerngebieten war das GV bei den Überläuferstrecken durchweg 1:1. In den Randrevieren mit geringen Schwarzwildstrecken ergab sich ein Überwiegen der Keilerchen gegenüber den Überläuferbachen bis zu einem Zahlenverhältnis von 5:1. Daraus folgert, daß die Überläuferkeiler einen weiteren Aktionsradius als die -bachen haben und die von ihrer Art dünn besiedelten Gebiete aufsuchen. Eine Tatsache, die wir auch von anderen Wildarten her kennen.

Wenn wir heute aus den Streckenberichten der Vorjahre mancherorts einen überhöhten Schwarzwildbestand herleiten, so sollten wir auch eines bedenken: Wie bei keiner anderen Schalenwildart beeinträchtigt ungünstige Frühjahrswitterung den Aufzuchterfolg beim Nachwuchs mehr als beim Schwarzwild. In den Revieren der südlichen Lüneburger Heide wurde bis in den Sommer 1984 hinein aufgrund der vorherrschenden naßkalten Witterung eine hohe Sterblichkeit bei Frischlingen festgestellt. Bachen, die anfänglich sechs Frischlinge und mehr führten, hatten im Hochsommer nur noch deren drei, ja, bei mancher Bache befand sich nur noch ein Nachkomme, und es wäre angezeigt, auch diesen leben zu lassen, um so der Bache eine größere Überlebenschance einzuräumen. Kurzum, die vermuteten hohen Schwarzwildbestände dürften mancherorts so hoch gar nicht sein, denn wie immer hilft sich auch hier die Natur selbst auf wunderbare Weise.

Meinen sicher ältesten, in Waffen und Wildbret aber geringen Keiler schoß ich anläßlich einer nicht alltäglichen Begegnung. Eines kalten Januartages war ich zu Fuß im Revier unterwegs. Forstlichen Aufgaben nachgehend, hatte ich kein Gewehr bei mir, und das sollte man als Jäger nie tun. Denn als ich an einer Wildweide vorbeikam, stand am hellen Nachmittag eine starke Rotte Schwarzwild im Gebräch. Der Hunger mußte sie aus der nahen Dickung getrieben haben, denn sie brachen unaufhaltsam nach den unterirdischen Teilen des auf der Fläche stockenden Dauerklees. Es lag schon einige Tage in der Heide eine geschlossene Schneedecke, und nachts war es empfindlich kalt gewesen.

Als ich die Sauen durch das Fernglas musterte, entging es mir nicht, daß ein recht alter Keiler inmitten der übrigen Sauen stand. Er war zwar im Wildbret schwach und stark abgekommen, aber doch noch von imponierender Statur. Seine langen, weißen Gewehre ragten weit aus der Schwarte hervor, und ich bedauerte es zutiefst, unbewaffnet zu sein.

Dann besann ich mich jedoch darauf, daß ich in dem zwei, drei Kilometer entfernt abgestellten Wagen meinen Drilling liegen hatte. Unauffällig zog ich mich von der Fläche zurück und eilte im Sauseschritt zu meinem Fahrzeug. Drilling raus, Patrone rein, und schon war ich wieder als Jäger komplett. Schnell ging es den gleichen Weg zurück. So, als wäre ich nicht eine knappe Stunde fort gewesen, hatte ich das Schwarzwild wieder vor mir. Es bedurfte keiner besonderen Anstrengungen, den Keiler herauszufinden und mit einem guten Blattschuß zu erlegen. Noch verzauberte die flach am Himmel stehende Wintersonne mit ihrem schwachen, matten Licht die verschneiten Felder und Wälder, da saß ich nach dem Aufbrechen, nicht der Kälte achtend, glücklich neben meinem Keiler im Schnee und dachte darüber nach, welche besonderen Umstände wohl ein so heimliches Geschöpf veranlassen können, seinen sicheren Tagesunterschlupf zu verlassen.

„Veni, vidi, vici[1]“, sagte ich abends beim Jägerstammtisch, und der alte Oberst v. O. fügte augenzwinkernd hinzu: „Und für die, die kein englisch können, will ich es übersetzen: Wein, Weib und Gesang!“

[1] lateinisch: ich kam, ich sah, ich siegte.

Über die Berge

Auf dem idyllisch gelegenen Friedhof des Dörfchens Kals am Großglockner gibt es eine besondere Abteilung, die den im Gebirge Verunglückten vorbehalten ist. Auf kleinen Grabtafeln stehen in dürren Worten die traurigen Schicksale von Bergwanderern, Bauern, Holzfällern, Bergführern und halt auch Jägern. Gewiß ist es nicht jedermanns Sache, ohne besonderen Anlaß einen Kirchhof aufzusuchen und dort so eindringlich an die Endlichkeit unseres irdischen Daseins erinnert zu werden, doch ich mag die von dieser geweihten Erde ausgehende Stille und lese gern die Namen, Titel und Daten der Verstorbenen.

Ganz besonders angetan hatte es mir bei meinem Besuch des Kalser Friedhofes die Inschrift auf einer in dem den Bergtoten vorbehaltenen Winkel aufgestellten, die bescheidenen Grabkreuze ein wenig überragenden Kupferplatte, die da lautet: „Viele Wege führen zu Gott, einer führt über die Berge."

Was kann in so knappen Worten besser die tiefe Verwurzelung der Bergbewohner in ihren Glauben ausdrücken als auch die oft verkannte oder leichtfertig übersehene Gefährlichkeit der im Gebirge wirkenden Naturgewalten? Aber es ist nicht der Reiz des Abenteuers, der mich alljährlich in die Welt der Felsen, Schluchten, Matten und Kare führt, sondern das besondere Natur- und Jagderlebnis, das das Gamsjagen bietet.

Im Oktober war ich wieder einmal ins schöne Land Tirol gefahren. Eine Gamsgeiß galt es zu erlegen. Den mir in jedem Jahr von dem Jagdpächter so großherzig überlassenen Bock hatte ich heuer meinem Freund Friedhelm abgetreten, sollte er doch endlich seinen ersten Gams erjagen. Der Jäger Hans, mit dem ich schon so manchen aufregenden Pürschgang hinter mich gebracht hatte, meinte, die Geißen würden bei dem klaren Wetter noch hoch in den Bergen stehen, und wir würden uns ordentlich plagen müssen. Mehr jedenfalls als auf einen feisten Herbstbock, aber was störte mich das? Wir würden schon sehen.

Schon um sechs in der Frühe waren wir aufgebrochen. Mit dem Auto hatten wir rasch das enge, kurvenreiche Stückchen Weg durchs Dorfertal genommen und an seinem Ende, am Tauernhaus, das Fahrzeug abgestellt. Während unten im Tal in üppiger Pracht die roten Geranien vor den Fenstern der Bauernhäuser blühten und noch ein frisches, sattes Grün die Almwiesen überzog, herrschte hier am Fuße der Dreitausender eisige Kälte. Zehn Grad minus mochten es sicher sein. Dazu wehte ein heftiger Wind von den Höhen.

Durch das Fernglas hatten wir bald unterhalb einer ausgedehnten Gletscherwand ein Rudel Scharwild ausgemacht. Als kleine, schwarze, sich nur unmerklich von dem weißen, schneeigen Untergrund abhebende Punkte nahm das Jägerauge das Wild wahr. Das würde schon ein beschwerlicher, schweißtreibender Aufstieg werden! Doch wenn einem ein frischer Wind ins Gesicht bläst und man ein Ziel vor Augen hat, läßt es sich schon leichter steigen. So kamen wir auf dem ausgetretenen Pfad bis zur Baumgrenze gut voran.

Dann, im offenen, gelegentlich von Beerkräuterfeldern durchzogenen Gelände galt es, nicht nur auf den sicheren Halt der Füße, sondern auch auf das allzeit vorsichtige Äugen der Altgeißen zu achten. Langsam, aber stetig äste sich das Rudel bergan.

Um auf Schußentfernung heranzukommen, mußten wir schneller sein und gönnten uns kaum ein paar Sekunden der Rast. Als wir, einem verschneiten und gerölldurchsetzten Rinnsal folgend, die Köpfe über die Grabenkante hoben, hatten wir endlich das vielköpfige, im Harschschnee nach Äsung plätzende Rudel vor uns. Etwas abseitig, an einem schmalen Felsband, stand eine alte Geiß mit hohen Schläuchen, die ausdauernd die Spitzen der aus dem Schnee herausragenden Zwergsträucher verbiß. Sie führte ganz offensichtlich kein Kitz, und so wußte ich das Kopfnicken von Hans richtig zu deuten. Mit der 7×64 aus dem Stutzen, sicher auf dem Rucksack aufgelegt, auf zweihundert Meter einen Gams zu schießen, ist im allgemeinen kein Kunststück. Warum dann auf den Schuß hin vor der breitstehenden Geiß der Schnee stäubte und diese nach einigen Fluchten zu dem Haupttrudel hin wieder verhoffte, vermag ich nicht zu erklären, es sei denn, ich gestehe rundheraus, daß ich elendiglich vorbeigeschossen hatte.

Der zweite Schuß mußte nun schnell hingeworfen werden, und wie es dann bei schnellen Schüssen leicht gehen kann, war ich etwas hinter dem Blatt abgekommen. Mit krummem Rücken und offensichtlich krank, verschwand die alte Geiß hinter dem nächsten Grat, während das übrige Rudel höheren Regionen zustrebte. Der Anschuß war leicht auszumachen, und ganz sicher saß die Kugel mittendrauf. Wir folgten der Wundfährte noch einige Schritte, dann mußten wir zu unserem Schrecken erkennen, daß das Stück in eine steile, vereiste Felswand eingestiegen war. Nun war guter Rat teuer. Mein Begleiter hatte, wie jeder vernünftige Bergsteiger zu solcher Zeit, ein Paar Steigeisen in seinem Rucksack; und so schlug er vor, die Nachsuche ohne mich, aber mit Alfi, dem Tiroler Brackenrüden, zu machen. Ich hatte den Hund bisher noch nicht erwähnt, weil er sich bis dahin still und unauffällig verhielt, daß es nichts Besonderes von ihm zu erzählen gab. Ein erfahrener Hund weiß schon, wann seine Stunde gekommen ist.

Das Problem war nur, wenn man überhaupt von einem solchen sprechen konnte, daß ich allein den Abstieg wagen sollte. Hans war sicher, das kranke Stück zu finden, und wollte dann nach Möglichkeit nicht mehr zu mir heraufsteigen, sondern sich auf direktem Wege zu unserem Ausgangspunkt begeben. Verständlich, wenn man an das schwierige Gelände dachte und daran, daß er – hoffentlich – bald noch einen schweren Gams zu bergen hatte.

So schulterte ich frohen Muts meine Siebensachen, überließ dem Hans meine Büchse, wünschte ihm und dem Hund Waidmannsheil und machte mich auf den Weg. Der war auch kaum zu verfehlen, denn von einigen ausgeaperten Partien auf steilen Sonnenseiten abgesehen, waren unsere Spuren vom Aufstieg im Schnee gut zu erkennen. Allein die von grellem Sonnenlicht durchflutete Hochgebirgslandschaft leichtfüßig zu durchqueren, machte mir einen Heidenspaß. Denn es ging ja nicht nur überwiegend bergab, sondern ich konnte mich auch in dem Glücksgefühl wiegen, am Fuß der Berge mit Hans und unserer gemeinsamen Beute zusammentreffen zu können.

Auf halbem Wege angelangt, sah ich aus luftiger Höhe plötzlich neben unserem Wagen zwei Menschengestalten. Das mußten der Jäger Alois und mein Freund Friedhelm sein, die sich für die Pürsch auf den Gamsbock rüsteten. Wie ich durchs Glas beobachten konnte, machten sie jedoch auch nach geraumer Zeit keine Anstalten zum Aufbruch, sondern beobachteten mich eingehend durch das auf dem Wagendach aufgelegte Spektiv. Schließlich gesellte sich noch ein drittes, ebenfalls in grünes Loden gehülltes Mannsbild zu den beiden und betrachtete mich ebenfalls durch das Sehrohr.

Was mochte es nur sein, was ihre Aufmerksamkeit so auf mich lenkte? Verstohlen blickte ich an mir herab, ob ich etwa meine Hosen verloren hätte. Als ich schließlich nichts Ungewöhnliches an mir entdecken konnte, setzte ich meinen Weg fort, nicht ohne meine Schritte merklich zu beschleunigen.

Bei den Freunden angekommen, wurde ich, noch ehe ich von meinem Jagderfolg berichten konnte, mit einer Fülle von Fragen überhäuft: „Was ist mit dem Hans passiert?" – „Warum kommst du alleine und ohne Gewehr?" – „Wo ist der Hund geblieben?" – „Was hat der Schuß in der Felswand zu bedeuten?" – Erst als sich die Aufgeregtheit ein wenig gelegt hatte, konnte ich den genauen Hergang unserer Pürsch berichten und den besorgten Männern versichern, daß der Hans noch am Leben war. Die Tatsache, daß ich als Jagdgast allein den Berg hcrabgestiegen kam, war für den jagd- und bergerfahrenen Alois ein solch ungewöhnliches Ereignis, daß er sich um seinen Kollegen die größte Sorge machte.

Bald kam der Hans, putzmunter und wohlgelaunt, denn er trug die starke Geiß auf seinen Schultern. Im schroffen Fels hatte er sehr bald das schwerkranke Stück im Wundbett entdeckt und ihm den Fangschuß angetragen. Daß die verendete Geiß sich bergab selbst einen Weg über Stock und Stein suchen mußte, erzählte mir Hans augenzwinkernd erst dann, nachdem er sich von der Unversehrtheit der Krucken überzeugt hatte.

In dem Jahr, in dem ich meinen dreißigsten Gams schießen durfte, wollte mir der Hans eine ganz besondere Freude machen und mich auf einen ganz alten Bock zu Schuß bringen. Bei den Gamsböcken geht es mir ja wie bei den Rehböcken oder eigentlich allen Trophäenträgern: Die ganz große Genugtuung bringt nur das ganz alte, reife Stück und seien die Trophäen, die ich im allgemeinen nicht im wortwörtlichen Sinne als „Siegeszeichen" betrachtet sehen möchte, noch so klein und bescheiden.

Auf den alten Gratfürst nun sollte ich es versuchen. Er war den einheimischen Jägern kein Unbekannter. Wiederholt hatten sie ihn im Sommer am Rand einer luftigen Hochalm gesehen, und das Rindvieh und der alte Gams waren gut miteinander ausgekommen. Ich konnte den Hans und seine Freunde schon gut verstehen, daß sie diesen bekannten Bock durch einen Fremden schießen lassen wollten, dem nicht diese enge Beziehung, gerade zu diesem Tier, zu eigen war. Vielleicht würde bei ihnen die Freude über die Erlegung des so lange Gehegten nicht unwesentlich durch den Schmerz überschattet, einen alten Bekannten verloren zu haben. Ich selbst würde jedenfalls einen jährlich an der Fütterung stehenden und einem damit ans Herz gewachsenen Hirsch lieber durch einen Gastjäger schießen lassen als ihm selbst die Kugel anzutragen.

So stiegen wir eines Oktobermorgens in aller Frühe bergan, immer dem vom Almvieh ausgetretenen Pfade folgend. Schon bald ließ die klare Morgensonne die Berggipfel in den prächtigsten Farben leuchten, überflutete die steilen, ausgedorrten Weideflächen mit ihrem goldgelben Licht und schenkte dem Tag neues Leben. Nur der sich in endlosen Windungen nach oben schlängelnde Steig war noch schattig und angenehm kühl.

Gerade hatten wir den immer lichter werdenden, aus tiefbeasteten gelbnadeligen Lärchen bestehenden Bergwald verlassen, da deutete mein Begleiter mit einer Handbewegung auf den Lebensraum des von uns gesuchten Bockes hin. Zur Linken zog sich ein schmaler Grashang hinauf bis zum Steingeröll, und zur Rechten sah ich auf einem schmalen Bergrücken eine Gruppe weitständiger Lärchen und Zirben, die mit tiefgrünen, dichten Stauden der Alpenrose unterstanden waren. Deren tiefgrüne Farbe stand so recht im Gegensatz zu dem herbstlich leuchtenden Gelb der Lärchen. So, als hätte ein unsichtbarer Meister für dieses jagdliche Drama Regie geführt, ragte nach wenigen Metern, die wir nach einer kurzen Rast weitergezogen waren, ein Gamshaupt aus dem dunkeln Grün der Sträucher heraus.

Während Hans sich bäuchlings auf dem Rand des Steiges niederließ und unentwegt mit dem Spektiv den Gams anzusprechen versuchte, konnte ich es nicht lassen, meinen mit einem Teleobjektiv versehenen Fotoapparat aus dem Rucksack zu fummeln und einige Aufnahmen von dem malerischen Bild zu schießen. Das war natürlich reichlich leichtsinnig, denn das vor uns stehende Stück konnte durchaus der gesuchte Bock sein. Ich hätte mir eher eine gute Schußposition suchen sollen, denn der Hans fauchte plötzlich: „Willst liaba an Gams schiaß'n oder fotografier'n?" – Dumme Frage das, natürlich wollte ich lieber den Bock schießen. Leider war von ihm wenig mehr als der Träger frei, und es war kaum zu erwarten, daß er sich besser stellen würde. Da zielte ich auf den Stich und ließ das kleine Geschoß aus meinem Stutzen fliegen.

Damals führte ich zum letzten Mal auf Gams die 5,6 × 57, weil ich meine, daß das nur 4,8 Gramm wiegende Geschoß für einen feisten Herbstgams zu schwach ist. In Deutschland ist dieses Kaliber ohnehin auf Gamswild nicht zugelassen.

Auf den Schuß hin warf es den Bock herum, und mit einer hohen Flucht verschwand er hinter dem Strauchwerk. Daß der Bock eine gute Kugel haben mußte, war uns beiden eigentlich klar, und so ließen wir uns reichlich Zeit, ehe wir daran gingen, den Anschuß zu untersuchen. Noch war ich sicher, den längst verendeten Bock zwischen Latschen, Alpenrosen und Heidelbeerstauden zu finden, da wurde er plötzlich hoch und flüchtete bergab in Richtung auf den zu Füßen unseres kleinen Wäldchens munter dahinplätschernden Gebirgsbach. Er überfiel das Wasser und versuchte, auf dem gegenüberliegenden, nicht bewaldeten Hange wieder Höhe zu gewinnen. Das bereitete ihm jedoch viel Mühe, und schon bald tat er sich in dem offenen Gelände nieder.

Ein Fangschuß auf den gut einhundert Meter entfernt mit von uns abgewandtem Haupt sitzenden Bock erschien mir recht gewagt. So versuchten wir, trotz geringer Deckung, näher an ihn heranzukommen. Wir waren noch nicht an den Rand des Baches gekommen, da wurde der Bock abermals hoch. Deutlich schonte er einen der Vorderläufe, und aus dem Äser trat blasiger Schweiß. Schon war ich geneigt, ihm einen „kanadischen Blattschuß", also einen Schuß spitz von hinten, anzutragen, als er seine Richtung änderte und nun wieder hangabwärts flüchtete. So konnte ich ihn ins Zielfernrohr bekommen und kam gut auf dem Blatt ab. Der Bock brach zusammen und trudelte die letzten Meter den Grashang hinab, um mit einem lauten Plumps im Bachbett zu landen. Wer beschreibt jedoch mein Erschrecken, als wir zu zweit den verendet geglaubten Gams aus dem Wasser bergen wollten und ihn inmitten des sprudelnden und sich durch die Gesteinsbrocken hindurch-

Unter'm Regenbogen

Im Herbst gilt es, viel „Weißes" anzusetzen

Notzeiten führen zur Futterzahmheit der Schwarzkittel

Rauschzeit

zwängenden Schmelzwassers mit hoch erhobenem Haupt sitzen sahen. So konnte erst eine dritte, einen Halswirbel fassende Kugel dem Drama ein Ende setzen.

Der Hans überreichte mir nicht ganz so freudig wie sonst den schweißbenetzten Bruch und sagte schließlich: „Weißt du, Kurt, es war ganz gut, daß uns hier nicht einer der vielen Jagdgegner bei unserem Tun beobachtet hat; er hätte leicht einen falschen Eindruck vom Jagen bekommen können. Es geht halt nicht immer auf der Jagd alles so reibungslos vonstatten." Wie gesagt, es war das letzte Mal, daß ich mit der kleinen Kugel auf Gams in Österreichs Bergen gewaidwerkt habe.

Wieder war es Herbst geworden. Die Hirschbrunft neigte sich dem Ende zu, und somit war meine Anwesenheit im heimischen Revier nicht mehr zwingend nötig. Die alljährlich auftretende Wanderlust Richtung Süden hatte mich wieder gepackt gleich einem Zugvogel. Nun, so wird mancher vielleicht fragen, woher nimmt dieser Mensch, der mit dem Beamteneid „das Gelübde der ewigen Armut geleistet hat", eigentlich die nötigen Mittel, um solche Jagdreisen zu finanzieren. Darauf würde ich antworten: Gottlob ist es in unserem freiheitlichen Gesellschaftssystem jedem einzelnen selbst überlassen, wie er sich sein Leben gestaltet und wo er Schwerpunkte setzt. Ich baue mir als Beamter bewußt kein Haus, denn sollte ich es nur vom Gehalt finanzieren, wäre das für mich eine viel zu große Beeinträchtigung meiner Lebensqualität. Andere mögen da abweichende Vorstellungen haben. Manche geben viel Geld für Tabak und Alkohol aus (wenn sie nicht gar noch Schlimmeres treiben), warum soll ich nicht den Göttern der Jagd mein Opfer bringen?

Dabei bin ich gar nicht der wilde Jäger, für den mich manche halten. Weit gefehlt, wenn einer glaubt, daß sich in meinem Leben alles nach der Jagd richten müßte! Erzählte ich doch kürzlich im Freundeskreis, daß ich im Frühjahr mit meiner Frau nach Tunesien in den Urlaub fahren wollte. Prompt kam die Frage: „Nach Tunesien der Sauen wegen?" – „Mitnichten", konnte ich da nur erwidern, „Sauen kann ich genug zu Hause schießen!" – Aber Gams gibt es nun einmal in unserer schönen Heide nicht, und deshalb muß ich gelegentlich hinauf auf die Berge.

In diesem Jahr hatte es in den Tiroler Bergen schon Anfang Oktober Schnee gegeben. Während die Südhänge jedoch nach den ersten Sonnentagen rasch abtauten, hielt sich auf den Schattseiten bis in die Tallagen hinab ein durchgehendes Weiß. Verschneit und vereist waren dort die Wechsel und Steige. Und ausgerechnet durch die kälteste und steilste Klamm mußte der Hans mich führen, wo ich nur mühsam bei jedem Schritt und Tritt in Eis und Schnee einen festen Halt finden konnte. Er dagegen sprang munter von einem Stein zum anderen, nicht der steil abfallenden Felswände und des in der Tiefe gurgelnden Gebirgsbaches achtend. Sonst geh ich ganz gern in das Teichschnitztal, weil man, ist man erst einmal oberhalb der Baumgrenze, sehr weit gucken kann. Die Zinnen des Großglockners erscheinen da droben zum Greifen nah, und das Gamswild bewohnt seinen natürlichen Lebensraum in den alpinen Hochlagen wie seit Generationen schon. Es ist eine unglückliche Entwicklung für diese Wildart, daß durch den Massentourismus und die Erschließung der Berge die Gemsen immer mehr zu Waldtieren degradiert und in die Bergwälder abgedrängt werden, wo sie nicht nur schwerer zu bejagen, sondern durch Verbeißen der Forstpflanzen auch noch den Waldbesitzern ein Ärgernis sind.

Im Sommer, wenn der Hans sein Vieh auf die Hochalm treibt oder als Bergführer das Gebiet durchstreift, hat er oft Gelegenheit, nach dem Gamswild Ausschau zu halten und sich das eine oder andere Stück zum Abschuß vorzumerken. In diesem Jahr galt sein besonderes Augenmerk einem nicht mehr ganz jungen Bock, der in den steilen, schattigen, von mehreren schmalen Grasbändern durchzogenen Felsen oberhalb der Sennhütte die warmen Sommertage verbracht hatte. Dieses Sommerquartier war das eigentliche Ziel unseres Aufstiegs, denn mein Bergbauer wußte bei dem jagdlichen Ausflug das Angenehme mit dem Nützlichen zu verbinden: Er hatte vor Wintereinbruch auf der Alm noch einiges zu besorgen, so den Stacheldraht an einigen Stellen aufzurollen, die als Brücken über dem Graben liegenden Bohlen aufzunehmen und anzubinden, damit sie im Frühjahr nicht das Schmelzwasser zu Tale spülte, die Hütte selbst aufzuräumen, winterfest zu machen und anderes mehr.

Gespannt war ich schon, ob wir den Bock ausmachen würden, sobald Hans seine bäuerlichen Pflichten erfüllt hatte. Den letzten Handgriff kommentierte er mit den Worten: „Ja, die Kalser machen halt alles selber, von der Bahre bis zur Wiege, das eingeschlossen, was darin liegt", und damit konnten wir uns der Jagd zuwenden. Nur wenige Steinwürfe von der Hütte entfernt hatten wir uns einen großen Felsbrocken als Beobachtungsstand gewählt. Nun begann ein intensives Schauen und Spekulieren. Im Gegenhang standen einige Kitzgeißen, doch die interessierten uns heute nicht so sehr. Auch die beiden jungen Böcke, die weit über ihnen ein Schneefeld durchquerten, konnten unsere Blicke nicht lange fesseln. Ganz anders war es da schon mit den zwei Steinböcken, die ich mit einem Male im Glas hatte und an denen ich mich nicht sattsehen konnte. Mein Begleiter wollte es mir anfänglich gar nicht abnehmen, daß ich zwei Steinböcke entdeckt haben wollte, befanden sich diese doch etwas abseits der bekannten Steinwildkolonie, doch schließlich mußte er sich überzeugen lassen.

Endlich hatte Hans in dem vor uns liegenden Felsgebirge einen einzelnen Gams bemerkt. Das mühsame Ansprechen durch das Spektiv begann. Untätig liegt man als Jagdgast neben dem Jagdführer und muß warten, bis diesem die Erleuchtung kommt. Richtig überflüssig komme ich mir manchmal in solchen Situationen vor. „Wirst sehen, der ist es", gibt Hans endlich von sich, und weiter beobachtete er den silbergrauen Bock. Ohne Hast, hier und da einen Grashalm zupfend, näherte sich dieser einem von unserem Standort nicht einzusehenden Graben, um schließlich gänzlich in ihm zu verschwinden. Die Frage war, ob und wann er dort wieder auswechseln würde. Das „Ob" konnten wir uns schon schenken, denn einen geheimen Tunnelausgang gab es nicht aus diesem Bodeneinschnitt, aber das „Wann" war schon von entscheidender Bedeutung. Immerhin war die Mittagsstunde bereits überschritten, und die Tage im Oktober sind nicht mehr so lang. Ein gefährlicher Abstieg stand uns auch noch bevor. Dies alles schien den Bock nicht zu rühren, offensichtlich hatte er sich irgendwo da hinter der Wand niedergetan und verdöste nun Stunde um Stunde.

Herrschaftszeiten, kann solch ein Warten lange währen! Der Bock stellte uns auf eine arge Geduldsprobe, zwei Stunden ging es nun schon so. Dabei war er doch eigentlich schon tot, gerade in dem Augenblick, als wir ihn erspäht hatten. Er wußte es nur nicht.

Wenn ihn die Erde nicht verschluckt hatte, und dafür gab es keinen plausiblen Grund, mußte er uns vor die Büchse kommen, so oder so. Seine einzige Chance war, den ganzen Tag zu verschlafen, aber das wäre auch gegen die Natur. Und käme er mir vor die Büchse, dann wäre sein Leben besiegelt, denn bei dieser Auflage mußte ich ihn auf zweihundert Meter treffen, tödlich treffen.

Warum ich mir meiner Kugel damals so aufreizend sicher war? Nun, ein guter Freund hatte mir eine gamstüchtige Büchse geliehen, ich hatte sie probegeschossen und war restlos von dem Gewehr überzeugt: eine von einem berühmten Büchsenmacher gefertigte Heerenbüchse im Kaliber .240 Weatherby Magnum, federleicht, tiefbrauner Nußbaumschaft, variables Zielfernrohr, das Feinste vom Feinen. Karl ist Zahnarzt und kann sich solche Sachen leisten, hat aber wenig Zeit, auf Jagd zu gehen. Ich hingegen ... Aber betrachten wir das Ganze als ausgleichende Gerechtigkeit in unserem oft zu Unrecht geschmähten Gesellschaftssystem! Eigentlich kann man solch ein Gewehr gar nicht als Büchse bezeichnen, es ist schon mehr ein perfektes Schießgerät, bei dem der Schütze nur dienende Funktionen hat.

Unser Tal lag längst im Schatten. Endlich erkannten wir fast gleichzeitig zwischen dem Steingeröll eine Bewegung. Der Bock hatte seine Mittagsrast beendet. Er erklomm ein kleines Felsköpfel und hielt Umschau in seinem

Reich. Es war ein faszinierendes Bild, aber auch höchste Zeit, die Büchse sprechen zu lassen. Im Knall riß es ihn von den Läufen, und tödlich getroffen trudelte er, sich mehrmals überschlagend, hangabwärts, um schließlich an einem Gesteinsbrocken liegenzubleiben. Nun war er endgültig tot, das Schicksal hatte ihm nur noch einen kurzen Aufschub gewährt.

Zweifellos gehört es zu den angenehmen Seiten des Jägerlebens, von guten Freunden zur Jagd eingeladen zu werden, ohne daß damit gleich eine entsprechende Gegeneinladung erwartet wird. Aber die Zahl der Menschen, die heutzutage nach dem Motto „Geben ist schöner als nehmen" ihr Leben ausrichten, wird zunehmend kleiner. Das vermute ich jedenfalls.

Also, ich kam ganz unverhofft zu einer Einladung auf einen Gamsbock in einem steirischen Gebirgsrevier. Viel Zeit hatte ich natürlich nicht, aber ein paar Tage wollte ich schon in dem herrlichen Waldrevier pürschen. Der Jagdaufseher meines Freundes nahm sich meiner beflissen an, und so saßen wir morgens und abends an landschaftlich reizvollen Orten an. Herrliche Bergmischwälder mit Buche, Ahorn, Tanne und Fichte gab es anzuschauen. Nur die Gemsen waren halt nicht so häufig wie in den Hochlagen der Tiroler Berge. Es ist schon ein gewaltiger Unterschied, ob man dem Gamswild bei Tage oberhalb der Baumgrenze nachstellt oder im Walde auf zustehende Gams am Morgen und Abend paßt, so wie man den Rehbock, den Feisthirsch oder das Muffelwild bejagt.

Mein Jagdführer machte denn auch keinen Hehl daraus, daß es in dem Waldrevier ungeheuer schwer sei, einen Gamsbock zu erlegen, der natürlich auch noch richtig sein sollte. Leichter wäre es schon, mit Rot- und Muffelwild zusammenzustoßen. Bei dem Stichwort Muffelwild spitzte ich die Ohren. Ahnte gar nicht, daß es das hier gab. Karl wußte es einzurichten, daß wir am letzten Tage meines Urlaubs auf größere Entfernung ein recht kopfstarkes, gemischtes Rudel beobachten konnten. Ein alter Widder mit stark nach vorn gedrehten Schnecken und weißem Haupt erweckte meine ganze Aufmerksamkeit. Er war, so erzählte mir Karl, einer der ältesten im Revier, hatte seine ersten Lebensjahre im Eingewöhnungsgatter verbracht und war dann eines schönen Brunfttages mit einer hohen Flucht in die freie Wildbahn entflohen, wo er sich dem bereits ausgewilderten Muffelwild anschloß. Tiefe Einkerbungen in seinen Schnecken deuteten auf heftige Auseinandersetzungen mit Artgenossen hin.

Der Anblick dieses Rudels hatte mich schon für den entgangenen Gamsbock entschädigt, doch als ich dem Freund von dem Erlebnis berichtete, zögerte er nicht lange, den freigegebenen Gams in einen Widder umzutauschen, und so gab es für mich einen guten Grund, im November zur Zeit der Muffelbrunft das steirische Revier erneut aufzusuchen.

Der Tag der Pürsch kam so schnell, weil die jagdreichen Tage im Herbst nun einmal dahinfliegen. Die Zeichen standen gut, denn Karl berichtete mir, daß nach dem Abklingen der Hirschbrunft das Revier nur wenig beunruhigt worden war. Für den ersten Ansitz hatte er eine langgestreckte, jetzt allerdings schon leicht verschneite Waldwiese inmitten eines großen Buchenstangenholzkomplexes auserkoren. Wir waren noch gar nicht zu der hohen, in eine alte Wetterfichte geschickt eingelassene Kanzel gelangt, da sahen wir schon drei Widder am Rand der Wiese nach Äsung plätzen.

Leider, und das wurde mir nach längerem Hinschauen klar, war der alte Widder nicht dabei, der mir im Oktober so begehrenswert erschien. Ein von meinem Führer als fünfjährig angesprochener Widder mit, so schien es mir, völlig normal entwickelten Schnecken war mir zum Abschuß empfohlen. Dieses Angebot auszuschlagen, wäre nicht nur undankbar und für einen Jagdgast ungehörig gewesen, ich hätte mir damit auch jede Chance, auf dieses Wild zu Schuß zu kommen, nehmen können. Also richtete ich mein Gewehr auf einer der untersten Leitersprossen ein – auf den Hochsitz zu klettern wäre angesichts der guten Lichter, die die Mufflons haben, zu riskant gewesen – und schoß. Der beschossene Widder fiel auf der Stelle um, rührte für wenige Augenblicke kein Glied, rappelte sich dann aber schnell wieder auf und floh mit hohen Fluchten seinen beiden Begleitern in das angrenzende Stangenholz nach.

Das war, noch ehe wir den Anschuß untersucht hatten, ganz eindeutig ein Krellschuß gewesen, und das lange Mähnenhaar im Schnee bestätigte diese Vermutung. Ich war sehr hoch abgekommen und hatte nicht berücksichtigt, daß ich die 7×64 für diesen Ausflug ins Gebirge auf zweihundert Meter eingeschossen und damit auf die kürzere Entfernung natürlich einen entsprechenden Hochschuß hatte. Im übrigen geht es mir oft so, daß ich bei Wild, das ich aus irgendeinem Grunde nicht besonders gern und begeistert schieße, leicht zu ungenauen, wenn nicht gar zu Fehlschüssen, neige. Vielleicht spielte auch hier im Unterbewußtsein der Gedanke an den alten Widder mir einen Streich. Kurzum, die Nachsuche brachte keinen Erfolg, die drei Widder waren über weite Strecken aus dem Revier gewechselt, ohne daß der beschossene einen kranken Eindruck hinterlassen hätte. Mir war das so unangenehm gar nicht, ließ es mir doch noch eine gewisse Chance auf den Alten.

Dann setzte in den folgenden Tagen ein anhaltender Schneefall ein, und es war äußerst mühsam, überhaupt noch in das Revier zu gelangen. Karl benutzte die Pürschgänge dazu, die Fütterungen zu beschicken, und außer zwei einzelnen Gamsböcken (!) hatten wir kein Wild gesehen. Als mein letzter Urlaubstag anbrach, ging nichts mehr. Weder der Geländewagen noch der Motorschlitten wurde mit den Schneemassen fertig. Da kam Karl auf die

glorreiche Idee, einen Holzrücker zu bitten, uns mit dem schweren Rücke-
gerät ins Revier zu bringen, was auch gelang. Abseits der großen Waldstraße
konnten wir uns schon im hohen Schnee fortbewegen, wenn auch kräftezeh-
rend und zeitraubend. Trotzdem hatte ich ein gutes Gefühl. Das Wild müßte
doch jetzt in der Brunft auf den Läufen sein, dazu schien endlich vom blauen
Himmel die Sonne und verzauberte das abwechslungsreiche Revier mit einem herrlichen Licht- und Farbenspiel.

Da, in einem lichten Stangenholz, bemerkten wir Wild. Sieht aus wie
Schwarzwild, sind aber Muffel! Drei Widder umkreisen das kleine Schafru-
del. Weiter kommen wir nicht heran, jeder nimmt vor einer tiefbeasteten
Fichte Deckung. Einer der Widder hat eine deutlich struppige Decke, ist
auch im Wildbret geringer als die anderen. Besonders das weiße Haar auf
dem Sattelfleck wirkt ungeordnet und verfilzt.

Es ist der mit den eingekerbten Schnecken, der siebenjährige, der Stamm-
vater vieler Muffellämmer! Ein Glücksgefühl durchzieht mich, noch ehe ich
geschossen habe. Gemeinsam versuchen wir beide den jeweiligen Standort
des Alten auszuloten, damit beim Schuß ja keine Verwechslung eintrete.
Endlich glaube ich ihn ein wenig abseits vom Rudel erkannt zu haben und
lasse fliegen. Nur dumpf hallt wegen der dicken Schneedecke der Schuß. Dahin stürmt das Rudel, nur ein Stück bleibt auf der Stelle, rührt sich nicht
mehr. Es ist der, den ich so gern haben wollte. Wir waren uns, allen Entfernungen und Witterungsunbillen zum Trotz, wieder begegnet, und der alte
Widder vom Laubkogel hatte sein Ende gefunden.

Wenn Wälder und Jäger „sauer" werden

Wird der Mensch von Unangenehmem bedrängt, versucht er oft, sich der
bedrohlichen Herausforderung zu entziehen, indem er das Problem aus seinem persönlichen Bewußtsein verdrängt. Ich schließe daher nicht aus, daß
mancher dieses Kapitel geflissentlich überlesen wird, nicht nur, weil er der
Diskussion um die modernen Waldschäden längst überdrüssig ist, sondern
auch, weil er die Widersprüche zwischen eigener Wahrnehmung und der öf-
fentlichen Meinung nicht erklären kann. Mancher empört sich rein gefühlsmäßig über die „Panikmache der Grünen" und findet seine Umwelt in Ordnung.

Als etwa im Jahre 1982 die Meldungen über das Waldsterben, das man inzwischen abmildernd auch als neuartige Waldschäden bezeichnet, die Menschheit aufschreckte, konnte es nicht ausbleiben, daß sich Wildbiologen, Jäger und Forstleute Gedanken über die Auswirkungen dieses Phänomens auf die freilebende Tierwelt, insbesondere auch auf das jagdbare Wild machten.

Schon Anfang des Jahres 1984 hatte das Institut für Wildbiologie und Jagdkunde der Universität Göttingen zu einer Veranstaltung eingeladen, bei der das Problem dargestellt und diskutiert werden sollte. Natürlich kam dieses Kolloquium viel zu früh, denn konkrete Erkenntnisse über die Grenzen der Belastbarkeit unserer Lebensgemeinschaften gab es noch nicht zu hören, und so prallten Meinungen und Vermutungen heftig aufeinander. Symptomatisch für diese akademische Veranstaltung war die Reaktion des Präsidenten der Niedersächsischen Landesjägerschaft, des Baron v. Stietencron, der am Ende der Aussprache aufstand und seinem Jägerherzen mit den Worten Luft machte, er habe zu dem eigentlichen Problem, welche Gefahren dem Wild durch die Luftschadstoffe drohen, verdammt wenig gehört.

Vom Waldsterben wissen wir inzwischen einiges mehr. Es rührt in erster Linie von der Luftverschmutzung her. Ohne die Luftschadstoffe wie Schwefeldioxid, Stickoxide, Schwermetalle und Photooxidantien gäbe es keine Walderkrankung. Andere Faktoren wie Trockenheit und Frost, Schädlinge und waldbauliche Fehler hat es früher auch schon gegeben, sie kommen heute erschwerend hinzu. Weil die neuartigen Waldschäden sich jedoch recht unterschiedlich auf unser Land verteilen, kranke Bäume von den Förstern rechtzeitig entnommen werden und der Krankheitsprozeß langsam fortschreitet, finden diese unübersehbaren Vorboten einer Umweltkatastrophe in der breiten Öffentlichkeit nicht die Beachtung, die sie eigentlich verdienen. Doch nicht nur in Fachkreisen erkennt man den lebensbedrohenden Charakter der Gefahr. Man begreift die Zeitnot für Abwehrmaßnahmen und die Notwendigkeit, am eigenen Verhalten etwas zu ändern.

Doch die Mentalität einer im Wohlstand lebenden Bevölkerung und die Arbeitsplätze erhaltende und schaffende Industrie stehen einer drastischen Verringerung der Luftschadstoffe entgegen. Zweifellos muß erst der einzelne Mensch mehr und persönlich von der chronischen Vergiftung unseres Lebensraumes betroffen werden, ehe er nach wirksameren Umweltschutzmaßnahmen schreit. Wenn heute ernstzunehmende Wissenschaftler behaupten, daß sich in wenigen Jahrzehnten ein Klimawechsel auf unserem Planeten hin zu einer Wärmezeit anbahnt, mit einem Ansteigen der mittleren Jahrestemperatur um fünf Grad, weil sich in den letzten fünfzig Jahren die Spurengase, insbesondere das Kohlendioxid, in der Atmosphäre verdreifacht haben, dann kann man das Waldsterben nicht mehr belächeln, abstreiten, verharmlosen oder umdeuten.

Was ist nun mit den Wildtieren im vergifteten Lebensraum? Man kann nicht Jäger sein, wenn man sich nicht darum bemüht, die Zusammenhänge in der Natur zu erkennen und Gefahren für das Wild und seinen Lebensraum abzuwenden. Wer das Problem Schadstoffimmission und Wildtier oberflächlich betrachtet, wird vorerst keine Bedrohung erkennen. Die Jahresstrecken unserer meisten Schalenwildarten bleiben auf einem hohen Niveau stehen oder steigen sogar, die Tiere sind gesund und zeigen äußerlich keine Anzeichen einer Vergiftung. Doch aus einschlägigen Untersuchungen wissen wir inzwischen, daß die Skelette und Innereien auch der Wildtiere mit Schwermetallen angereichert sind. Kadmium, Fluor und Quecksilber lassen sich in unterschiedlichen Mengen nachweisen, wobei die Schadstoffkonzentration dort am höchsten ist, wo die Gifte am dichtesten herabrieseln, zum Beispiel in der Nähe von Autobahnen.

Kürzlich wurden die norddeutschen Jäger durch ein Handelsverbot des schleswig-holsteinischen Landwirtschaftsministeriums aufgeschreckt, das sich auf Wildenten aus dem Einzugsbereich der Unterelbe bezieht. Danach sind die Enten von der Unterelbe so stark mit Schadstoffen angereichert, daß sie für den menschlichen Genuß untauglich sind. Auch wenn es bei den übrigen Wildarten noch heißt: „Besorgnisse im Hinblick auf eine mögliche Gesundheitsgefährdung durch den Verzehr von Wildbret bestehen nicht", so ist doch auch bei diesen die gleiche Belastungssituation gegeben. Wie der Mensch, so haben es auch die Wildtiere in der Vergangenheit verstanden, sich dem natürlichen Schadstoffgehalt von Luft und Nahrung anzupassen. Doch irgendwann ist sicher einmal die Grenze des Verträglichen erreicht.

Gerade war das Waldsterben in aller Munde, da tagte 1983 der Landesverband Bayern unter dem Motto „Waldsterben heißt Wildsterben". Ich fand dieses Wort nicht gerade glücklich gewählt. Es wurde von manchen Gegnern der Jagd sehr eigenwillig interpretiert und wörtlich genommen, etwa in dem Sinne, daß bei flächenweisem Baumtod erst einmal das Wild zu sterben habe, damit die Flächen wieder standortgerecht aufgeforstet werden können. In der benachbarten Tschechei und der DDR, zum Beispiel im Erzgebirge, ist der Wald flächenweise gestorben. Bei uns tut er das noch nicht.

Erst durch eine großflächige Waldzerstörung würden sich die Lebensbedingungen unserer Waldtiere drastisch verschlechtern. Aufgelichtete Wälder hingegen könnten zu einem Ansteigen der Äsungsmasse und damit zu einer Verbesserung der Umweltsituation führen. Bedenkt man weiter, daß zur Stabilisierung der Ertragsfähigkeit der Waldböden heute großflächige Kalkungen vorgenommen werden, so kann das nicht nur zu einer Steigerung der

Grünäsung führen, sondern auch zu einer Nährstoffanreicherung der Pflanzen. Es ist eine nicht zu leugnende positive Seite der Luftverschmutzung, daß durch den Stickstoffeintrag aus der Luft das Pflanzenwachstum gesteigert wurde. Mit höherem Anteil der Kahlschlagflora, wie wir sie nach großen Waldbränden oder Sonderhieben beobachten können, geht in der Regel ein Ansteigen der Wildäsungsmenge und daraus folgend ein Anwachsen der Schalenwilddichte einher. So können wir feststellen, daß mit dem beginnenden Waldsterben die Situation der Wildtiere durchaus nicht bedrohlich ist. Bedrohlich würde durch ein Ansteigen der Wilddichten allerdings die Situation für den Wald, und hier ist es Aufgabe des Jägers, das Schalenwild so im Griff zu haben, daß das Aufwachsen eines standortgerechteren Waldes möglich ist.

Es ist überaus erfreulich, daß sich das Verhältnis zwischen Forstwirtschaft und Jagd in jüngster Zeit zunehmend entspannt hat, sicher nicht zuletzt durch die überall spürbare Verminderung der Rotwildbestände. Aber auch, weil angesichts der neueren Waldschäden die durch das Wild hervorgerufenen Probleme vergleichsweise harmlos erscheinen. Spannungen zwischen Wald und Wild, Forst und Jagd wird es immer geben, sie liegen in der Natur der Sache. Wenn zwei so unterschiedliche Interessengruppen ein und dieselbe Fläche nutzen, können Gegensätze nicht ausbleiben. Doch das Bemühen um Ausgleich wird deutlich. Sorge bereitet allerdings der heutigen Generation von Forstleuten aller Laufbahnen die Tatsache, daß viele junge Nachwuchskräfte nur noch wenig Interesse an der Jagd zeigen und zu einem geringen Teil sogar aufgrund ihrer Ausbildung wild- und jagdfeindlich eingestellt sind. Liest man jedoch das Gedicht des Carl Eduard Ney, um die Jahrhundertwende Chef der deutschen Forstverwaltung in Lothringen, so ist das offensichtlich kein so neues Problem:

Früher galt als selbstverständlich,
daß der Forstmann Jäger sei.
Beide sind da gut gefahren,
Forstwirtschaft und Jägerei.

Was der Forstmann nicht erblickte,
ward dem Jäger offenbar,
und es ward dem Jäger immer,
was der Wald bedurfte, klar.

War das Wild zu sehr geheget,
legt der Forstman Veto ein,
und mit Eifer sorgt der Jäger,
daß der Wildstand nicht zu klein.

Grundgelehrt kommt heut' der Forstmann
von der Hochschul' – hasenrein.
Von der Pürsche keine Ahnung,
von der Saujagd keinen Schein!

Zoologisch hochgebildet,
kennt er jedes Käferlein,
und des kleinsten Käfers Bohrloch
macht ihm heut die größte Pein.

Doch an besten Hirsches Fährte
geht vorbei er ahnungslos,
sieht er ein verbissen Pflänzlein,
auf die Jagd gehts Schelten los.

Umgekehrt der heut'ge Jäger
sieht nur's Jagdrevier im Wald.
Der Kulturen größter Schaden
läßt den Waidmann völlig kalt.

Sieht's mit Ingrimm, wenn der Forstmann
seine Pflanzung rings umhegt,
und zum Schutz des edlen Holzes
einen Hieb ins Dickicht legt.

Heute liegt in ew'gem Streite
Forstmann drum und Jägerei.
Frag mich oft, ob das denn nötig,
ob's dem Volk von Nutzen sei?

Und ich finde, daß sie beide
fahren schlecht so – Wald wie Jagd.
Es verliert die Jagd an Reizen
und der Wald an seiner Pracht.

Sollen beide sich vertragen,
muß der Forstmann Jäger sein,
und der Jäger sei auch Forstmann
und nicht Jäger nur allein!

Der heutige Forstmann muß ganzheitlich denken und handeln, die Jagd ist
nur eines seiner Betätigungsfelder. Die Interessen des Naturschutzes, der
Landschaftspflege und der erholungsuchenden Bevölkerung sind mit der
Wirtschaftlichkeit des Waldes in Einklang zu bringen, und bislang ist es den
Forstleuten noch immer gelungen, den Wald so zu gestalten, daß er den je-

weiligen Bedürfnissen der Zeit und der in ihr lebenden Menschen gerecht wurde.

Mehr als die Forstwirtschaft bereitet in der heutigen Zeit die moderne Landwirtschaft der freilebenden Tierwelt und den Jägern Unbehagen. Mögen auch Bauernfunktionäre lauthals den Landwirt als den letzten und größten Naturschützer loben, er ist mit seinen heutigen Bewirtschaftungsmethoden in meinen Augen der eigentliche Verursacher unserer Niederwildmisere und einer der größten Umweltverbraucher.

Durch den wirtschaftlichen Zwang, immer höhere Erträge aus dem Boden erbringen zu müssen, hat die Landwirtschaft eine völlige Veränderung erfahren. Man muß doch nur einmal aus dem Fenster eines Flugzeuges schauen, und man wird erkennen, wie aufgeräumt und bis in den letzten Winkel genutzt unsere Umwelt ist. Siedlungsbereiche stoßen ohne Übergang direkt mit Agrarflächen zusammen, ursprüngliches, vom Menschen nicht geformtes Land soll es in Größenordnungen von über einem Hektar nur noch auf ein bis zwei Prozent der Gesamtfläche geben.

Je größer die landwirtschaftlichen Betriebe, um so stärker ist der Hang zu großflächiger Bewirtschaftung, zum Beseitigen von Feldgehölzen, Rainen, Hecken, Obstbäumen, Gräben und Ödflächen. Chemische Mittel beeinträchtigen die Zusammensetzung der Pflanzenwelt und führen zu zunehmender Verarmung. Gifte gegen Schadinsekten führen zum Durchbrechen der Nahrungskette bei unseren Flugwildarten. Die Landwirte, besonders die jagenden, erkennen diese für die Jagd so verhängnisvolle Entwicklung.

Als Ausweg bietet sich nur eine Extensivierung der Landwirtschaft an, ein Zurückkehren zu einfachen Bewirtschaftungsmethoden, ohne den wahnwitzigen Einsatz immer wirksamerer chemischer Mittel und Dünger. Die kleinen und mittleren bäuerlichen Betriebe, deren Erhaltung auch eine gesellschaftspolitische Aufgabe ersten Ranges ist, sind sicher zu solcher Umkehr bereit, wenn sie vom Staat für die zu erwartenden Ertragsausfälle entschädigt werden. Diese Entschädigung wäre keine zusätzliche Belastung für den Staatshaushalt, denn Subventionen bekommen die Bauern bislang auch so in Milliardenhöhe. Das meiste Geld geht jedoch für das Einlagern und Beseitigen der Agrarüberschüsse drauf, und die großen Betriebe bekommen mehr als die kleinen. Und weil die Bauernverbandsfunktionäre häufig Großagrarier sind, die sich ihre Pfründe nicht nehmen lassen werden, wird die Entwicklung noch lange weiter in die falsche Richtung laufen: Immer größere Betriebe, immer größere Anbauflächen, immer stärkere Ausbeutung des Bodens und höhere Erträge. Ein Teufelskreis, bei dem die freilebende Tier- und Pflanzenwelt auf der Strecke bleibt.

Auf der Suche nach den letzten Zufluchtsstätten für seltene Tiere und

Pflanzen werden häufig die in der Bundesrepublik weit verstreuten, größeren Truppenübungsplätze in Betracht gezogen. Manche Ökologen halten sie für die letzten Paradiese, in denen naturnahe Lebens- und Entwicklungsbedingungen für Pflanzen und Tiere verschiedenster Arten zu finden sind. Aus meiner Kenntnis der Dinge möchte ich dazu einiges anmerken: Nachdem auch die Bundeswehr den Umweltschutz als neues gesellschaftspolitisches Phänomen erkannt hat, wird die Bundeswehrverwaltung, der die Truppenübungsplätze unterstehen, nicht müde, die Bedeutung dieser Flächen für Naturschutz und Landschaftspflege zu unterstreichen.

Sie tut sich im Grunde damit keinen Gefallen, denn Übungs- und Schießplätze werden einzig und allein zur Ausbildung der Bundeswehr und der verbündeten Streitkräfte unterhalten. Jeder Hinweis, daß große Flächenanteile der Plätze militärisch so wenig genutzt werden, daß ein wirksamer Biotop- und Artenschutz möglich sei, ist nicht nur objektiv falsch, sondern wäre auch als Schuß zu werten, der nach hinten losgehen kann. Denn warum, so würden sich besorgte Bürger fragen, müßte die Bundeswehr auch außerhalb ihrer Flächen üben und weiteres Land ankaufen, wenn sie auf ihrem eigenen Gelände Natur- und Artenschutz betreibt. In Wirklichkeit ist die übende Truppe, insbesondere die mit Ketten- und schweren Radfahrzeugen ausgerüsteten Einheiten, ein Landschaftsverbraucher wie die moderne Landwirtschaft, die jeden nur möglichen Übungsraum nutzt. Naturschutzorientiertes Handeln auf Truppenübungsplätzen dient der Beseitigung von Landschaftsschäden, die durch die Truppe entstanden sind, und der Steigerung und Erhaltung der Nutzungsfähigkeit der vorhandenen Flächen. Die Erhaltung der Substanz der Flächen hat Vorrang vor allen Belangen des Naturschutzes.

Viele Institutionen, die sich mit Naturschutz, Vegetationskunde, Landschaftsökologie, Artenschutz und Wildbiologie befassen, interessieren sich für die Zustände auf den Übungsplätzen. Sie erfassen und kartieren die verschiedensten Tier- und Pflanzenarten und potentielle Lebensräume seltener Tiere. Über einen Satz in einer dieser Niederschriften habe ich mich besonders amüsiert: „Durch Sammler, Jäger und Wissenschaftler gefährdete Arten sind auf militärischen Sperrgebieten effektiver geschützt als in Naturschutzgebieten." Also scheint das Schlagwort von dem „Wegforschen" gefährdeter Arten doch berechtigt zu sein.

Das Stichwort „Wissenschaftler" gibt mir Gelegenheit, ein anderes, schwieriges Kapitel anzusprechen. Es wird häufig beklagt, daß die Jäger ein sehr kritisches und distanziertes Verhältnis zu der Jagdwissenschaft hätten. Hans Behnke, der erfahrene Wildmeister, sagt es frank und frei heraus: „Ich bin nicht wissenschaftsgläubig!"

Ich habe mir oft über dieses gestörte Verhältnis meine Gedanken gemacht und versucht, beiden Seiten gerecht zu werden. Zunächst, meine ich, macht es einen großen Unterschied, ob wir Jäger es mit Jagdkundlern oder Wildbiologen zu tun haben. Die Jagdwissenschaftler alter Schule, ich brauche stellvertretend für alle anderen nur den Namen des verstorbenen Professors Nüßlein zu erwähnen, waren universell gebildete Menschen. Sie entstammten alten Forst- und Jägerfamilien und waren in ihrer Einstellung zu Wild und Jagd von Kindheit an geprägt. Daher vertraten sie auch nicht mit Scheuklappen vor den Augen nur einen Zweig der Wildbiologie, sondern kannten das gesamte, umfassende Gebiet der Jagdkunde, von der Wildbiologie bis hin zur praktischen Jagdausübung. Mir war es als Student und Referendar immer ein besonderes Vergnügen, mit meinem verehrten Hochschullehrer Nüßlein nach erfolgreicher und gemeinsamer Pürsch, die uns viele Jahre lang im Klever Reichswald zusammenführte, am Kamin des damaligen Forstamtsleiters Wilhelm Murmann zu sitzen und über alle Aspekte der Jagd und des Lebens zu sprechen.

Der Wildbiologe unserer Tage weiß zu Beginn seines Studiums meist noch gar nicht, daß er sich eines Tages mit jagdbaren Tieren befassen wird. Aus Zufall oder Neigung erwählt er sich mit Beginn seiner beruflichen Laufbahn eines der freilebenden Tiere zum Forschungsobjekt und entdeckt dann mit knapp dreißig Jahren Dinge in Gottes freier Natur, über die erfahrene Jäger nur schmunzeln können. Ich sage das ohne jede Überheblichkeit und nicht mit dem Gesichtsausdruck „Das-habe-ich-alles-schon-vor-fünfzig-Jahren-gewußt".

Da befaßte sich unlängst eine junge Dame mit dem Gamswild in den schönen bayerischen Bergen. Das Ergebnis ihrer Studien konnte in den inhaltsschweren Satz zusammengefaßt werden: „Gams können ausreichend gut klettern und kommen auch in hohem Schnee gut zurecht." Als ich meinem Tiroler Freund und Jagdführer Sepp diese neue Erkenntnis bei einer Jause während der Gampürsch überbrachte, da bekam ich mit seinen breiten Händen einen ordentlichen Schlag auf die Schulter, und sein Lachen drang so hoch hinauf zu der alten Gamsenmutter, daß sie eiligst ihre beiden Kitze um sich scharte.

Es sind die mangelnde jagdliche Erfahrung und die geringe Bereitschaft zu einer Gesamtschau mancher Wildbiologen nicht allein, die die Jäger auf Distanz bringen. Eine große Rolle spielt auch die immer gespreizter und elitärer werdende Sprache der Wissenschaftler, die für die einfachsten Dinge des Lebens meist latinisierte Fachausdrücke einführen und verwenden, die kein normal gebildeter Mensch mehr verstehen kann: babylonische Sprachverwirrung unserer Tage!

Da befaßte sich ein Diplombiologe mit den Lebensgewohnheiten des Rotwildes in der Eifel und kam zu der Erkenntnis, daß die Hirsche besonders gern die Flächen zum Äsen aufsuchen, auf denen die beste Äsung steht. Das hört sich dann so an: „Die in diesem Phänomen deutlich werdende Strategie zur Optimierung des Energie- und Stoffwechsels wird über eine weite Amplitude der stoffwechselbedingten Nischenbreite integriert. Die Nischenbreite ist ein quantitatives, aus der proportionalen Verteilung der Individuen auf die einzelnen Ressourcenklassen abgeleitetes Maß für das zur Realisierung definierter Umweltansprüche aktiv genutzte Ressourcenspektrum. Nischenbreite und Nahrungsangebot sind negativ korreliert" (wörtliches Zitat!).

Es handelt sich hier nicht um einen Karnevalsbeitrag, sondern um einen ernstgemeinten Aufsatz in einer angesehenen Forstzeitschrift. Wäre ich der Hauptschriftleiter, würde ich solchen Erguß dem Autor mit ein paar freundlichen Worten zurücksenden mit dem Kommentar: Bitte deutsch und allgemeinverständlich ausdrücken. Noch ein Beispiel: Ein Wildbiologe entdeckt, daß durch die Schalen des Rotwildes die Pflanzen auf einer Wildwiese Schaden erleiden können. Er beschreibt das so: „Die aus der Lokomotion (Fortbewegung) folgenden Auswirkungen auf die Vegetation lassen sich mit dem Schlagwort ‚Tritt' charakterisieren, womit gleichzeitig ein ganzer Komplex von Faktoren für die Pflanzen erfaßt wird."

Mich würde es nicht wundern, wenn eines Tages ein Jäger diesem Herrn ein mit dem Schlagwort „Tritt" charakterisiertes Phänomen appliziert, indem er einen Fuß auf einen bestimmten Körperteil des Wildbiologen „in Lokomotion" versetzt.

Wenn sich schon ein Jagdwissenschaftler mit so vergleichsweise einfachen Dingen wie der Bevorzugung bestimmter Äsungspflanzen befaßt und mit seiner Arbeit Aufmerksamkeit bei den Jägern erwecken will, muß er sich verständlich ausdrücken. Und würde in einfachen Worten seine Arbeit nichts Neues hergeben, dann soll er seine Forschungsergebnisse besser für sich behalten.

Die Praktiker unter den Jägern werden immer dann aufwerfen und sich kritisch mit Jagdforschern auseinandersetzen, wenn sich diese auf Gebiete begeben, die aus der rauhen Revierpraxis besser zu beurteilen sind als vom Schreibtisch her. Hier wäre es auch gut, bei Entscheidungen für Gesetzesvorlagen und im Zusammenwirken mit Naturschutzverbänden ein größeres Mitspracherecht den Jagdvertretern einzuräumen als bisher.

Ganz anders sind die Dinge bei Forschungsvorhaben zu beurteilen, die weit über die Möglichkeiten der Jagdausübenden hinausgehen. Ich denke da an Untersuchungen über die Schadstoffbelastung der Wildtiere oder an die

Wildtiergenetik. Bei solchen Projekten sind wir eindeutig auf die Ergebnisse der Wissenschaft angewiesen, und niemand wird sich neueren Erkenntnissen verschließen. Hier gebraucht der Forscher auch neue Begriffe, die einfach zu seinem Rüstzeug gehören wie zum Jäger die Jägersprache. Daß die genetischen Untersuchungen am Rotwild gleich zu gänzlich neuen Erkenntnissen für die Bejagungsrichtlinien führen und „ein Umdenken" bei den Jägern erfordern werden, das sind die üblichen Übertreibungen, die ein Vordringen in immer neue Wissensgebiete rechtfertigen sollen. Schlimm wird es jedoch erst dann, wenn Wildbiologen, die ihre Einflußsphäre ausgedehnt sehen möchten, nicht nur mit fachlichen, sondern auch mit ideologischen Argumenten arbeiten. Gerade die Auseinandersetzungen über den Einfluß des Raubwildes und der Greifvögel auf das Niederwild werden leider nicht immer sachlich, sondern zur Durchsetzung bestimmter Ideologien geführt.

Unterschiedlichste Weltanschauungen und wachsende Radikalität sind ein besonderes Merkmal unserer Zeit. Weil sich die Menschen von Krieg und Gewalt jeder Art abwenden, hat auch der Jäger, der über Leben und Tod eines Tieres entscheidet und eine Waffe führt, mancherorts und gerade in naturfernen Medien, die offensichtlich nur dem Großstadtmenschen „aufs Maul schauen", keine gute Presse.

In meinem großen Bekanntenkreis gibt es ein holländisches Ehepaar, das sich eisern zum Vegetarismus bekennt. Obwohl der Mann Stabsoffizier bei der niederländischen Armee ist, lehnt er nicht nur den Genuß von Fleisch, sondern auch das Töten jedweden Tieres ab. Menschen würde er im Krieg allerdings auf Befehl töten, denn die haben im Zweifelsfall eine andere Weltanschauung. Seine Frau trägt weder eine lederne Handtasche noch Lederschuhe, denn es mußten ja erst Tiere sterben, damit dieses Produkt hergestellt werden konnte. Aber diese Menschen haben eine köstliche Freude daran zuzuschauen, wie der Sperber einen Singvogel im Garten schlägt oder der Fuchs in der Wiese einen Maulwurf fängt. Das ist ein krampfhaftes, ideologisches „Zurück zur Natur", das vor den besten Familien nicht haltmacht.

Wenn von Wildbiologen und Ökologen weniger aus sachlichen als vielmehr aus ideologischen Gründen jagdpolitische Forderungen erhoben oder dem Gesetzgeber Entscheidungshilfen gegeben werden, dann müßten die Jäger deutlicher als bisher zeigen, daß sie und nicht andere zur Mitarbeit bei den anstehenden Entscheidungen berufen sind. Ich denke dabei nur an die Einschränkung oder das Verbot der Bejagung bestimmter Wildarten, an das Verbot der Jagd in Naturschutzgebieten, an neue Formen der Abschußplanung und an die Winterfütterung.

Um auf das Thema Fütterung zurückzukommen; die Frage lautet: Müssen wir im Winter das Wild überhaupt füttern, von den wirklichen Notzeiten einmal abgesehen? Müßte ich darauf eine Antwort geben, so würde ich in Erinnerung an manches Examen die klassische Formulierung benutzen: „Es kommt darauf an!"

Keinesfalls kann ich mich der extremen Forderung anschließen, die da lautet: „Überlaßt das Schalenwild im Winter sich selbst, es wird sich schon zu helfen wissen. Was den Unbilden der Witterung zum Opfer fällt, paßt ohnehin nicht in unsere Landschaft. Strenge Winter betreiben die beste Auslese und sorgen dafür, daß alles Schwache, Kranke und Überzählige der Wildbahn entnommen wird." Wer so etwas ernsthaft fordert, verkennt die Umstände und Lebensbedingungen, unter denen unser heutiges Schalenwild zu leben hat. Solche Einstellung entspringt mehr einer bestimmten Ideologie, die es auch in Kauf nimmt, daß z. B. in bestimmten Gebieten dann gar kein Rotwild mehr zu finden wäre.

In Wirklichkeit muß es uns doch darum gehen, wie wir dem Schalenwild den winterlichen Ernährungsengpaß zu überbrücken helfen. In den meisten unserer Reviere gibt es ohne Zweifel eine Äsungsknappheit im Winter und im zeitigen Frühjahr. Im Sommer reicht die Bodenvegetation aus, um den vorhandenen Wildbestand ausreichend zu ernähren. Ist in unseren Wäldern die Gras- und Krautschicht stark reduziert, „vergreift" sich das Wild an den Forstpflanzen und wird damit schädlich. Die Ursachen für solches Verhalten sind weitgehend geklärt. Sie sind ganz eindeutig auf Mangel an Nahrung zurückzuführen, zu einem geringen Teil auch auf den Mangel an Äsung spezifischer Zusammensetzung wie auf den Mangel an Wasser. Verschiedene Umweltbedingungen wie einseitige Baumartenzusammensetzung, ungünstiger Altersklassenaufbau des Waldes und starke Beunruhigung des Wildes ganztags durch Menschen verschärfen den Äsungsmangel.

Eine ganz merkwürdige Auffassung zu dem Faktor Störung las ich kürzlich in einer wissenschaftlichen Abhandlung über Ernährungsfragen des Wildes. Da führte der Autor aus, daß in einem Mittelgebirgsrevier mit starkem Besucherandrang das Rotwild zu einem Nachttier geworden sei und daher nur zur Nachtzeit äse. Da es aber nur während der Dunkelheit Nahrung aufnehme und während dieser Zeit bekanntlich keine Menschen im Walde seien, würde das Wild bei der Äsung in keinem Falle gestört. Es ist erstaunlich, zu welch merkwürdigen Folgerungen manche Menschen kommen können. In diesem Falle ist dem Experten leider entgangen, daß das Rotwild fünf bis sechs über den ganzen Tag verteilte Äsungsphasen einhält, so daß es, wenn es wegen der erholungsuchenden Menschen nicht die Äsungsflächen aufsuchen kann, gezwungen ist, in den Einständen zu verweilen und dort mangels anderer Möglichkeit zu schälen, zu verbeißen oder andere, geringwertige Nahrung aufzunehmen.

Durch ein zusätzliches, künstliches Nahrungsangebot können in winteräsungsarmen Revieren, insbesondere in Mittelgebirgslagen mit hohem Schnee, die Wildschäden im Walde gesenkt werden. Daher ist neben der ethischen Komponente, die erst mit Entstehung und Vertiefung des Tierschutzgedankens an Gewicht gewann, die Schalenwildfütterung zur Vermeidung von Waldwildschäden zu einer zwingenden Notwendigkeit für die sachgerechte Bewirtschaftung des Waldes und der Wildbestände geworden. Hilfe für in Not geratene Menschen und Tiere zu bringen, ist in der heutigen Zeit für viele Mitbürger Verpflichtung und Motivation ihres Handelns. Daher entspräche es nicht dem Geist unserer Zeit, Wildtiere absichtlich verhungern zu lassen.

Auf der anderen Seite sind bei der Fütterung ohne Zweifel Fehler und Übertreibungen begangen worden. Die Ausweitung der Kirrungen ist solche Fehlentwicklung. Denn häufig dienen sie allein dem Zweck, das Wild, möglichst viel Wild, den Nachbarrevieren fernzuhalten und bequem Strecke machen zu können. Auch die biologischen Grundlagen und neueren Erkenntnisse über die Ernährungsweise des Wildes, die Energieeinsparung im Winter und den übrigen Anpassungsmechanismus sind oft noch nicht ausreichend bei der Fütterungspraxis berücksichtigt worden. Der Professor R. R. Hofmann hat mit seiner These von der „Herbstmastsimulation" genügend Denkanstöße zu einer wildbiologisch richtigen Fütterungsweise gegeben. Der Grundgedanke seiner Überlegungen ist, daß der in den Herbst- und Frühjahrsmonaten bestehende Äsungsbedarf größer ist als der „Erhaltungsbedarf" im Winter, speziell in den Monaten Dezember und Januar. Im Vorwinter soll dem Wild ausreichend gute Äsung geboten werden, damit es mit den entsprechenden Feistvorräten in die äsungsarme Zeit gehen kann. Im Nachwinter ist wieder eine höhere Energiezufuhr nötig, da das Wild diese für eine gute Haar- und Geweihbildung wie eine optimale Entwicklung der Embryonen braucht. Die Forderungen, die ich an eine sachgerechte Fütterung stelle, müßten daher lauten:

1. Die Fütterung ist im Gegensatz zur Kirrung eine ortsfeste und dauerhafte Einrichtung.
2. Die Anlage einer Fütterung muß mit dem Nachbarn, dem Hege- und Rotwildring geplant und abgesprochen sein. Fütterungen sollen sich gleichmäßig über ein bestimmtes Gebiet verteilen, um der Entstehung von Großrudeln entgegenzuwirken.
3. Das dargereichte Futter muß den zyklischen Abläufen von Stoffwechsel, Nahrungsaufnahme und Energiebevorratung der zu fütternden Wildart entsprechen. Art und Zusammensetzung des Futters müssen den Nahrungsbedarf des Wildes ebenso berücksichtigen wie die ausgebrachte Menge.

4. Die Fütterungen sind regelmäßig und ohne Unterbrechungen in den Zeiten zu beschicken, in denen eine Zusatzäsung für notwendig erachtet wird.
5. Fütterungen dürfen nicht beunruhigt werden. Jeder Schuß hat an ihnen zu unterbleiben.

Nicht nur in Jägerkreisen, sondern in weiten Teilen der aufgeklärten Bevölkerung besteht die Grundeinstellung, daß das Wild in Notzeiten nicht sich selbst überlassen werden kann. Denn was ist an unserer Umwelt noch „natürlich"?

In der Vegetationsperiode äst das Wild die Pflanzen, die es auf den Wiesen und Feldern der Landwirte findet, Gräser, Kräuter und Sträucher in den Forstkulturen und die Futterpflanzen, die ihm auf Wildäsungsflächen zusätzlich und „künstlich" angeboten werden. So stehen die Wildtiere schon außerhalb von Notzeiten voll in der Obhut des Menschen, und es wäre nicht einzusehen, weshalb gerade in Zeiten mit witterungsbedingtem Äsungsmangel diese Hilfe ausbleiben sollte.

Doch ich sagte schon, daß in dieser Hinsicht in der Vergangenheit gelegentlich des Guten zuviel getan wurde. Es können nämlich sowohl die besonderen Witterungsverhältnisse eines Jahres wie auch die speziellen standörtlichen und strukturellen Verhältnisse eines Revieres die Rotwildfütterung überflüssig machen, sie zumindest zeitlich eng begrenzen. Der letzte Winter gab für das norddeutsche Flachland ein gutes Beispiel: Bis Ende Januar wechselten sich Perioden mit geringer Schneelage und Frost mit Tauwetterperioden ab. Starke Nachtfröste waren selten. Selbst das Gras war Ende Januar noch grün. Somit bestand vor Beginn des Monats Februar überhaupt keine Notwendigkeit, die Fütterungen zu beschicken. Daß das Wild frühzeitig an die Futterstellen gewöhnt werden muß, damit es diese in der Notzeit findet, halte ich für ein Märchen. Es kennt diese Einrichtungen aus den Vorjahren ganz genau und wird sie in der Notzeit spontan annehmen.

Nach meiner Kenntnis findet man in der Südheide gewisse Landstriche, die auch während eines normalen und nicht zu strengen Winters dem Rotwild das nötige „Erhaltungsfutter" liefern. Es wird sich hier um Reviere handeln, in denen es noch einen größeren Anteil von Freiflächen gibt, die insbesondere mit Heide und Beerkräutern bewachsen sind. Auch moorige und anmoorige Flächen mit Heide- und Beerkrautvegetation, mit Gagelstrauch, Birke und Weide bieten dem Rot- und Rehwild ausreichende Nahrung. Selbst Waldflächen müssen nicht unbedingt wildfeindlich sein, besonders dann nicht, wenn ein ausreichender Anteil ungegatterter Flächen der Altersklasse 1 bis 20jährig vorhanden ist, wenn es verlichtete Altholzbestände mit einer dichten Grasschicht gibt und Dauergrünland-Äsungsflächen auf 0,5 bis 1 Prozent der Holzbodenfläche angelegt wurden. Die sowohl zwischen

der Heide als auch in den meisten Waldbeständen vorkommende Drahtschmiele (Deschampsia flexuosa) ist in vielen Rotwildgebieten die Haupt-
äsungspflanze des Rotwildes, und solange das Wild dieses Gras in ausreichender Menge findet, ist sein Überleben gesichert. Natürlich werden Hirsche, die überwiegend von der Drahtschmiele leben, keine Supergeweihe
schieben. Aber das Erzielen von Spitzentrophäen sollte weder beim Rotwild
noch bei den übrigen Schalenwildarten das Hauptmotiv bei der Wildfütte-
rung sein. Worauf es ankommt, ist allein die Erhaltung eines angemessenen
Wildbestandes und die Vermeidung wirtschaftlich nicht tragbarer Wildschäden im Walde.

Erfüllter Jägertraum –
auf Elch und Karibu in Alaska

Wir Jäger kennen aus Schilderungen weitgereister Zunftgenossen oder gar
aus eigener Anschauung die malerischen Bilder der herbstlich bunt gefärbten
nordamerikanischen Waldlandschaft. Zu dieser Zeit wird nicht nur die Jagd
selbst, sondern auch die sich vor dem langen Winter noch einmal in ihrer
ganzen Schönheit und Farbenpracht zeigende Natur zu einem Erlebnis von
besonderem Reiz. Wenn mit Ausklingen des Indianersommers die letzten
Weidenröschen blühen, das Gelb der sich verfärbenden Pappeln und Birken
zwischen den hellen Stämmen aufleuchtet und nach den ersten Nachtfrösten
die Beerkräuter und Zwergsträucher von einer tiefroten Farbe überzogen
werden, dann jagen viele europäische Jäger in Kanada und Alaska auf Elch
und Bär, auf Karibu und Schaf und erleben so die schönste Jahreszeit der
nördlichen Gefilde. Und welcher Jäger hätte beim Anflug über den Osten
Nordamerikas das lodernde Dunkelrot verschiedener Nuancierung des
herbstlich verfärbten Laubes des Zuckerahorns und der Roteichen vergessen: landschaftsprägende Farbenvielfalt!

   In Kanada, in der Provinz Alberta, hatte ich vor Jahren im herbstlich bunten Busch auf Elche gejagt, und nur ein geringer Schaufler war mir zur Beute
geworden. Was heißt in diesem Zusammenhang „nur"? Manch ein anderer
hat ohne Trophäe, auch ohne einen Schuß abgegeben oder überhaupt Wild
gesehen zu haben, seinen Heimflug aus dem Land der Träume angetreten.
Zu gering sind dort die Wilddichten, als daß man von vornherein mit einem

Erfolg rechnen könnte. Weder eine noch so gute Organisation oder Führung, noch die zur Verfügung stehenden Hilfsmittel wie Pferde, Boote oder auch Buschflugzeuge sind Garanten für einen jagdlich erfolgreichen Abschluß eines solchen finanziell recht aufwendigen Abenteuers.

Eines Tages jedoch hatte ich von der Möglichkeit gehört, in Alaska recht sicher auf einen Elch zu Schuß zu kommen, und das sei die Jagd so Anfang Dezember bei Frost und Schnee. Weshalb, so frug ich mich zunächst, sollten die Aussichten im Winter so eindeutig besser sein als beispielsweise zur Brunftzeit der Schaufler? Rote Hirsche jagen wir bei uns zu Hause doch auch insbesondere dann, wenn der Liebe Glut deren Sinne verwirrt. Nun, bei den großen Elchen ist es doch etwas anderes, und ich will auch schnell sagen, warum: Mit den ersten Nachtfrösten fallen die Blätter der Weiden und Aspen. Der Urwald wird also für den jagenden Menschen durchsichtiger. Ein, wie ich meine, ganz entscheidender Umstand. Und noch etwas bewirken Frost und Schneefall: Das Elchwild verläßt die ihm im Sommer und Herbst Schutz, Deckung und Kühle gewährenden Nadelwälder und bevorzugt als Einstand die an den Bach- und Flußläufen stockenden Weidengehölze, die während der langen Winterzeit die einzige Äsung und karge Sonneneinstrahlung bieten. Allerdings werfen die Elche früh ab.

Hinzu kommt, daß sich schon im frühen Winter die Schaufler – sonst Einzelgänger – gern zu kleinen Trupps von zwei bis fünf oder auch mehr zusammenfinden, um so gemeinsam den Unbilden der kalten Jahreszeit und dem Raubwild zu trotzen. Dadurch ergibt sich für den Jäger die Möglichkeit, die Schaufler miteinander zu vergleichen und einen möglichst alten und starken auszumachen. Es ist inzwischen unbestritten, daß die meisten starken Schaufler drüben im Winter geschossen werden. Ich wollte und mußte es probieren! Der starke Schaufler war doch noch ein unerfüllter Jägertraum und für den fünfzigsten Geburtstag ein all zu passendes Geschenk.

Anfang Dezember des Jahres 1982 war es soweit. Stundenlang flog, von Amsterdam startend, der große Vogel durch die lange Polarnacht. Hinweg über gespenstisch vom gleißenden Mondlicht erhellte Eis- und Schneeflächen des Nordpols. Es war Vollmond. „Außentemperatur minus fünfzig Grad Celsius", sagte der Flugkapitän. Endlich, mit Aufkommen des ersten Tageslichtes, ragten die hohen Berge der Brooks Range, der nördlichen Gebirgskette Alaskas, aus den Schneemassen heraus. Als die ersten Sonnenstrahlen den über sechstausend Meter hohen Mount McKinley trafen, konnte es nicht mehr weit sein nach Anchorage, dem ersten Ziel meiner Reise. Unsanft setzte die große Maschine auf der rauhen, vereisten Piste auf, schleuderte ein wenig, kein Zweifel, in Alaska, dem Kühlschrank Amerikas, herrschte „Väterchen Frost".

Nach erfolgreicher Gamspürsch in den Tiroler Bergen

Der starke Schaufler vom Mulchatna-River

Bei den Trappern im alaskischen Busch

Im altehrwürdigen Captain-Cook-Hotel, das schon so manchen Alaska-jäger beherbergte, machte ich Quartier. Zeit genug, um die erforderlichen Lizenzen zu kaufen und etwas über Land und Leute zu erfahren: Anchorage hatte 1970, vor dem großen Ölboom, erst 48 000 Einwohner. Heute leben in der größten Stadt Alaskas über 200 000. Sie stellen die Hälfte der Gesamtbevölkerung des Landes. Der Flughafen, noch vor zwanzig Jahren ein unbedeutender Punkt auf den internationalen Flugkarten, zählt jährlich über 300 000 Flugbewegungen. Anchorage verfügt nach Oslo zudem über den größten Wasserflughafen der Welt. Bei Flugzeugen und Piloten liegt Alaska an der Spitze der Weltstatistik.

Die unendliche Weite hat das Flugzeug zum normalen Fortbewegungsmittel gemacht. Es ist in vielen Teilen des Landes wichtiger als das Auto. Über 1000 Flugplätze, vom internationalen Airport bis zum schmalen Landestreifen irgendwo in der Tundra, dort Airstrip genannt, erschließen auch die unzugänglichsten Gebiete.

Die Bevölkerung Alaskas wächst noch immer so schnell, daß die Jahrbücher kaum mitkommen. Was gestern galt, ist heute überholt. Wie die Motten vom Licht fühlen sich ungezählte Amerikaner von dem 49. Staat der USA angezogen. Man trifft die Neuankömmlinge auf Schritt und Tritt. Wer hier geboren wurde, gehört zur Minderheit, selbst wenn man die Urbevölkerung der Eskimos, Indianer und Aleuten mitzählt. Der Durchschnittsbewohner von Alaska ist zudem jung, das statistische Mittel liegt bei 26 Jahren. Aber trotz des unablässig erscheinenden Zustroms entfallen heute nur 0,2 Einwohner auf einen Quadratkilometer. Die meisten leben in Anchorage und Fairbanks und den kleinen Orten dazwischen. Außerhalb dieses Ballungsraumes – für europäische Maßstäbe eine liebenswürdig übertriebene Umschreibung der Hauptwohngebiete – ist die Einsamkeit schier unendlich, sind riesige Gebiete völlig menschenleer.

Das ist nicht zuletzt auch ein Verdienst stets mißtrauischer Umweltschützer. Als Kompromiß für die Ausbeutung der Bodenschätze entstanden in Alaska große Naturparks. Riesige Rentierherden ziehen unbehelligt über die Tundren, die größten Bären der Welt hausen in den Urwäldern, und am Chilkat-Fluß versammeln sich Jahr für Jahr Tausende von Weißkopfadlern, dem amerikanischen Wappenvogel, der in den übrigen USA nur noch selten anzutreffen ist. Der Staat hat nur zögernd Land an Private abgetreten, fast 90 % sind noch heute in seiner Hand.

Goldrausch und Ölboom waren zwei spektakuläre Markierungspunkte bei der Erschließung Alaskas. Das Tempo der Wirtschaftsentwicklung hat sich inzwischen verlangsamt, die Aussichten werden nüchterner beurteilt. Neueinwanderern weht der Wind härter ins Gesicht, jeder gilt erst einmal als

Gefahr für den eigenen Arbeitsplatz. So kommt es, daß viele nach der Ankunft monatelang nach einem Job suchen müssen, weil die Alteingesessenen mit entsprechenden Hinweisen zurückhalten. Aber die Verlockung Alaskas scheint ungebrochen, und die alte amerikanische Tugend, am Ende der Welt die eigenen Kräfte zu erproben, sorgt noch stets für Nachschub. Erdöl und Erdgas sind die bedeutendsten Wirtschaftsfaktoren des Landes. Wichtiger für die Beschäftigungslage sind freilich Fischfang, Holzwirtschaft und Bergbau. Auch der Tourismus spielt eine immer größere Rolle. Viele Japaner kommen, und auch die Zahl der Europäer weist nach oben. Noch ist das Bild dieses Landes unfertig, aber seine Entwicklung ist noch lange nicht zu Ende. Alaska ist ein einmaliges Land!

Zurück zu meiner Jagdreise – ja, man kann als naturverbundener Mensch über dieses Land schon ins Schwärmen geraten –: In den letzten zwanzig Stunden hatte es in Anchorage ununterbrochen geschneit. Als ich das hörte, kamen mir Sorgen und Zweifel, ob denn der Weiterflug ins Landesinnere wie geplant vonstatten gehen könne. Doch diese waren völlig unbegründet, wer sollte sich denn besser mit Flugzeugen und widrigen Witterungsverhältnissen auskennen als die Alaskaner? Einen Tag nach meiner Ankunft brachte mich eine kleine Linienmaschine nach Iliamna, eine winzige, unbedeutende Eskimosiedlung am großen Iliamna-See. Drei Monate betreibt man dort den Fischfang, dann hat man genug verdient, um das ganze Jahr über bescheiden leben zu können. Nur Alkohol kann man dort nicht kaufen, wie ich betrübt feststellen mußte. Die Alteingesessenen können nicht damit umgehen!

Verloren stand ich im eisigen Wind auf dem erbärmlichen Flughafen und wartete auf Sonny, meinen Freund und Jagdgefährten. Wen immer ich ansprach, niemand hatte ihn bisher gesehen. So fing also das Abenteuer an!

In dem hölzernen Flughafengebäude, in dem eine alte, zahnlose Eskimofrau sämtliche Funktionen eines kompletten Bodenpersonals auf sich vereinte, wartete ich unter allerlei merkwürdigen, recht abenteuerlich gekleideten Menschen der verschiedensten Rassen auf meinen Jagdführer. Was treibt eigentlich ein mehr der Sonne angepaßter Neger inmitten Alaskas, kam es mir beim Anblick eines baumlangen, dunkelhäutigen Mannes in den Sinn. Am Flughafen hatte mich auch ein farbiger Zöllner in Empfang genommen, und er frug mich, ob ich Brot, Früchte und Waffen bei mir hätte. „Ein Gewehr?“ – „Ja!“ – „Pistolen?“ Ich verstand Patronen und sagte „Ja!“ Darauf er: „Wieviel?“, und ich: „Zwanzig!“, woraufhin schallendes Gelächter die Empfangshalle erfüllte.

Endlich erschien Sonny! „You are welcome!“ entfuhr es ihm, und das hatten auch schon die hübsche Empfangsdame im Hotel in Anchorage gesagt und der freundliche Oberkellner. Der kleine Forstmeister aus der Heide war also in Alaska willkommen! „Wie geht es dir", fragte Sonny, und als ich erwiderte, daß ich froh sei, ihn zu sehen, da meinte er, wir sollten möglichst rasch ins Revier fliegen, denn die Tage seien im Winter in Alaska recht kurz. Auf dem zugefrorenen See, dicht vor seinem Hause, parkte die kleine einmotorige Propellermaschine. Wir tankten sie noch rasch auf, verstauten meine Utensilien im Heckteil hinter den beiden Sitzen, und schon ging es hinaus in die klare Winterluft. Bald hatten wir die Iliamna umschließende Hügelkette überflogen und schaukelten stundenlang über absolut menschenleere, unerschlossene, völlig unberührte Wildnis dahin. Kein Schornstein rauchte irgendwo, keine Straße durchschnitt die Landschaft. Schon bald sahen wir die ersten Elche. Fünf Schaufler standen im dichten Weidengestrüpp, und Sonny machte mir die Freude, einmal ganz dicht über ihre Köpfe hinwegzufliegen. Dann sahen wir einzelne Tiere mit ihren Kälbern, aber auch ab und zu wieder einen oder mehrere Schaufler. Als der Tag sich neigte, mögen wir wohl sechzig bis siebzig Stück Elchwild ausgemacht haben; doch auf welch großes Gebiet verteilen sich diese!

Nach den strengen jagdgesetzlichen Bestimmungen Alaskas ist es nicht erlaubt, an demselben Tage zu jagen, an dem man ins Revier einfliegt und das Wild bestätigt. Es muß der Jäger draußen eine Nacht verbringen, ehe die Pürsch auf das begehrte Wild beginnen kann. So bleibt das Flugzeug nur mehr in zweiter Linie ein Hilfsmittel der Jagd. Hubschrauber sind gottlob gänzlich beim Jagen verboten.

Sonny hatte in einem Tal, in dem er mehrere Elche wußte, einige Tage zuvor eine provisorische Behausung für die Nacht errichtet und landete schließlich dort. Hart setzte die Maschine auf dem welligen Eis des nur zur Hälfte zugefrorenen Flusses auf. Das Thermometer zeigte minus 35 Grad Celsius! Im Nu hatte Sonny den Motor seines Flugzeuges mit einer dicken Hülle umwickelt, damit er nicht zu stark abkühlte. Zu diesem Zweck wurden auch zwei brennende Öllampen aufgestellt, denn was sollten wir tun, wenn der Motor nicht mehr ansprang? Das Funkgerät hatte Sonny vorsichtshalber zu Hause gelassen; es sei zu schwer, sagte er.

Ich kann nicht behaupten, daß ich in dem dicken Daunenschlafsack nachtsüber gefroren hätte. Die lange Anreise von Europa, die elfstündige Zeitverschiebung und die vielen neuen Eindrücke ließen mich trotz aller Anspannungen und Erwartungen rasch einschlafen. Lausig kalt war es am nächsten Morgen, dazu wehte ein kräftiger Wind aus Ost. Zum Glück lag der Schnee nur dreißig bis vierzig Zentimeter hoch, so daß ein Laufen ohne Schneeschuhe möglich war. Warm anziehen, hieß die Devise, und die Fliegerkombination leistete dabei gute Dienste. Entgegen dem Anraten eines Alaskaners hatte ich mir in Anchorage nicht diese modernen, frostsicheren und doppelt gefütterten Plastikstiefel gekauft, weil mir achtzig Dollar dafür zu teuer waren, sondern vertraute auf meine bei der Gebirgsjagd bewährten, ledernen Pürschstiefel und brauchte es auch nicht zu bereuen.

Beim Anflug auf unser Nachtquartier hatten wir nicht weit davon eine Gruppe von drei recht starken Schauflern gesehen. Denen sollte die kommende Pürsch gelten. Sie standen in einer mit Weiden bestockten Grabensenke, die gegen Westen hin von einer recht steilen Wand begrenzt wurde. Nach Osten hin schloß sich flaches, baumloses Gelände an. Da der Wind heftig aus dieser Richtung wehte, blieb uns nur die Möglichkeit, von Westen her über das Hochplateau bis an die Steilwand vorzupürschen und von dort nach dem begehrten Wild Ausschau zu halten. Schon hatten wir die Hochebene erreicht und ahnten auch in der Ferne die schroffe Wand, da blies der eisige Ostwind so erbarmungslos gegen uns kümmerliche Menschengestalten, daß wir zur Umkehr gezwungen waren. Schmerzvoll schnitt die Kälte in die Gesichtshaut, die Augen tränten und die Ausdünstungen aus der Nase froren auf dem Bart zu einem immer stärker werdenden Belag. Es war unerträglich. Selbst wenn es uns gelungen wäre, bis an den Talrand vorzustoßen, wie hätte man unter solchen Umständen einen sicheren Schuß anbringen können? So gaben wir auf und liefen, den Wind im Rücken, nach Westen.

Sollte das das Ende meiner kühnen Pläne sein, vom eisigen Nordwind begraben? Nein, noch gab es für diesen Tag eine Möglichkeit, die Sonny nur zögernd offenbarte: Im Anschluß an das sturmgepeitschte, deckungslose Plateau lag eine windgeschützte, buschbestandene Niederung. Dort hatte Sonny bei einer anderen Expedition einen Elch gesehen, der ihm deutlich im Gedächtnis haften geblieben, weil dieser von äußerster Seltenheit war: Ein alter Schaufler mit mächtigem Geweih, bei dem die eine Schaufel normal ausgebildet, die andere jedoch von doppelter Schaufelbildung war. Dieser alte Herr wurde von einem jüngeren Vollschaufler begleitet, dem noch einige Jahre in der freien Wildnis zu gönnen waren.

„Magst du so einen ‚freak' schießen?" frug mich Sonny, und er sah mich dabei etwas verlegen aus seinen dunklen Augen an, als sei es seine Pflicht, einem weither gereisten Gast nur einen makellosen Schaufler mit langen Enden und einer massigen Vorschaufel anzubieten. Und ob mir solch ein Urhirsch Freude machen würde! Würde mich Sonny näher kennen, wüßte er, welch besondere Beziehungen ich zu etwas von der Norm abweichenden Trophäen habe, und wenn sie von einem besonders alten Geweihträger stammen, um so mehr.

Nun beflügelten schon die Hoffnungen auf den Anblick des seltenen Wildes meine Schritte durch den tiefen Schnee. Endlich erreichten wir das tiefer gelegene Weidengehölz, das die Elche Gärtnern gleich durch ihren Verbiß auf einer ganz bestimmten Höhe halten. Wo die Weiden über Äserhöhe hinauswachsen, braucht man nicht mit Elchwild zu rechnen.

Nachdem die beiden die lange, helle Vollmondnacht auf den Läufen gewesen waren, mußten sich die Schaufler hier irgendwo im Gebüsch niedergetan haben, aber wo? Fährten standen überall im Schnee, also mußten sie zu finden sein! Beim Pürschen im Landesinneren Alaskas muß jeden Jäger ein eigentümliches Gefühl befallen: Er ist mit Sicherheit der erste Mensch, der dieses Fleckchen Erde betritt und den Jahrtausende alten Wildwechseln folgt. So jedenfalls erging es mir. Das Weidengehölz war immer wieder von Fehlstellen unterbrochen, so daß wir gut voran kamen. Es dauerte auch gar nicht lange, da bemerkte Sonny am Rande eines dieser sperrig gewachsenen Büsche eine Bewegung: Einer der beiden Schaufler hatte niedergetan sein Haupt gewendet. Nun stand der Wind fast auf die Hirsche zu, und es wäre unserem Unternehmen wenig nützlich gewesen, auch nur einen Schritt weiter nach vorne zu tun. Sonny hatte eine blendende Idee. Er wollte allein unter Wind die Elche umschlagen und sie mir zudrücken. Einmal rege gemacht, würden sie sicher lieber im Buschwerk verbleiben als die offene, deckungslose Tundra annehmen. Gesagt, getan.

Nun stand ich allein in Schnee und Kälte, innerlich aufgewühlt und voller Spannung. Ich zählte die Minuten, in denen mein Freund Kontakt mit den Urwelttriesen bekomme mußte. Da endlich erschien ein mächtiges Schaufelpaar über dem Gebüsch, weithin in der flachen Sonne leuchtend. Bald hatte sich auch der andere Recke erhoben. Mißtrauisch sicherten sie die Richtung meines treuen Jagdgefährten. Würden sie sich zu mir hin in Bewegung setzen? Nein, sie taten es nicht, aber sie zogen auch nicht von mir fort, sondern seitlich noch weiter in das Weidengehölz hinein. Auf einer Lücke, wohl einhundertfünfzig Meter von mir entfernt, verhoffte einer der beiden scheibenbreit. Es war der jüngere, makellose. Der Alte stand von Zweigen gedeckt, nur einige Schritte hinter ihm. Das mächtige Geweih ließ mich erschaudern. Sollte ich durch die Äste, hinter denen man den Wildkörper in Umrissen erkennen konnte, schießen, um vielleicht eine einmalige Chance nicht verrinnen zu lassen? Nein, und nochmals nein!

Nach kurzer Zeit zog der Starke wieder einige Schritte vor und blieb nun, wie könnte es anders sein, deckungsgleich hinter seinem Begleiter stehen. Mit einem Schuß hätte ich zwei Elche erlegen können, welch Wahnsinn!

Herrschaftszeiten, nun bewegt euch doch endlich, ich sitze doch hier nicht auf einem warmen, heimischen Hochsitz und kann gelassen das Schauspiel zweier argwöhnisch sichernden Schaufler genießen. Die Augen begannen wieder zu tränen, die Füße wurden lausig kalt, und was das Schlimmste war, die blanken Hände wurden mir zu Eis. Leichtsinnigerweise hatte ich im

Zelt die Fingerhandschuhe verlegt, die ich unter den ledernen Fäustlingen tragen wollte, und da ich mit letzteren nicht schießen konnte, stand ich mit nackten Fingern da.

Da zieht einer der Schaufler vor. Glas hoch, welcher ist es? Der Starke! Stehend freihändig schießen haben wir oft zu Hause geübt, also angebackt und hinaus ist der Schuß. Kein Zeichnen! Als hätten Schnee und Frost den Schall geschluckt, so leise erscheint mir der Knall. Hastig will ich repetieren, da fällt die obere Patrone aus dem Lager, nachdem sie sich dort verklemmt hatte, in den Schnee. Nach einer mir endlos erscheinenden Zeit ist die Büchse endlich wieder schußbereit, doch ich habe kein Gefühl mehr in meinem Zeigefinger. Ich bin noch gar nicht wieder mit dem Zielstachel auf dem Stück, da kracht schon der Schuß. Vorbei! Nun reiße ich mich zusammen, knete den Finger, so gut es geht, damit wieder etwas warmes Blut in ihm zirkuliert, und komme noch einmal gut auf dem Blatt ab. Kugelschlag! Endlich tut sich der Riese nieder, würdevoll, ganz ohne Panik, als wolle er die Mittagsrast fortsetzen. Ich weiß nicht, was das zu bedeuten hat, kann mir noch keinen Reim darauf machen, ob ich nun getroffen habe oder nicht, da fällt der jüngere der beiden in einen raumgreifenden Troll und entschwindet meinen Blicken. Also ist mein Elch doch tödlich getroffen! Zuversicht kommt auf, behutsam pürsche ich auf den gefällten Recken zu und sehe auch schon Sonny von der anderen Seite her herankommen. Im Überschwang des mich überkommenden Glücksgefühls will ich vor den noch nicht verendeten Schaufler treten, da pfeift mich Sonny entschieden zurück, zu gefährlich kann solch todkranker Koloß noch werden. Wer noch nie vor einem gestreckten Alaskaelch stand, der wird beim ersten Mal von dessen majestätischer Größe und Urigkeit tief beeindruckt sein. Beide Kugeln saßen hochblatt und ließen den Schaufler nach kurzer Zeit verenden. Übrigens fanden wir beim Zerwirken eines der Geschosse (Original-Brenneke-TUG, Kal. 9,3 ×64, 19,0 g Gewicht) auf der dem Einschuß gegenüberliegenden Seite völlig unversehrt, nicht deformiert unter der Decke, was völlig unerklärlich ist.

Ich stand lange andachtsvoll vor meinem Riesenelch, denn diese Augenblicke sollten der Höhepunkt meiner Jägerlaufbahn sein. Sonny schätzte das Geweihgewicht auf dreißig Kilo, und er sollte sich, wie ich später nachwiegen konnte, nur um ein Kilo verschätzt haben. Auslage 175 Zentimeter! Die Narben auf seinem breiten Schädel wiesen ihn als einen ganz alten Kämpfer aus. Sicher war er lange Zeit Herrscher über ein großes Areal. Der Weltrekordschaufler hat, so hatte ich gelesen, einen Rosenumfang von einunddreißig Zentimetern, der meine hat vierunddreißig! Doch das alles zählt nicht bei diesem Geweih, wenn man sich an der rechten Schaufel die doppelte, massige Schaufelbildung betrachtet, wie in zwei Reihen hintereinander die langen Enden angeordnet sind. Das, was danach kam, das Abschlagen des Hauptes, sein Transport auf dem Buckel zum Flugzeug, das Bergen des Wildbrets, das alles rundet das einmalige Erlebnis ab.

Für einen Flug zurück in die Zivilisation war es an diesem Tage schon zu spät. Wir überflogen noch einmal die Talsenke mit dem Elchrudel, das wir morgens vergeblich anzupürschen versucht hatten. Es erschien mir wie ein Abschiedsgeschenk der gütigen Jagdgöttin, daß ich bei dem schnellen Überflug zwei der starken Schaufler sah, wie sie auf dem zugefrorenen Bach stehend ihre weithin leuchtenden, weit ausgelegten Schaufeln aus lauter Lust und Lebensfreude gegeneinanderwarfen und so recht nach Art der Hirsche scherzten. Kurz vor Einbruch der Dunkelheit landete Sonny auf dem nur teilweise zugefrorenen Mulchatna-Fluß. An seinem Ufer überwintertern zwei junge alaskanische Trapper in einem Blockhaus. Die Freude der beiden über eine Abwechslung in ihrer selbstgewählten Weltabgeschiedenheit war ehrlich und herzlich. Und die Aussicht auf einige große Stücke Wildbret, die ihren Wintervorrat ergänzen sollten, stimmte sie froh.

Dany, der jüngere von beiden, benutzte einen Hundeschlitten zum Kontrollieren seiner Trapline (Fallenbahn), sein Bruder Lane fuhr einen Motorschlitten. Notgedrungenermaßen, denn er hatte sich vor Jahren bei einem leichtfertigen Umgang mit einem Revolver in den Oberschenkel geschossen, und da es sogleich an ärztlicher Versorgung fehlte, mußte das ganze Bein amputiert werden. Nun trug er eine Kunststoffprothese. Da er schon einige Male recht unsanft damit umgegangen war, wurde sie mehr von Klebestreifen zusammengehalten, wie wir sie zum Verschnüren von Paketen verwenden, als durch eigene Stabilität. Dieses eine Beispiel mag die besondere Lebenseinstellung und den Lebenswillen dieser prächtigen, hilfsbereiten Menschen beschreiben.

Dany lud mich tags darauf zu einer Hundeschlittenfahrt über Stock und Stein zu seinen Fallen ein, und ich sagte begeistert zu. Es war ein eindrucksvolles Erlebnis, mit den kräftigen Huskys, in deren Adern eine gehörige Portion Wolfsblut kreist, über Schnee und Eis zu flitzen. Was für ein Leben, hier einen Rotfuchs, dort einen Fischotter, dann wieder einen Baummarder der Wildnis zu entnehmen, was soll das törichte Geschwätz von der Tierquälerei bei der Fallenjagd? Ist die Natur, sind die Menschen zueinander weniger grausam, früher oder heute?

Am knisternden Kanonenofenfeuer sprachen die Trapper häufig von einem „Snowgirl" (Schneemädchen), ohne daß ich mir einen Reim darauf machen konnte. Sollte es sich hier um ausschweifende Fantasien der in notgedrungener Enthaltsamkeit lebenden Junggesellen handeln? Nein, Snowgirl war die schneeweiße Hündin der Schlittenmeute, die es den beiden besonders angetan hatte, und sie benutzte auch als einzige eine Schneeburg als Schlafhütte.

Anderentags war in zwei Flügen das Wildbret des Elchs geborgen, zumindest seine besten Stücke. Sonny machte mit mir einen Ausflug in die Tundra, in weite, baumlose Hochmoorflächen, in denen es Karibu geben sollte. Schon die ganze Nacht hatte ich von ihnen geträumt. Sonny war nicht sicher, ob sie nicht wegen des frühen Wintereinbruchs in die wärmeren Küstengegenden gezogen waren. Endlos glitt die weite, unberührte Landschaft unter den Schwingen der heftig vom Wind gebeutelten Maschine hinweg. Mit einem Mal durchfuhr den Piloten ein bisher bei ihm nicht im entferntesten zu ahnender Temperamentsausbruch, indem er mit der Hand nach unten wies und mehrmals laut und deutlich „Karibu, Karibu!" schrie.

Tatsächlich, da zogen ameisengleich einige dunkle Punkte durch den Schnee, die sich bei näherem Heranfliegen schon bald als waschechte alaskanische Wildren erwiesen. Zuerst waren es nur recht kleine Rudel, doch mit der Zeit überflogen wir auch recht kopfstarke Verbände. Wie es mir schien, waren es meist weibliche Stücke mit ihren Kälbern, aber auch Hirsche waren dabei. Was mich am meisten freute: Die Hirsche, selbst die starken, hatten noch nicht abgeworfen, obwohl jetzt ihre Zeit gekommen war.

Sonny war im Koreakrieg als Flieger eingesetzt und ein erfahrener, ausgezeichneter Pilot. Ein Granatsplitter hatte sein Gesicht getroffen und ein wenig entstellt, doch das machte dem Nachfahren eines mächtigen und angesehenen Eskimofürsten wenig aus. Und da seine Mutter eine Indianerin war, waren seine Gesichtszüge feiner und seine Augen leuchtender als die seiner Stammesbrüder. An der Bordwand der kleinen Maschine hing ein Zettel, der darauf hinwies, daß das Flugzeug 1978, also vor vier Jahren, das letzte Mal gründlich überprüft worden war. Mir war es gleich. Ein wenig muß man schon riskieren, wenn man sich solch einem Buschpiloten anvertraut.

Sonny blickte in immer kürzer werdenden Abständen auf ein an der Wand neben seinem Sitz befindliches Glasröhrchen, das nach meiner Erkenntnis den Stand seiner Benzinreserven anzeigen sollte. Trotz mehreren Hinschauens veränderte sich der Pegel jedoch nicht, und nach ihm mußten alle Tanks noch voll sein, obwohl wir doch schon einige Zeit geflogen waren.

Mit einem Male wurde es dem Piloten dann doch etwas unheimlich, er schlug kräftig mit der Faust gegen das Röhrchen, und siehe da, urplötzlich sank der Pegel, und es war höchste Zeit, umzukehren. Vermutlich war der Treibstoff in der Leitung zu der Anzeige eingefroren und hätte so zu einer fatalen Fehleinschätzung des Benzinvorrats führen können.

An diesem Tage konnten wir aus den bekannten Gesetzesgründen nicht mehr jagen. Wir flogen wieder zu unseren Freunden am Mulchatna-River, wo köstliche Elchsteaks auf uns warteten. Natürlich konnten wir das Elchhaupt wegen seiner Größe nicht in der Hütte abkochen, und so saßen wir alle um den Tisch herum und schabten, so gut es ging, das rohe Wildbret von dem Schädel, den ich zuvor mit einer Motorsäge zurechtgestutzt hatte.

Leider hatte ich nur eine Flasche Whisky in meinem Jagdgepäck, und so überließ ich den drei Einheimischen das Tottrinken meines Elches, was sie dann auch sehr hastig und ohne Umschweife taten. Rasch war ihnen der Alkohol ins Blut gestiegen, und ich hatte meine liebe Müh und Not, sie vor handfesten Streitereien untereinander zu bewahren. Ich selbst konnte mich nur an einer kleinen Probierflasche Krambambuli laben (ein süßes, likörähnliches Getränk aus Deutschland). Dany, der wie alle meine Kumpane kein Wort deutsch konnte und so gern einige Brocken gelernt hätte, mußte schließlich immer wieder einen Satz wiederholen, bis er ihn akzentfrei beherrschte: „Trink Wasser wie das liebe Vieh und denk, es ist Krambambuli!" Vielleicht hat er später den einen oder anderen deutschen Jagdgast, der nach etwas Alkoholischem fragte, mit dieser Weisheit beglückt!

Am nächsten Morgen wollte Sonny den Dany und mich recht früh in der Nähe der Karibuherden absetzen und uns am Nachmittag am Landeplatz wieder aufnehmen. Gesagt, getan! Ganz eng und nunmehr zu dritt klemmten wir uns in den Zweisitzer und flogen hoffnungsfroh dem Land der Karibus entgegen. Gleich nach dem Start erblickte ich auf dem Eise des Mulchatna vier Fischotter, die irgendein lustiges Spielchen miteinander trieben, und wenige Kilometer weiter stand an einer Fichte ein junger Elch und – schälte. Glückliches Tier, das solches nach europäischen Maßstäben frevelhafte Verhalten an den Tag legen kann!

Auf einem zugefrorenen Teich gelang Sonny eine vorzügliche Landung, er warf uns beide rasch hinaus, das Gepäck hinterher, und schon war er wieder in der Luft. Was wäre, wenn er uns nicht mehr wiederfände? Doch keine Bange, Sonny kannte sein Revier, das wohl so groß wie ganz Baden-Württemberg ist, wie seine Westentasche. Der große Frost war gebrochen. Temperaturen um fünfzehn bis zwanzig Grad minus erschienen mir nun geradezu mild. Ohne lange Umschweife stapften wir gegen den Wind los. Der Schnee lag hier nur Handbreit hoch. Scharrte man ihn etwas zur Seite, so kam ein dichter Filz von Rentiermoos und Zwergsträuchern zum Vorschein. Wie man an den Plätzstellen erkennen konnte, ernährte sich das anspruchslose Karibu zu dieser Jahreszeit ausschließlich von diesen Pflanzen.

Nach einigen Kilometern Fußmarsch waren wir in Sichtweite eines großen Rudels gelangt. Noch weit von ihm entfernt, konnten wir unbedenklich und direkt auf das Wild zugehen. Doch als wir uns ihm dann fünf-, sechshundert Meter genähert hatten, ließen wir uns fallen, robbten auf allen Vieren noch einige Meter vor und gingen dann hinter einem kleinen Mooshügel in recht bescheidene Deckung. Näher mochten wir nicht heran, denn zu leicht hätte uns das Wild wahrnehmen und sich von uns entfernen können. So warteten wir, ob sich das Rudel im Laufe des Tages in unsere Richtung hin äsen würde oder ob wir ihm weiter folgen mußten. Es war ein reines Glücksspiel.

In dem Rudel befand sich ein Hirsch, der fortan meine ganze Aufmerksamkeit auf sich zog. Als ich ihn durch das Glas angesprochen hatte, wurde mir klar, daß ich, wenn überhaupt einen, dann nur diesen schießen würde. Das Geweih dieses alten Hirsches überragte in Höhe, Auslage und Endenzahl alle anderen so deutlich, daß ich bald, auch ohne durch das Glas zu schauen, wußte, wo er sich gerade befand. Dany meinte, der käme bestimmt ins „Buch der Rekorde", doch so weit war es noch lange nicht. Wir hatten über eine Stunde in recht unbequemer Lage gekauert und die Zeit mit Beobachtungen und Erzählen zu überbrücken versucht. Das Rudel äste sich zwar nicht von uns fort, aber es kam auch nicht sonderlich näher, sondern strebte mehr seitwärts einer flachen Bodenerhebung zu. Mit einem Male kam jedoch Bewegung in die Gesellschaft, und einige Tiere äugten aufmerksam in Richtung Osten. Dort, noch fast am Horizont, kam ein weiteres Rudel in recht schneller Gangart auf das unsere zugezogen. Die Herde vor uns ließ sich offensichtlich von der Fluchtreaktion des noch weit entfernten Rudels anstecken und kam nun, wobei die einzelnen Stücke gelegentlich noch einige Happen ästen, auf uns zu. Das Leittier war schon knapp einhundert Meter an uns vorbei, da war der Hirsch noch gut zweihundert Meter entfernt. Ich konzentrierte mich voll auf ihn, hatte kaum ein Auge für die anderen Geweihten. Der Starke befand sich stets ganz am Schluß des Rudels, und als er schließlich in den Bereich meiner Büchse kam, war er der Vorletzte und völlig frei. Der Schuß liegend aufgelegt war nicht schwierig, und schon nach wenigen ungelenken Fluchten brach der Kapitale zusammen.

War ich von dem massigen Wildkörper des Elchschauflers beeindruckt, so überraschte mich bei dem Karibu, auch welch relativ zierlichem Wildkörper dieses gewaltige Geweih saß. Es hat, wie es sich für eine nicht alltägliche Kaributrophäe gehört, zwei „Schneeschaufeln".

Das sind gefächerte Augsprossen, die fast bis zur Windfangspitze reichen. Nicht viel schwerer als bei uns ein ausgewachsenes Rotalttier erschien mir der Hirsch. Daß er sich stets am Ende des Rudels befand, war wohl auf Forkelverletzungen zurückzuführen, die er auf der Keule hatte und die noch nicht verheilt waren. So gilt wohl auch für die Karibuhirsche, was wir in heimischen Rotwildrevieren immer wieder erleben, daß nämlich die ganz alten Geweihträger zum Ende der Brunft von jüngeren Rivalen häufig verletzt und manchmal auch lebensgefährlich geforkelt werden.

Der Grund für das plötzliche Sichinbewegungsetzen des vor uns äsenden Rudels ist nachzutragen und schnell erzählt: Wie Dany zuerst und ich nur am Rande beobachtet hatte – ich war viel zu sehr mit meinem Hirsch beschäftigt –, wurde das in der Ferne auftauchende Rudel von Wölfen beunruhigt und gejagt, und so wich auch das vor uns befindliche Wild instinktiv der Gefahr aus. Nach dem Schuß war ich jedoch, das muß ich gestehen, so auf meine kapitale Beute fixiert, daß ich das übrige Geschehen gar nicht mehr verfolgt habe. Als ich jedenfalls wieder in der Lage war, meine Umwelt gänzlich aufzunehmen, war, wie man so sagt, die Bühne leer und nur noch in der Ferne einige flüchtende Rentiere zu erkennen.

Ich war Sonny sehr dankbar, daß er mir nach dem guten Elch noch die Gelegenheit auf einen alten, starken Karibu gegeben hatte. Pünktlich war er zur verabredeten Zeit zur Stelle. Auf dem Heimflug saßen Dany und ich auf den besten Stücken des Karibuwildbrets, und die Trophäe flatterte im Wind. Gern wäre ich noch einen Tag bei den Trappern geblieben, um mehr von ihrem interessanten Tun, dem Fallenstellen und -verwittern, dem Abbalgen der gefangenen Tiere, dem Abrichten der Hunde, kurz: dem ganzen Trapperleben zu erfahren.

Was mir bei ihnen besonders imponierte, war die Art und Weise, wie sie die Bälge sorgfältig streiften, behandelten und aufbewahrten. Mit winzigen, überaus scharfen Messern wurde noch am Fangtag der Balg einschließlich der Branten und Gehöre mit kleinen Schnitten so sauber vom Kern getrennt, daß weder Fleisch- noch Fettreste noch Sehnen an dem Fell haftenblieben. Sorgfältig auf Spannbretter aufgezogen, wurden die Bälge nach vierundzwanzig Stunden gewendet und dann kühl und luftig aufbewahrt. Nur für solch sachgerecht behandelte Bälge kann der Trapper im Frühjahr einen angemessenen Preis verlangen, für einen erstklassigen Rotfuchs bekommt er etwa einhundert Dollar!

Zur Zeit läuft diesseits und jenseits des Atlantiks eine von Tierschützern initiierte Kampagne gegen das Fallenstellen. Gewiß, es entspricht nicht alles, was dort im tiefverschneiten Urwald geschieht, unseren verfeinerten Vorstellungen von der Achtung gegenüber der wehrlosen Kreatur, doch stellt das „Trappen" in den unberührten, menschenleeren Weiten im Norden Amerikas eine der letzten ursprünglichen, den ganzen Mann fordernden Jagdarten dar. Sollte es eines Tages verboten werden, die Welt wäre wieder um ein echtes Stück Jagdtradition ärmer!

Sonny blickte besorgt zum Himmel. Der Wind begann die Fichtenwipfel über unserer Hütte zu peitschen, und dunkle Wolken ließen ergiebige Schneefälle ahnen. So mußte ich meine Siebensachen packen. Wir schnürten die Trophäen an die Tragflächen, links das Karibu, rechts den Elch, und schon ging es durch die Lüfte Sonnys Heimatort entgegen. Nur ein Buschpilot wie Sonny konnte es wagen, ein derart abenteuerlich beladenes Gefährt zu steuern. Was machte es jetzt noch aus, wenn der Sturm die kleine Propellermaschine ganz schräg zur Flugrichtung stellte und wenn ich in Windböen mit dem Kopf immer wieder gegen das Kabinendach schlug, ich hatte ja meine Trophäen bei mir und damit die Erinnerung an ein einmaliges, beglückendes Erlebnis, das alles in allem so viel Neues und Beeindruckendes mit sich brachte, daß ich noch lange davon zehren werde.

Hatten die Freunde mich nach meiner Rückkehr aus Kanada ob der geringen Elchtrophäe mitleidig belächelt, so erregten der abnorme Alaskaelch und das starke Karibu schon einiges Aufsehen. Doch wie heißt es so schön: ‚Spott bekommt man umsonst, Neid muß man sich verdienen.'

Nur zwei Monate nach meiner so glücklichen und erfolgreichen Reise war Sonny tot. Nicht, wie jedermann erwarten könnte, war er mit dem Flugzeug im Busch abgestürzt, sondern auf ganz tragische und dumme Weise zu Tode gekommen: Ein Betrunkener hatte ihn hinterrücks und auf kurze Entfernung mit einer Schrotflinte erschossen. An einem der langen Winterabende, wie sie nur der hohe Norden hervorbringt, hatten der Mörder und sein Opfer in einer Kneipe gezecht und waren, vermutlich eines Frauenzimmers wegen, in Streit geraten.

Ich war erschüttert über den traurigen Brief, den mir seine Frau erst eine ganze Zeit später geschrieben hatte. Wieder einmal wurde mir der zweifelhafte Ruhm zuteil, der letzte Jagdgast eines hervorragenden Jagdführers gewesen zu sein, nachdem schon kurz nach erfolgreicher Führung mein Tiroler Jagdfreund Sepp Rogl tödlich verunglückt war.

Noch ...

Nichts beschreibt die stete Bedrängnis und den fortschreitenden Rückgang unserer freilebenden Tiere und Pflanzen mehr als das kleine Wörtchen *noch*. „Gibt es hier noch Rehe?" fragt der unbedarfte Städter auf seinem Waldspaziergang den Förster, weil er aufgrund manch überspitzter Zeitungsmeldung und geringen eigenen Wissens befürchtet, daß mit fortschreitender Umweltzerstörung auch das muntere Rehlein eines Tages von der Bildfläche verschwinden wird. Doch das Rehwild ist nicht unser Problem, vielleicht gibt es zur Zeit mehr Rehe als vor fünfzig oder hundert Jahren.

Schlimmer sieht es um all die Tiere und Pflanzen aus, die nur noch in Restbeständen bei uns vorkommen. Hört man einmal auch in fachkundigen Kreisen aufmerksam zu, so wird man immer wieder dieses *noch* zu hören bekommen. „Hier gibt es *noch* Birkwild", „dort kommt *noch* der Fischotter vor"; „in diesem Tal singt *noch* die Nachtigall", man könnte solche Bemerkungen beliebig fortsetzen. Die Bundeswehr sagt: „Auf den Truppenübungsplätzen kommen *noch* Eisvogel und Schwarzstorch und seltene Pflanzen wie Sonnentau oder die Knorpelblume vor", *noch* sorgen sich in Schleswig-Holstein Vogelschützer um die letzten Fischadler. ‚*Noch*', das läßt erkennen, daß man das Ende vieler Tiere und Pflanzenarten kommen sieht, ohne wirksam etwas dagegen tun zu können. Auch in ihren letzten Refugien wird eines Tages das „Aus" kommen, denn grundlegend können wir unser Wirtschaftssystem nicht ändern.

Als wir im Landkreis Celle die alljährlich stattfindenden Trophäenschauen auch für den nichtjagenden Mitbürger etwas anziehender machen wollten, planten wir eine Reihe von Fachvorträgen in diese Ausstellung ein. Der erste Redner, ein engagierter Jagdpolitiker, sprach zum Thema: „Werden wir morgen *noch* jagen?" Auch hier das zweifelnd fragende *noch*. Bestimmt werden wir morgen noch jagen, erfuhr die große Zuhörerschaft, aber es wird bei der Jagd wie in vielen gesellschaftlichen Bereichen Wandel und Gründe zur Neuorientierung geben. Aber wer da so lauthals verkündet, die Jagd wird niemals sterben, hat der nicht schon Zweifel an der Richtigkeit und Unumstößlichkeit seiner Aussage? Gleicht der nicht dem furchtsamen Wanderer im tiefen, dunklen Wald, der aus vollem Hals ein Lied anstimmt? Drückt der Satz ‚die Jagd wird niemals sterben' nicht mehr eine Wunschvorstellung als eine zukunftssichere Prognose aus?

Die Jagd ist heute vielfältiger Kritik ausgesetzt. Diese reicht von snobistischer Spöttelei bis hin zur Ablehnung aus ideologischer Sicht. Wer das nicht glaubt und es nur für eine Schutzbehauptung von Jagdfunktionären hält, der sehe und höre sich einmal mehr in den Massenmedien um. Ein ganz eklatantes Beispiel von Diffamierung Andersdenkender war in jüngerer Zeit ein Aufsatz des Naturschutzprofessors Wolfgang Erz in der Zeitschrift „Stern", der gegen Jagd und Jäger aus Anlaß der großen Jagd- und Fischereiausstellung „Wildtier und Umwelt" polemisierte. Er ging dabei so weit, die ausgestellten Exponate als Leichenteile zu bezeichnen. Solche Leute haben wirklich ein Brett vor dem Kopf. Schlimm ist nur, daß sie dieses gelegentlich als Waffe benutzen und wild damit um sich schlagen. Gut allerdings, daß der die Ausstellung namens der Bundesregierung eröffnende Landwirtschaftsminister Kiechle dem dienstlich ihm unterstellten Polemiker in seiner Rede attestierte, „daß, wie man sieht, auch Professoren irren können".

Wen wundert es, daß der eine oder andere Mitbürger, dem das nötige ökologische Grundwissen fehlt, solch schrillen Tönen auf den Leim geht? Schrieb doch sogleich eine Leserin naiv und unbekümmert: „Wie schön wäre es auf dieser Erde, wenn die Menschheit mit Achtung allen Geschöpfen und allem Leben begegnete." Das können wir Jäger sicher auch unterstreichen, aber wir wollen und können nicht darauf verzichten, dort mit der Waffe in einen Wildbestand einzugreifen, wo wir ein Recht dazu haben.

Es ist das Dilemma der Jäger unserer Tage, daß sie für die einen hemmungslose Killer mit perversem Waffenfetischismus sind und daß sie für andere zu wenig schießen und überhöhte Schalenwildbestände zu verantworten haben. Daher bleibt es unsere vornehmste Aufgabe, immer wieder Aufgabe und Funktion von Jagd und Jägern in der Öffentlichkeit plausibel darzustellen. Während vor Tausenden von Jahren der Mensch das Wildtier zum Überleben brauchte, ist heute das Wild auf unseren Schutz angewiesen. Wir jagen, weil das Wild uns braucht! Auch wenn wir von der Rechtmäßigkeit unseres Handelns überzeugt sind, wir müssen unseren Mitbürgern zu verstehen geben, was wir Jäger für die Umwelt tun und was die wirklichen Gefahren für die Tier- und Pflanzenwelt und damit letztendlich auch für den Menschen sind. Nicht nur Ansitz, Pürsch und Treiben machen heute die Jagd aus!

Eine gute Gelegenheit zu solcher Selbstdarstellung war zweifellos die so überaus beeindruckende Deutsche Jagd- und Fischereiausstellung im Mai 1986 in Nürnberg. Schade, daß sie nur für so relativ kurze Zeit ihre Pforten geöffnet hatte und nur eine begrenzte Zahl von Nichtjägern aus der Stadt Nürnberg selbst und ihrer näheren Umgebung wegen des nicht gerade günstigen Standortes und Termines der Ausstellung in den bayerischen Pfingstferien diese besuchen konnten. Schade auch, daß man vorbereitend in der allgemeinen Presse kaum etwas und während der Ausstellung in den großen Publikums- und besucherwirksamen Wochenzeitungen auch nichts lesen konnte. Die wohlgelungene Jagdschau hätte es verdient gehabt, von viel mehr Bürgern gesehen zu werden, zum eigenen Nutzen und zur Steigerung des Verständnisses für die Erforderlichkeit des Jagens auch in unseren Tagen. Diese Art des Auftretens der Jäger in der Öffentlichkeit bewirkt sicher mehr als noch so markige Worte auf einer Jagdversammlung.

Durch die zunehmende Umweltbelastung, die sich verstärkt auf die freilebende Tier- und Pflanzenwelt auswirkt, wird zwangsläufig der Spielraum der Jagd immer mehr eingeschränkt werden. Es ist nicht abwegig, sich um die Zukunft der Jagd Sorgen zu machen. *Noch* bin ich sicher, daß die Jagd eine Zukunft hat und nicht eines Tages zur Bedeutungslosigkeit degradiert wird. *Noch* bin ich der Überzeugung, nicht der letzte Jäger zu sein ...

Jagdliche Unterhaltung

Günter Ricke
**Gangloff -
der Wildschützenkönig**
Wilddiebgeschichten.

1997. Ca. 240 Seiten mit
14 Abbildungen.
13,5 x 22 cm. Gebunden.
DM 39,80 / öS 291,– / sFr 37,–
ISBN 3-8263-8492-X

Johann Gottfried Wilhelm
Gangloff, auch der »Schrecken
des Harzes« genannt, gebührt
der Ruhm, der König unter den
Harzer Wilddieben gewesen
zu sein. Sein Unwesen trieb er
vorwiegend im Unterharz.

Diesen ungewöhnlichen Wilderer-
könig zeichnete Schläue und
ungewöhnliche Ortskenntnis aus.
Bei seinen Täuschungsmanövern
sowie im Umgang mit der Büchse
war er ein absoluter Meister
und in vielen Harzgemeinden
Schützenkönig. Es war aus-
sichtslos, ihn der Wilderei zu
überführen, er narrte Förster und
Amtspersonen.
Dichtung und Wahrheit wurden
in vielen Ortschroniken dieser
Region und im Landesarchiv
aufbewahrt und für dieses Buch
aufbereitet.

Gerold Braun
Daiko und der Kauz
Die Natur entdecken
und erleben.

1997. Ca. 240 Seiten.
13,5 x 22 cm. Gebunden.
DM 19,80 / öS 145,– / sFr 18,50
ISBN 3-8263-8491-1

Mit jagdlicher Terminologie wird
in diesem Buch eine reizvolle
Geschichte über die Lebensweise
eines Waldkauzes und eines
Jagdhundes erzählt.

Diese »Geschichte zweier Jäger«
stellt die Erlebniswelt und den
Charakter eines Jagdhundes bei
seinen Reviergängen vor.
Schilderungen zur Lebensweise
des Kauzes zeigen den Lebens-
rhythmus der Vögel im Wald.

Das Buch weckt die Lust auf
Naturbegegnungen.
Ein Glossar vermittelt alle Begriffe
der angewandten Jägersprache
und des Naturschutzes.

Preisstand: 1. Juni 1997

Zu beziehen über den Buchhandel oder
Parey Buchverlag · Berlin
Kurfürstendamm 57 · D-10707 Berlin · Tel.: (030) 32 79 06-59
Fax: (030) 32 79 06-44 · e-mail: parey@blackwis.de
Internet: http://www.blackwis.com

Jagdliche Unterhaltung

Hans Joachim von Oertzen
Jagdfieber und Reiselust
1996. 252 Seiten mit 20 Abbildungen.
13,5 x 22 cm. Gebunden.
DM 39,80 / öS 291,– / sFr 37,–
ISBN 3-8263-8433-4

Elmar Ettle
Jäger, Böcke und Pfarrers Hund
Warum ein vernünftiger Mensch
Jäger sein kann.
1995. 215 Seiten.
14 x 22 cm. Gebunden.
DM 39,80 / öS 291,– / sFr 37,–
ISBN 3-8263-8077-0

Walter Frevert
Abends bracht' ich reiche Beute
Der jagdlichen Erinnerungen
letzter Teil.
6. Auflage. 1989.
166 Seiten mit 26 Abbildungen
und 1 Zeichnung.
14 x 22 cm. Gebunden.
DM 32,– / öS 234,– / sFr 29,50
ISBN 3-8263-8226-9

Walter Frevert
Das Jägerleben ist voll Lust und alle Tage neu
Jagdliche und andere
Erinnerungen.
7. Auflage. 1995.
193 Seiten mit 25 Abbildungen auf
15 Tafeln. 14 x 22 cm. Gebunden.
DM 32,– / öS 234,– / sFr 29,50
ISBN 3-8263-8080-0

Walter Frevert
Und könnt' es Herbst im ganzen Jahre bleiben
9. Auflage. 1990.
227 Seiten mit 25 Abbildungen
auf 19 Tafeln.
14 x 22 cm. Gebunden.
DM 32,– / öS 234,– / sFr 29,50
ISBN 3-8263-8227-7

Walter Bachmann
Methusalem und Motzenkopf
Jagdliche Skizzen.
1995.
160 Seiten mit 24 überwiegend
farbigen Abbildungen.
14 x 22 cm. Gebunden.
DM 39,80 / öS 291,– / sFr 37,–
ISBN 3-8263-8073-8

Andreas von Nolcken
Jahreszeiten eines Jägers
Jagd und Natur im Wandel von
Frühling, Sommer, Herbst
und Winter.
1989. 247 Seiten.
14 x 22 cm. Gebunden.
DM 38,– / öS 277,– / sFr 35,–
ISBN 3-8263-8170-X

Preisstand: 1. Juni 1997

Zu beziehen über den Buchhandel oder
Parey Buchverlag · Berlin
Kurfürstendamm 57 · D-10707 Berlin · Tel.: (030) 32 79 06-59
Fax: (030) 32 79 06-44 · e-mail: parey@blackwis.de
Internet: http://www.blackwis.com